P. Steingräber
Zugspitzstr. 16
82131 Gauting

Erlebtes Ostpreußen

Erlebtes Ostpreußen

Erinnerungsbilder aus fünf Jahrzehnten

*Herausgegeben
von Wilhelm Matull*

Verlag Gerhard Rautenberg - Leer

Bildnachweis:

Alle Bilder dieses Buches wurden dem Archiv
des Verlages Gerhard Rautenberg entnommen.

Die Deutsche Bibliothek – CIP-Einheitsaufnahme
Erlebtes Ostpreußen: Erinnerungsbilder aus fünf Jahrzehnten / hrsg. von
Wilhelm Matull. – Leer: Rautenberg, 1997
ISBN 3-7921-0590-X

© 1997 by Verlag Gerhard Rautenberg, Leer
Gesamtherstellung: Druckerei G. Rautenberg, Leer
Dieses ist eine überarbeitete Ausgabe des gleichnamigen Titels,
der zuvor im Verlag Gräfe und Unzer, München, erschienen ist.
Printed in Germany.
ISBN 3-7921-0590-X

Inhalt

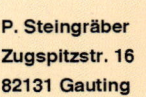

P. Steingräber
Zugspitzstr. 16
82131 Gauting

Wilhelm Matull   Zum Geleit 7

Annemarie in der   Au Johnchen und das Kraut für alles 9

Otto Besch   Im Pfarrhaus von Neuhausen-Tiergarten 15

Dorothea Kreutzenstein   Schöne Tage in Pillau und Neutief 25

Wilhelm Matull   Mit der Dreidittchenpost nach Angerburg 32

Erich Brost   Kindertage in Mohrungen 39

Bernhard-Maria Rosenberg   Erinnerungen an das Ermland 44

Otto Losch   Sonne, Sand und See – eine Nehrungssymphonie 57

Adolf Poschmann   Vierhundert Jahre auf derselben Scholle 69

Wilhelm Matull   Am gelb-grün-roten Schlagbaum 79

Helmut Lihs   Rund um den Nikolaiker Stinthengst 86

Anni Piorreck   Ein Stück Hellas in Ostpreußen 91

Herbert Meinhard Mühlpfordt   Medizinstudent an der Albertina ... 99

Friedrich Simon   Porträt eines Vaters 112

Martin A. Borrmann   Hinter den Kulissen des
Neuen Schauspielhauses 124

Martin Braun   Ein ostpreußischer Pfarrer erzählt 137

Woldemar Rodin   Als ich die Schichau-Werft Königsberg
übernahm 147

Kurt Forstreuter   Ich wurde Archivar 158

Ludwig Goldstein   Erste Wegschritte eines Journalisten 163

Johannes Mittelstädt   Sojabohne und Seidenraupenzucht 172

Carl von Lorck   Walter von Sanden und Klein-Guja 178

Eberhard Günter Schulz   Die Liebenswürdigkeit Kants und die
Erhabenheit seiner Philosophie 185

Hans Boulboullé   Ferientage in Ostpreußen 194

Otto Besch   Mars regiert die Stunde 200

Günter Granicky   Abschied von Ostpreußen 213

Biographische Notizen 220

Zum Geleit

Bedeutende Ostpreußen haben sich hier zusammengefunden, um aus der Erinnerung an ihre Kindheit und Jugendzeit, an ihr Leben und Wirken zu erzählen und so ein dichtes Bild der Heimat, wie sie war, zu gestalten. Vom Beginn unseres Jahrhunderts bis 1945 spannt sich der Bogen der Erinnerungen, vom Ermland bis Masuren, von der Nehrung bis ins Oberland führt die Reise in die Vergangenheit.

In den 24 Erinnerungsbildern dieses Bandes – alle sind Originalbeiträge–, die Fülle und Vielfalt Ostpreußens bezeugen, wird ohne Sentimentalität, aber voll Reiz und Zauber noch einmal ans Licht gehoben, was für uns wert und wichtig war. Es wird durchsichtig gemacht, was mit unserem Wachsen und Werden, unserem Leben voll Hoffnung und Erfüllung, voll Höhen und Tiefen verknüpft war. Solche Aussage kann nicht nur in kraftvollen Farben malen, menschliches Sein birgt Erfolg und Enttäuschung zugleich. Aber dieses Ostpreußen bleibt unser charakteristisches Erleben, widergespiegelt in Natur und Mensch; es wird in unserer Erinnerung seinen Glanz für immer behalten.

Als ich die nachstehenden Beiträge noch einmal überlas, die Linien der Landschaft, die Umrisse der Städte, die Profile der Menschen und ihr Wirken vor mir sah, wurde für mich jenes Dasein wieder ganz gegenwärtig, das wir in unserer Heimat miteinander gestaltet haben, schlicht, fleißig und treu, Geschichte und Tradition bewahrend und weitertragend.

Manches habe ich auf meiner Reise in das altvertraute Land vor kurzem wiedergesehen. Mitunter war es mir, als ob ich wie einst in jugendfrohen Wandertagen Felder und Wälder durchstreifte, in Masuren, im Ermland, im Oberland. Vieles erkannte ich wieder, manches hatte sich verändert, die Menschen waren mir fremd. Heute ist uns das Tor nicht mehr verschlossen. Wir besuchen ein Land, in dem unsere Vorfahren und wir gelebt haben, in dem wir den Glanz der Morgenfrühe des Lebens erfuhren, die Reife der Mittsommerzeit, den Dunst und die Kühle des

Abends. Wie eh und je blinkten die tausend Seen auf, rollten die Wogen der Ostsee an den Strand.

Das war und ist Ostpreußen – stolze und zugleich bittersüße Erinnerung. Und davon möchten die folgenden Beiträge künden, die aus der Feder namhafter Persönlichkeiten, aber auch weniger bekannter Autoren stammen. Jeder Ostpreuße wird in dieser Rückschau mit ihren vielen Einzelheiten und Namen seine eigene Jugendzeit, seine eigenen Schaffensjahre wiederfinden. Mit Sorgfalt und Liebe wurde zusammengetragen, was für uns unvergeßbar ist und was für nachkommende Generationen wert sein könnte, über den Tag hinaus bewahrt zu werden.

Wilhelm Matull

Annemarie in der Au
Johnchen und das Kraut für alles

Es ist wohl so, daß für die meisten Erwachsenen die Dinge des Alltags nichtig werden und sie sie nicht mehr beachten, daß sie selbst große Dinge mit der Zeit zu Selbstverständlichkeiten machen, um für die Suche nach Neuem frei zu sein. Bei den Kindern ist das anders. Bei vielen jedenfalls. Da ist das Große und den Erwachsenen Wichtige so überdimensional, daß es als Unfaßbarkeit schon wieder fern und klein ist, viele kleine Randerscheinungen des Lebens dagegen sind bestaunenswert und beeindruckend und bleiben in der Erinnerung haften.

In meiner Heimatstadt Tilsit gab es für mich als Kind der dreißiger Jahre viele Ursachen und Wirkungen, die mich unauslöschbar berührten. Dazu gehört der geheimnisumschattete Philosophengang, vorbei am Holzplatz der Zellstoffabrik ebenso wie die dick-gemütliche Milchfrau in der Grabenstraße, die mit unnachahmlichem Schwung die Milch in die Kanne zu schwappen verstand, so daß immer ein Geringes wieder in den großen Milchbottich zurückfloß, was sie wohl als liebevoll gewährten Draufschuß benötigen mochte.

Dazu gehören unsere Fensterbretter voller feinstem Sand, der sich – wenn der Wind so stand – vom Exerzierplatz in die Innenstadt verirrte und von mir für meine Puppenküchengerichte in Streichholzschächtelchen gesammelt wurde. Dazu gehören ein lila Eislaufkleid, dessen Rock bei den Bogen und Schwüngen der Läuferin zu kurzen, energischen Wellen wurde; die halbbehandschuhten Hände, mit denen die Fischfrauen in den Massen der meist noch lebenden Fische zu wühlen wagten, um jeder Kundin das einzig richtige Objekt herauszufischen (und wehe, wenn die es nicht würdigte); die Kunst, mit der die Arbeiter die Bogen in die Breite der Deutschen Straße hineinpflasterten; der goldene Knauf mitten auf der Luisenbrücke, der den Begriff Grenze für mich zu etwas Unrealistischem machte (hätte man nicht alle Knöpfe links und rechts am Brückengeländer vergolden können?); die zahlreichen Sprinde im Bett der Memel, die – folgte man allen Geschichten – nur die eine Aufgabe zu haben schienen, die Badenden eiskalt zu erschrecken und gar zu töten, wenn sie zufällig auf sie traten.

Am meisten aber hatten es mir die Kräuterfrauen auf dem Schenkendorfplatz angetan, die alles zu kennen, alles zu wissen schienen. Wer den Tilsiter Schenkendorfplatz an einem sonnigen Sommermittag zum ersten Mal sah, mochte sich wohl wundern. Da hatte der Platz Zeit, da streckte er geradezu all seine Ecken wohlig aus, da verträumte er gutgelaunt ein Stückchen Zeit, und mit ihm träumten ein paar Läden hinter den tief heruntergezogenen Markisen. Nur Max von Schenkendorf, der Freiheitsdichter und Sohn der Stadt, hatte auf seinem Postament mitten auf dem Platz hinter dem viereckigen eisernen Schmuckgitter auch zu dieser Stunde der sonnentrunkenen Träume und der erdduftenden Klarheit seinen rechten Arm erhoben, einladend zur Brüderlichkeit, mahnend zur Treue, grüßend die Gleichgesinnten, segnend die bekennende Liebe, fordernd die Freiheit.

Wer den Tilsiter Schenkendorfplatz also an einem Sommermittag ausmaß, konnte kaum sein geschäftiges Treiben an den beiden Markttagen in jeder Woche, die farbenfröhliche Palette und derb-heitere Bestimmtheit zwischen Kästen und Kasten, Säcken, Bretterständen und Pflasterauslagen zugleich mit ermessen. Und mitten auf dem Markt saß Johnchen.

Johnchen – hieß sie überhaupt wirklich so? – Johnchen gehörte zu den Kräuterfrauen, die rundum zu Füßen Schenkendorfs ihre taufrische oder duftstark getrocknete Ware anboten. Johnchen saß nicht, sie thronte auf einem Kissen, umgeben von ihren – wie es gerade die Jahreszeit erbrachte – Säckchen voller Majoran, Schafgarbe, Fenchel, Senfkörnern, Pfefferkraut, Kümmel, Anis und Kamille, umgeben von dem auf grobem Sacktuch gleich bündelweise ausgebreiteten Wohlgeruch von Petersilie, Thymian, Waldmeister, Pfefferminze, Dill und Salbei, mitten unter Pilzen, Blaubeeren, Preiselbeeren, Waldhimbeeren, Sauerampfer, Tannengrün und Unmengen von Margeriten, Vergißmeinnicht, Zittergras, Leberblümchen und Maiglöckchen.

Johnchen thronte da, sommers geschmückt mit einem weißen, tief in die Stirn gezogenen Tuch, das einmal bunte Tupfen gehabt haben mußte, winters dick verpackt unter Kappe, Wolltuch darüber und Schal, angetan mit einer irgendfarbenen Jacke, dunklem großbauschigem Wollrock und steif gestärkter Halbschürze.

Aber um Johnchen zu sein, brauchte man mehr, als nur ein dies und jenes an Kräutern, einen Kissenthron und ein rückentiefes Sommertuch. Um Johnchen zu sein, mußte man auch nicht nur die allerbesten Spitztüten aus Zeitungspapier selber drehen oder die Beeren so hoch in den hölzernen Litermaßgefäßen aufhäufeln können, daß die gewiegten Hausfrauen daran gleich das allerbeste Maß des Marktes erkannten; man mußte nicht nur Markttag für Markttag zwischen Nacht und Dämmer die Kräuterfrische so in die Körbe sammeln, daß sie auch noch nach stundenlanger Sonnenglut frisch blieben. Um Johnchen zu sein, mußte man einfach wissen, was es heißt zu leben.

Johnchen brachte den unerfahrenen, gerade eben verheirateten und zu Hausfrauenehren gekommenen Frauen so zwischen dem Kauf von zwei Bund Radieschen, einem Tütchen Fenchel und einem Sträußchen Wiesenschaumkraut bei, was Butter ist. Man muß nämlich wissen, daß dazumal, als der köstliche Brotaufstrich noch fett- und nicht wasserreich ausgebuttert sein mußte, jede Butter noch lange nicht die gewünschte Butter war. Butter hatte gut gekühlt zwischen Breitwegerichblättern – die auch gut gegen Mücken- und Bremsenstiche waren – in einem Weidenkorb zu liegen. Sie mußte vor allen Dingen in einem einstigen Stiel-Likörglas, dessen Fuß abgebrochen war, zur Schmeckprobe bereit sein. Und man hatte das köstlich-goldgelbe Produkt weder so noch so, sondern als kleinen Schrapsel auf dem Stiel eines Teelöffels – und beileibe nicht auf dem Teelöffel selbst! – zu schmecken. Das alles galt es zu wissen.

Johnchen weihte die noch ungelenken Landkinder, die in der Stadt in herrschaftliche Dienste eingetreten waren, zwischen Seufzen nach Zuhause und Geschwärme um einen Dragoner in das Zeremoniell des Käsekaufs ein.

»Was soll es sein?«

»Hundert Gramm Käse, aufgeschnitten, bitte. Ja, den da . . .«

Nein, so ging das damals nicht! Damals erschmeckte man sich noch seine ganz persönliche Ablagerung eines Käselaibes, und das am besten beim Erzeuger selber. Man folgte zunächst den Vorschlägen der Käsefrau, nahm das angebotene Schmeckscheibchen zwischen die Vorderzähne – und nur zwischen die Vorderzähne! – biß vorsichtig darauf herum, wobei die Zunge um ein Geringes nur an das Gebissene tippte, ließ alles dezent – tv, tv, tv – in die hohle Hand und von da auf die Erde fallen und sich das nächste Schmeckscheibchen reichen. Ja, so verschwenderisch mußte man sein, wenn es um den echten Käsegenuß ging; denn hätte man allen Schmeckkäse geschluckt, kein Käse hätte nach dem ersten noch seine volle duftende Würze und Geschmeidigkeit diesem Käsebanausen gebührend entfaltet. Das alles wußte Johnchen, und die Herrschaftsmädchen lernten es von ihr.

Johnchen konnte auch mit unnachahmlicher Bestimmtheit erklären, daß dieses Ei noch lange nicht wie jenes sei, und schon gar nicht ein morgenfrisch gelegtes. Sie postulierte diese Bestimmtheit nicht etwa mit dem Wort, sondern dokumentierte sie einzig mit dem Blick und den winzigen Graden, ihre Lippen zusammenzupressen. Freilich, um Johnchens Eierkenntnisse zu besitzen, hätte kein Studium genützt. Man hätte ihre verarbeiteten Hände haben müssen, die auch das letzte Geheimnis streichelzart noch aus dem Ei herauszulocken wußten. So war Johnchen.

Eigentlich wußte man überhaupt nichts über Johnchen. Johnchen war der Markt, und der Markt war einfach Johnchen. Und dann war Johnchen immer auch ein Teil ihrer Kundschaft. Der verständigere, versteht sich; aber sie ließ es nicht fühlen. Johnchen tat immer so, als wüßten die Liebhaberinnen ihrer Kräutersträuße alles viel besser als sie und als würde man ihr nur die Freude gönnen, das Wissen zu allem Überfluß auch noch auszusprechen. Sie praktizierte Psychologie, als die noch gar nicht für die Schulbücher entdeckt worden war, wußte von Gesundheit mehr, als heute in allen einschlägigen Kochbüchern steht, und hielt im übrigen nichts von Schlagwörtern, die sich auf allen Märkten der Welt teuer verkaufen und doch wenig taugen.

Am meisten aber hatte sie – die so gern noch ein Sträußchen Himmelschlüssel für die Frauen, ein duftendes Marienblatt für die Wäsche der Mädchen und eine Handvoll Beeren für die Kinder umsonst dazugab – etwas gegen alles, was nach Almosen und Wohlfahrt roch. Ein einziges Mal nur hatte die Frau Kommissionsrat von dem geruhsamen Leben auf Kosten der Wohlfahrt gesprochen. Sie tat es nie wieder. Johnchen fand auch nur den Gedanken an Wohlfahrtsunterstützung unter ihrer Würde. Solange das liebe Gottchen der Welt die Kräuter und ihr das Leben be-

12

ließ, solange würde sie sich ihr zwar bescheidenes, aber doch eigenes und freies Leben leisten. So wußte Johnchen für alles ihr besonderes Kraut. Und das sollte ihr nur auch der Herr Sanitätsrat lassen.

Der alte Sanitätsrat war wohl der einzige, mit dem Johnchen in keinem gutnachbarlichen Verhältnis stand. Der Herr Sanitätsrat giftete sich darüber, daß Johnchen zwar nicht mit ihren anerkannt guten Kräutern, wohl aber mit ihren, nach seiner Meinung gar nicht guten Ratschlägen den Dokters ins Handwerk pfuschte. Nur unwillig gab er zu, daß von ihren Kunden sich niemand über eine falsche Behandlung je beklagt hatte.

Aber was sollte man schon davon halten, daß sie gegen eine bestimmte Art von Bauchweh – und sie ließ sich das Weh und Ach lang und breit und ganz genau beschreiben – Sauerkraut, gegen eine andere hinwieder nichts weiter als rohe Mohrrüben, Radieschensaft und Petersilie empfahl, gegen Haarausfall Taubenmist von innen und Honig von außen, gegen Bleichsucht Melde und Sauerampfer – Sauerampfer schien überhaupt ihr Allerweltskraut zu sein, und sie verkaufte es körbeweise –, gegen Krampfadern Breitwegerichwickel und einen Tee, der ihr Geheimnis war, gegen Wunden aller Art eine Auflage von Thymianbrei und gegen Migräne den Duft des Mottenpulvers Naphtalin zusammen mit einem Glas sehr heißen und sehr starken Zitronenwassers, ohne Zucker versteht sich.

Demnächst wird sie noch Maiglöckchen gegen Hühneraugen, Schweineschmalz gegen kalte Füße und Brennesselwickel gegen Sonnenbrand versuchen, wetterte der Sanitätsrat seiner Frau gegenüber. Die lächelte still dazu, berichtete es bei nächster Gelegenheit haargenau dem Johnchen und – ließ sich raten, was man am besten gegen Walterchens Bettnässen unternehmen könnte. Denn immerhin wurde Sanitätsrats Enkel bald zwei Jahre alt, es war Zeit, daß er sauber wurde.

Für Kinder hatte Johnchen immer etwas übrig. Für die Kinder wuchsen in Johnchens Gärtchen sogar zuckerne Kaffeebohnen. Sie sagte das, und man mußte es glauben, denn Johnchen verschenkte sie. Freilich, diese Zuckerbohnen waren so kostbar, daß es sie nur ganz selten gab, und dann nicht etwa zeitungstütenweise wie Wacholderbeeren, Kümmel oder getrocknete Lindenblüten zu kaufen, sondern als einzelne, verschenkte Gabe. Und Sparsamkeit und Spannung erhöhten den Genuß um ein Vielfaches.

13

Nein, man wußte nicht viel über Johnchen – es gab nach ihrer Meinung über Besseres zu sprechen als gerade über sie –, aber um so mehr wußte sie selber über die Welt im allgemeinen und die Menschen im besonderen Bescheid. Johnchen saß auf ihrem Kissen und war eins mit allem, was sie umgab. Und das zu spüren, war genug.

Otto Besch
Im Pfarrhaus
von Neuhausen- Tiergarten

Mein Kinderparadies lag in Neuhausen bei Königsberg. Dort standen die alte Ordenskirche aus dem 14. Jahrhundert und etwas südlicher das Schloß, die ehemalige Burg des samländischen Domkapitels aus dem 13. Jahrhundert.

Zwischen Kirche und Schloß lag in einer Talsenkung das Pfarrhaus, in dem ich geboren wurde. Von diesem Haus mit seiner langen Fensterfront ging es noch weiter abwärts in eine von alten Bäumen bestandene, im Frühling von Lungenkraut und Anemonen überwucherte Schlucht, die ein über viel Gestein sprudelnder Bach durchfloß. Dieser »Grund«, so nannten wir die kleine Schlucht, der Pfarrgarten und der große Schloß- park mit dem angrenzenden Wald waren ein einziger Komplex, ein Mär- chenland mit tausend Verstecken und heimlichen Plätzen, ein Traumreich für jede Kinderphantasie. Hier stand auch eine uralte Linde, die sich über dem Erdboden in vier Einzelstämme zerteilte. Das war der gegebene Ort für ein Stelldichein. Denn angelehnt an zwei Stämme der einen Seite konn- ten zwei junge Männer Platz finden, auf der anderen Seite die Mädchen. Gar oft habe ich als Knabe eine solche Szene beobachten können. Es müssen wohl Vettern und Cousinen gewesen sein, die sich da in die Au- gen sahen, denn die Linde trug den Namen »Cousinenbaum«. Diese klei- ne Szene nur als Beispiel für das »süße Nichtstun« damaliger Zeit. Die Sonne schien alle Tage, und allen vernehmlich blies Pan die Friedens- schalmei.

Wir waren zehn Geschwister. Ein Brüderchen starb jung und liegt in einer Nische dicht neben der alten Kirche begraben. Auch neun Geschwi- ster – sechs Brüder und drei Schwestern – reichten aus, um das Leben in Fluß zu halten. Das geschah unter den wachsamen Augen einer Frau, die im Ehrenbuch der Mütter einen besonderen Platz verdient. Trotz Sorgen

15

und Arbeitsüberlastung ging sie aufrecht und froh durch dick und dünn, fest im Glauben an den Beistand himmlischer Kräfte, geübt in allem, was der ländliche Alltag ihr an Bürde auferlegte, leidenschaftlich in ihrer Liebe zur Natur und mit sehr wachen Sinnen für alle geistigen und kulturellen Werte, musikalisch und in der Kunst des Klavierspiels wohlgeübt. Was besonders gesagt sein muß: bei aller Energie, die sie aufbringen konnte und mußte, war sie ein Born der Güte und Liebe, der in reichster Fülle auf jedes ihrer Kinder ausströmte.

Als meine Mutter mich unter dem Herzen trug, verlor sie ein Söhnchen im Alter von achtzehn Monaten. Sie hat schwer darunter gelitten. Ich habe Teil daran gehabt. In diesen Vorstadien meines Daseins entstand die Keimzelle für meine übergroße Sensibilität, die mich von allen meinen Geschwistern unterschied.

Der Vater stand uns etwas ferner, weil ihn die Amtsgeschäfte fast den ganzen Tag in seiner Stube festhielten. Nur zu den Mahlzeiten kam er und zu den Abendstunden, da wir im Schein der Petroleumlampe um den großen Tisch saßen und er mit seiner sonoren Stimme Romane der Weltliteratur vorlas, neben deutschen Autoren vor allem Russen und Engländer. Hier wurde in manchem von uns der Boden bereitet für das Gedeihen einer künstlerischen Sehnsucht, die fürs Leben vorhalten sollte.

In diesen Abendstunden wurde auch musiziert. Hier lernten wir aus dem Spiel der Mutter die Sonaten Beethovens kennen und vieles von Schubert und Schumann, aus dem Munde des Vaters die schönsten Lieder der Klassiker und in gemeinsamer Betätigung den ganzen Schatz des deutschen Volksliedes. Zu diesem kleinen Ensemble gesellte sich später noch meine als Konzertsängerin ausgebildete Schwester, die mich schon um 1900 mit den Liedern von Hugo Wolf bekanntmachte, von Schubert, Schumann und Brahms ganz zu schweigen.

Doch zurück in die früheste Kindheit! Was war es, was man damals erlebte? Nüchtern betrachtet, waren es nur kleine Dinge und Begebenheiten, kaum der Rede wert. In der Erinnerung aber erscheinen sie wie auf Goldgrund gemalt, wie von einem Lichtstrahl verklärt, der, je weiter sie in die Ferne rücken, um so stärker auf sie einzuwirken scheint.

Könnte ich noch einmal den Schleier lüften über Dingen, die so fern liegen, als ob sie ein Traum wären, und die so schön erscheinen, als könnten sie nicht irdischer Herkunft sein! Sie scheinen zu zerfließen, sie lassen sich nicht greifen. Glaubt man doch als Kind, überall etwas zu erlauschen von den Geheimnissen des Lebens, in der Fülle des Tages und in den Nächten im Widerhall von tausend Nachtigallenstimmen und ebenso, wenn der Sturm die Äste gegen die Fenster schlagen läßt und banges Zagen durch die Kinderherzen zieht.

Ja, diese Angst, diese sonderbare Angst, die man als Kind so oft empfindet. Wie war es doch manchmal in schwülen Sommernächten? Ich lag mit zwei jüngeren Geschwistern in unserem Schlafzimmer. Vater und Mutter und die älteren Brüder und Schwestern waren in den Park gegangen. Das große Haus war leer. Nur ich wachte. War ich nicht der Hüter für den kleinen Bruder und die jüngste Schwester, wenn Gefahren kamen? Hatte ich nicht plötzlich überwache Ohren? Waren nicht oben Schritte zu hören? Grollte nicht ein Donner in der Ferne? War ich nicht ganz verlassen? Aber nein, aus dem angrenzenden Gasthausgarten tönten Stimmen herüber. Nun zischten Raketen auf. Oh, diese furchtbaren Raketen, die mir wie unheilverkündende Kometen vorkamen. Dann wieder Stille, nur nebenan die Uhr tickte leise und schien in Ewigkeit Verlassenheit zu künden.

Warum ich solcher Stunden gedenke? Weil sie sich immer wunderbar in den Zustand wunschloser Glückseligkeit verwandelten. Plötzlich ein leises Knirschen im Sand vor dem Fenster, Schritte und altvertraute liebe Stimmen. Und ebenso plötzlich ein Versinken in seligen, traumlosen Schlaf.

Am schönsten waren die Wochen vor Weihnachten. Mit der ersten zugefrorenen Pfütze, also oft schon im Oktober und November, nahm das heimliche Grauen, die süße Vorahnung von uns Besitz. Alles, was wir sahen und hörten oder mit der Nase witterten, trat augenblicklich in Beziehung zum nahenden Fest. Auch Vorgänge ganz materieller Art, die wir im Haushalt beobachteten, bekamen etwas von dem Abglanz kommender Tage. Schon die Schlachterei und Wurstbereitung im Herbst hatten ihren Teil daran. Die Berge leckerer Sachen, die sich zu häufen begannen, der liebliche Duft, den die oben im Rauchfang hängenden Schinken und Cervelatwürste entströmen ließen, die Äpfel im Keller, die ihre Bereitschaft bis in die oberen Räume durch köstliches Aroma verkündeten, diese ganze Symphonie irdischer Dinge appellierte keineswegs nur an unsere Sinne. Die erste kleine Weihnachtskerze schien daneben aufzuflammen. Schon Ende November standen auf der wärmenden Fläche des Backofens oder in den Nischen der Stubenöfen Schüsseln mit Teig für Pfefferkuchen und Pfeffernüsse, wohl bedeckt mit Tüchern, damit die Gewürze Muße hatten, sich der ganzen Masse mitzuteilen. Wie herrlich war es dann, wenn wir beim Ausstechen helfen durften und die ersten braunen Kuchen ihren eigenen weihnachtlichen Geruch verströmten.

Inzwischen hatte die Natur draußen ihr weißes Festgewand angelegt. Auf primitiven Schlitten, die mit dem Modell »Davos« wenig gemein hatten, sausten wir die Abhänge hinunter. Und wenn wir in der Dämmerung müde und hungrig heimkehrten, warteten unser die Bratäpfel und das Wohlgefühl der geheizten Zimmer. In der Küche roch es nach frisch gescheuerten Dielen und nach geschnittenem Weißkohl. Wenn es Sonnabend war, gab es noch ein kleines Badefest in einem großen Holzbottich. Dann ging's in die am Ofen sorglich vorgewärmten Betten, und der Tag war zu Ende.

Nein, zu Ende war er eigentlich noch nicht. Denn zum Nebenzimmer stand die Tür ein wenig offen. Ich sehe noch heute die Form des Lichtscheines an der Decke, den die Lampe von nebenan in unser Schlafzimmer warf. Auf dem Tisch drüben aber häuften sich geheimnisvolle Dinge, Seidenpapiere in allen Farben, Rauschgold, leise knisternd, wie es man heute kaum noch findet, Äpfel und Nüsse zum Vergolden. Die älteren Geschwister halfen dem Weihnachtsmann, während der Vater vorlas. Dann wurde es endlich still. Schon halb im Traum lauschte man noch einmal. Aus der Ferne kamen Schlittenglocken näher und verloren sich wieder in der Ferne. Dann war die Stille vollkommen, und der Schlaf hatte leichtes Spiel.

Endlich war der Weihnachtsabend da. Wenn die Dämmerung sich senkte, warfen die Glocken vom Kirchturm ihren Schall über Dorf und Feld. Sie klangen in Terz und Dominante, nie fanden sie den Grundton. Wenn man sie hörte, glaubte man, zwischen Himmel und Erde zu schweben, und man wurde feierlich gestimmt.

Fast jedes Jahr kam Schnee in Massen. Das ganze Dorf war wie in Watte gepackt. Alle Laute schienen gedämpft. Selbst die Schlittenglocken bekamen einen anderen Klang. Durch diese Stille gewannen Weihnachten und die Tage vor dem Fest eine unirdisch geheimnisvolle Weihe.

Es hätte uns Kinder nicht Wunder genommen, wenn über der alten Kirche der Stern von Bethlehem erschienen wäre.

Wir gingen in die Kirche von Neuhausen und sahen im Kerzenglanz strahlende Weihnachtsbäume zu beiden Seiten des Altars. Hoch über ihnen schimmerten in ihrem Lichtschein die vor Jahrhunderten auf das Tonnengewölbe der Decke gemalten Bilder aus der biblischen Geschichte. Auf dem in geheimnisvollen Goldtönen leuchtenden Orgelprospekt entdeckten wir bei den Wanderungen unserer Augen durch den Kirchenraum etwas ganz Merkwürdiges: bei den großen Pfeifen waren um die Schlitze, denen der Wind entströmte, unheimlich aussehende Gesichter gemalt, und zwar so, daß der Schlitz in jedem dieser Gesichter den Mund darstellte. Die naive Phantasie alter Orgelbauer wollte dem Orgelspiel dadurch den Anschein einer persönlichen Äußerung zum Lobe Gottes geben. Uns Kindern jedoch jagte sie ein leichtes Gruseln über den Rücken, wie ja überhaupt ein alter Kirchenraum im Kinde zunächst eher ein heimliches Grauen als Erbauung weckt, zumal wir wußten, daß oben auf dem Boden unserer Kirche Särge standen, in denen Bewohner des Schlosses, die vor hundert und mehr Jahren gestorben waren, dem jüngsten Tag entgegenschlummerten. Am Heiligen Abend verscheuchten indes die lieblichen Weihnachtslieder alle Gedanken an Tod und Verwesung, vor allem die uralte Weise »Es ist ein Ros' entsprungen aus einer Wurzel zart«.

Nach der Kirchenfeier ging's durch die Winternacht zum Pfarrhaus zurück. Hier öffneten sich nun bald die Flügeltüren zur Weihnachtsstube. Vor dem hohen Spiegel zwischen den Fenstern stand der große Tannenbaum. An den Enden der Zweige waren Rosen aus Seidenpapier befestigt, aus denen lange, schmale Staubfäden aus Rauschgold herabhingen, die im Wärmehauch der Kerzen leise zitterten. Netze aus Goldpapier, in denen kleine süße Geheimnisse lagen, spannten sich unter den Zweigen, dazwischen Figuren aus Marzipan und vergoldete Äpfel und Nüsse.

Und der Glanz der vielen Kerzen! Es war eine Pracht, das alles zu sehen, dazu den Abglanz auf den weißen Kacheln des Ofens. Und aus dem Nebenzimmer der in vollen Akkorden einsetzende Choral »Vom Himmel hoch, da komm ich her«.

Dann kamen, als das Fest verrauscht war, die Tage zwischen Weihnachten und Neujahr. Sie schienen uns in einem ganz eigenartigen Zwielicht zu stehen. Noch wirkte der Schein der Weihnachtskerzen. Aus dem

Dunkel der »Zwölf Nächte« aber, denen der Volksmund, auf alter religiöser Überlieferung fußend, besondere Kräfte zumaß, griff eine Hand auch nach unseren Kinderherzen: Wir liegen des Abends schon früh in unseren Betten, müde wie immer und bereit zum Schlummern. Da läßt uns irgend etwas aufhorchen. Von draußen kommt es. Merkwürdige, immer näher kommende, sich immer wiederholende eigensinnig brummende Töne bringen uns aus der Fassung. Also raus aus den Betten und ans Fenster!

Da nahen sich drei Gestalten, im Mondlicht erkennbar, obwohl sie sich in ihrer weißen Vermummung von der Schneedecke kaum abheben. Die Mutter hat uns von den Heiligen Drei Königen erzählt, die vor Zeiten das Christkind in Bethlehem besuchten und ihm Geschenke brachten. Sie sollen auch heute noch in den Zwölf Nächten von Dorf zu Dorf gehen, wie einst im gelobten Lande.

Gewiß, das sind sie! Ein Schrei aus Kinderkehlen, halb Freude, halb Grauen. Nun klopft es an die Haustür. Der Vater öffnet. Da stehen sie mit ihrem Stern und ihren verschiedenen Kennzeichen, der Mohrenkönig mit rußgeschwärztem Gesicht. Und sie spielen und singen. Der Brummtopf brummt, und der Fiedelbogen kratzt auf dem rohgespannten Draht »Joseph, lieber Joseph mein«.

Nun wird's lustig. Als die Musik zu Ende ist, wird allen klar: nicht Könige stehen vor uns im Schnee, sondern jugendliche Bittsteller, die für sich selbst etwas haben wollen, Äpfel, Nüsse und Marzipan. Ist es doch seit Goethe wohlbekannt: »Die Heiligen Drei Könige mit ihrem Stern, sie essen gern, sie trinken gern und bezahlen nicht gern.«

Sie bekommen, was sie wollen, und stapfen wieder ab durch den Schnee, und der Brummtopf brummt zufrieden, bis die Winternacht den letzten Brummer hinter der nächsten Hausecke verschluckt. Still, als ob nichts gewesen, liegt wieder die Welt unter ewig leuchtenden Sternen.

Wenn man sich dieser Dinge erinnert und feststellt, daß weit mehr als ein halbes Jahrhundert mit seinen rasenden Fortschritten, mit Krieg und Kriegsgeschrei, mit Schmerz und Wonne in allen Stärkegraden nichts, aber auch gar nichts zerstört hat von der Seligkeit jener ersten Kinderjahre, so müssen sie sehr kostbar gewesen sein. An den Ereignissen lag es nicht. Es war die Reinheit der Luft, die wir atmeten, das Elternhaus, das mit einem Schutzwall gegen alles Kranke und Schlechte umgeben schien und in dem der Geist einer echten gesunden, fröhlichen, zu Taten bereiten Frömmigkeit herrschte.—

20

Der Sommer steht vor der Tür. Das helle Licht der ostpreußischen Juninächte kündigt ihn an. Umrahmt von dunklen Bäumen leuchtet unser Hausgiebel noch um zwölf Uhr nachts, als ob er phosphoreszierte. Der weiße Widerschein des Tagesgestirns will die ganze Nacht nicht weichen und erfüllt den Menschen mit einer fast unheimlich erregenden Frische. Man spürt keine Neigung, sich zum Schlaf niederzulegen. Die Nacht ruft und ruft, als wollte sie sagen: Was wollt ihr schlafen, da ich gerade jetzt über Gärten, Wiese und Wald die schönsten Düfte ausbreite und das frühlingskräftige Wachstum seinen Höhepunkt erreicht?

Im Wiesental hinter der Kirche ist ein Karussell aufgeschlagen. Auch das ein untrügliches Zeichen des jungen Sommers: »Um Johanni kommen die fahrenden Leut', das war schon immer und ist noch heut.«

Nun waren sie wieder da! Und das Dorf hatte seine Sensation. Da stand es, das Karussell mit seinen bunten Perlenbehängen und seinem Drehorgelklang, dessen Gequäke so aufdringlich war, daß es Zartbesaiteten auf die Nerven fiel.

Die drallen Dorfschönen schwangen sich aufs Roß von Holz, um stolz im Herrensitz durchs Karussell zu jagen und sich am Schluß beim Absteigen mit einem »Huchherrje« ihren Bauernburschen an die Brust zu werfen. Wir hatten schon als Kinder einen ausgesprochenen Sinn für das Komische, das darin lag. Es entging uns auch keineswegs, wenn sich die Pärchen beim Dunkelwerden seitwärts in die Büsche schlugen und manch derber Quietscher von ländlich robusten Zärtlichkeiten Kunde gab. Erst wenn die Lampen entzündet wurden, gingen wir nach Hause, nicht ohne uns noch einmal umzublicken und aus der Ferne einer märchenhaften Vision gewahr zu werden. Selbst die Musik schien in himmlische Verklärung überzugehen.

Musikalische Darbietungen zweifelhafter Art boten die von Dorf zu Dorf ziehenden Musikanten, die vor Jahrzehnten mehr im Schwange waren als heute. Sie traten in kleinen Kapellen von sechs bis acht Mann auf, schwer blechgepanzert mit Trompeten, Posaunen und Hörnern. Die großmächtige Baßtuba pflegte auch nicht zu fehlen. Wenn ich als kleiner Junge diesen handfesten Musikerzeugern den erwünschten Obolus bringen mußte, tat ich es nicht ohne Zittern und Zagen. Denn ich mußte die Wahrheit des biblischen Wortes an mir erfahren, daß die Trompeten von Jericho wohl in der Lage gewesen sein müssen, die Mauern der Stadt umzuwerfen.

Am Sonntag spielten diese Leute in den Gasthöfen zum Tanz auf. Es waren handfestere Tänze als heute, zu deren Gestampfe Baßtuba und große Trommel gerade die rechten Akzente lieferten. Das Bandonion fehlte ganz. Seine Ahnin jedoch, die Handharmonika, tönte bald heiter, bald elegisch durch die Sommernächte und regte die Frösche im Dorfteich zu eigenem Musizieren an.

Das Vorrecht, den Reigen ländlicher Freiluftkonzerte zu eröffnen, hatte stets die heute schon fast vergessene Drehorgel. Sie trug pflichtbewußt alle neuen Schlager durch die Dörfer: »Mutter, der Mann mit dem Koks ist da!«, »Im Grunewald, im Grunewald ist Holzauktion«, so flötete, näselte, tremolierte es schon durch die feucht-kühlen Märztage, wenn der schmelzende Schnee durch die Dachrinne troff und die Spatzen sich wie toll gebärdeten.

Nun aber war es Sommer in aller Pracht. Da duldete es auch die Städter nicht mehr in ihren engen Gassen. In eleganten Equipagen – so erschienen sie mir wenigstens damals – kamen geputzte Menschen aus Königsberg ins Dorf gefahren. In den Gasthöfen stiegen sie ab und packten auf Gartentischen ganze Berge herrlicher Kuchen aus. In dickbauchigen Kannen aus braunem Steingut wurde Kaffee aufgetragen und aus riesigen Tassen getrunken. Auf der Kegelbahn donnerten die Kugeln, und die große Kinderschaukel quietschte erbärmlich in ihren verrosteten Angeln.

Oft geschah es, daß über diesem Trubel die Kirchenglocken ihre Stimmen erhoben. Auf der holprigen Dorfstraße zog ein Leichenzug vorbei zum gegenüberliegenden Friedhof. So war uns Kindern das Nebeneinander von Tod und Leben eine gewohnte Erscheinung. Und die Leute im Kaffeegarten schien es auch nicht weiter zu stören.

Kam dann die Nacht und war der Gartenspuk in bunten Leuchtkugeln verpufft, hatte der Wald das Rattern der letzten abfahrenden Wagen aufgeschluckt und der Nachtigall Gehör und Recht verschafft, so war es noch gar nicht ausgemacht, daß nun im Dorf Schlaf und Frieden herrschten. Es gab zuweilen Diebesbanden, die die Gegend unsicher machten. Und auf das Pfarrhaus hatten sie es besonders abgesehen. Ich sehe noch meinen Vater, eine brennende Kerze in der linken, eine schwere eiserne Stange als Waffe in der rechten Hand, gefolgt von meinen älteren Brüdern, gegen die Bande zu Felde ziehen. Zum offenen Kampf ist es nie gekommen. Es war immer zu spät. Schinken und Würste waren längst verschwunden und der Wein – wobei zwischen Tisch- und Abendmahlsweinen kein Unterschied gemacht wurde – wahrscheinlich längst ausgetrunken. Und jetzt erst tauchte mit verdattertem Gesicht der biedere Nachtwächter auf: »Ach Gott, Herr Pfarr', nu komm' ick mit miene Donnerbüchs, und nu sind se all wäch!« – Wenn man am folgenden Tage auf dem Rasen hinter der Scheune ein Tischtuch ausgebreitet fand und leere Flaschen und Speisereste umherliegen sah, sprach das auch nicht gerade für die ländliche Ordnungspolizei. Das waren unerwünschte Gäste.

Im übrigen wäre von der Gastfreiheit im ländlichen Pfarrhaus mancherlei zu erzählen. Die geistlichen Herren der benachbarten Kirchspiele waren natürlich oft zu Gast bei uns. Das erforderte Vorbereitungen besonderer Art. Wenn es auch in der Schrift heißt: »Der Mensch lebt nicht vom Brot allein«, oder (Römer 14): »Das Reich Gottes ist nicht Essen und Trinken«, so konnte man doch andererseits den Dienern am Wort nicht gut Fasten und Kasteiung zumuten, wenn sie zu Besuch kamen.

Ein Tannenkranz um die Haustür, in dem je nach der Jahreszeit wilde Rosen, Jasmin oder Astern steckten, bot den Willkommensgruß. Wir Knaben standen kichernd hinter den Fenstern, wenn sich die Amtsbrüder den vorgeschriebenen Bruderkuß gaben (um ihn insgeheim gleich wieder fortzuwischen), dann ging es mit viel schönen Reden in die Empfangsstube. Durch einen vorzüglichen Kaffee angeregt – meine Mutter war Meisterin in der Kunst des Brauens –, floß die Unterhaltung ohne Stokkungen wie ein brodelndes Bächlein. Auch den Zigarren wurde eifrig zugesprochen. Man war jedoch weit entfernt, Dogmatik und Ethik in blauen Dunst aufzulösen. Gefälligere Themen wurden gewählt, die besser in Einklang kamen mit dem Ton der Gläser, die ab und zu leise gegeneinander schlugen. Das geschah natürlich alles ruhig in abgewogener Rede, in der auch gelegentlich Bibelzitate Platz fanden. In dem begreiflichen Bestreben, sie häufig anzubringen, kam es allerdings manchmal zu kleinen Entgleisungen und Zweideutigkeiten, die man in Kauf nehmen mußte, so beispielsweise, wenn der alte, würdige Superintendent des Kirchspiels von den vielen wohlgeratenen Kindern seines Amtsbruders erzählte und meine Mutter ihm treuherzig zur Antwort gab: »Ja, mein lieber Herr Superintendent, da sieht man es wieder einmal, den Seinen gibt's der Herr im Schlaf.«

Inzwischen wurde nebenan die Abendmahlzeit gerüstet. Meist war es eine sogenannte fliegende Tafel, ein langer Tisch mit Gerichten aller Art, bei denen man nach Herzenslust zugreifen konnte, wobei der Gang vom Sitzplatz zum Buffet als kleine Motion und Verdauungsförderung manchem gut zustatten kam. Wenn dann alles, köstliche Düfte verbreitend, gerichtet war und mein Vater mit erhobener Stimme das Tischgebet sprach: »Aller Augen warten auf Dich, Herr, Du gibst ihnen Speise zur rechten Zeit« – so warteten, wie ich unter Eid auszusagen vermag, die Augen der würdigen und alten Herren im Bratenrock keineswegs immer auf den Herrn, sondern wanderten in verstohlener Schrägstellung von einer Speise zur anderen, die verschiedenen Braten und Gemüse musternd, so daß schon dieser Anblick in seiner Begehrlichkeit bei uns ungezogenen Knaben das Wasser im Munde zusammenlaufen ließ. Kaum war das Gebet beendet, ging man frischerhand zum Angriff über, doch keineswegs so, daß man, eine gute Kinderstube und christliche Nächstenliebe verleugnend, sich gar zu sehr vordrängte. Langte der alte Amtsbruder im weißen Vollbart gerade beim rosaschimmernden Filet zu, so wartete man, Teller, Messer und Gabel in Bereitschaft haltend, artig, bis er fertig war. Befürchtungen, man könnte bei einem Lieblingsgericht zu kurz kommen, waren völlig grundlos, denn meine Mutter kochte gut und reichlich.

So hob sich die Stimmung von Stunde zu Stunde. Und wenn gegen Mitternacht die Abschiedsminute schlug, war man einig in der Versicherung aus aller Munde: »Ein wahrhaft ideales Pfarrhaus!«

Waren die Wagen abgerollt, so ging meine Mutter in das von der hohen Petroleumlampe mit der tulpenförmigen Glocke erleuchtete Zimmer, ließ den in dicken bläulichen Ringen im Raum stehenden Zigarrenrauch durch ein offenes Fenster abziehen, um dann den Docht der Lampe herunterzuschrauben und über dem Zylinder mit vorgehaltener Hand das Licht auszupusten. Dann legte auch sie sich zum Schlaf nieder, mit einem kleinen Seufzer sich an ihren Mann wendend: »Ich bin doch rechtschaffen müde. Den ganzen Tag nur für Essen und Trinken gesorgt! Des Apostels Wort scheint mir doch beherzigenswert: ›Es ist besser, du issest kein Fleisch und trinkest keinen Wein!‹« Damit schlief sie ein und sah wohl im Traum jene Lilien auf dem Felde und die Spatzen auf dem Dach, die nicht säen, nicht ernten, nicht in die Scheuer sammeln und die der himmlische Vater doch ernährt. – Am nächsten Tage stand sie wieder früh am Herd und kochte die Morgensuppe.

Dorothea Kreutzenstein
Schöne Tage in Pillau und Neutief

Wenn ich nach meinen unvergeßlichsten Ferienerlebnissen gefragt werde, kann ich nur antworten: in Pillau, in Neutief und auf der Frischen Nehrung. Sobald nämlich die Schulferien begonnen hatten, ging es noch am gleichen Tage vom alten Pillauer Bahnhof, dem Lizentbahnhof in der Nähe des Ausfalltores, später dann vom Hauptbahnhof oder vom Holländer Baum in der Nachbarschaft der zweigeschossigen neuen Eisenbahnbrücke, auf die Reise ins langersehnte Ferienparadies.

Saß ich erst im meist gut gefüllten Zug, dann rauschten auch schon die Königsberger Vororte Rathshof, Juditten und das später eingemeindete Metgethen vorbei. Bald konnte ich auch einen Blick in die Waldungen der sagenumwobenen Kapornschen Heide werfen. Hier hatte es bis zum Beginn des 19. Jahrhunderts noch Elchwild gegeben. Powayen, Seerappen und Kaspershöfen waren die nächsten Stationen, die mir von mancher Fußwanderung nach Elenskrug bekannt waren. Hatte der Zug dann die Kreisstadt Fischhausen erreicht, änderte sich das Landschaftsbild. Zur Linken erblickte man das Frische Haff und dachte an die Verse von Agnes Miegel: »Grau und schlaff dehnt sich das Haff«. Hinter Fischhausen machte die Eisenbahnstrecke einen Bogen und man passierte die Burg Lochstädt. Wieder wurden historische Reminiszenzen lebendig: Hier war der unfreiwillige Aufenthaltsort des Hochmeisters Heinrich von Plauen am Ende seines Lebens, hier hatten die Schweden gehaust, hier waren noch sehenswerte Reste der einst am Tief gelegenen Burg mit restaurierten Wandmalereien vorhanden. Wer sich für Geschichte interessierte, konnte von hier aus einen Spaziergang nach Tenkitten unternehmen und kam am Adalbertkreuz vorbei, das eine polnische Gräfin Wielopolska 1831 zum Gedenken an den 997 erfolgten Märtyrertod des Heiligen Adalbert von Prag errichtet hatte. Dicht am Haff ging die Weiterfahrt durch die Plantage zum Seebad Neuhäuser. Hier roch die Luft schon nach Salzwasser und würzigen Kiefern. Ein kleines Intermezzo noch, und ich war auf dem

Seebäderbahnhof von Pillau angelangt, dem 50 Kilometer von Königsberg entfernten Ziel. Die Ferien konnten beginnen.

Mitunter bin ich auch mit dem Motorboot meines Vaters auf dem Pregel und Seekanal nach Pillau gefahren. Entweder ging es von der Grünen Brücke an der Börse ab, später auch von der Anlegestelle an der Reichsbahnbrücke. Auf der Weiterfahrt passierte ich die Riesenspeicher, die Waggonfabrik Steinfurt, die Schichau Werft, die Zellstoffabrik, dann Groß Friedrichsburg. Wenn wir am »weißen Mann« vorbeifuhren, einem Schifffahrtszeichen am Beginn des Seekanals, wurde nach altem Schifferbrauch ein Schnaps dem Wasser geopfert, das bedeutete »Gute Fahrt und gute Heimkehr!« Die Weiterfahrt begleiteten nun Haffmöwen und Wildenten, die sich allzugerne füttern ließen. Vom Seekanal aus ging es in das Frische Haff und auf die Wiek. Zumeist lag die Wasserfläche ruhig da, aber sie konnte auch mit weißen Schaumkronen geziert sein, dann schlugen kurze gefährliche Schlingerwellen gegen das Boot. Wir ließen Orte wie Groß-Heidekrug, Zimmerbude, Peyse, Camstigall oder Rosenthal, beliebte Ausflugsstätten, liegen, um endlich Pillau zu erreichen.

Von weitem schon grüßte der 31 Meter hohe, rot-weiß gestrichene Leuchtturm. Bald erblickte ich auch das Denkmal des Großen Kurfürsten, das in einer wunderlichen Laune des Schicksals seinen Standort nach 1945 in Eckernförde gefunden hat. Das Pillauer Tief – übrigens erst 1497 von der See gerissen – führte zur Ostsee, flankiert von der Nordermole, die einen kleinen Leuchtturm mit rotem Licht trug, während die Südermole grünes Licht zeigte. Hier an der Hafeneinfahrt kamen die Lotsen an Bord, um die Schiffe sicher zu steuern. Das war nicht immer einfach, denn bei stürmischer See mußten die großen Pötte draußen ankern, um das Ende des Unwetters abzuwarten. Die Fischerboote und Kutter merkten rechtzeitig, wenn das Wetter umschlug und drehten unter Land bei oder blieben im Hafen.

Wie viele Male bin ich in Pillau eingekehrt! Diese Hafen- und Seestadt war zugleich Garnison- und Festungsstadt. Hier hatten 1626 die Schweden den Grundstein zu Befestigungsanlagen gelegt. Nach Pillau hatte der Große Kurfürst 1679 den holländischen Reeder Benjamin Raule als Generalmarinedirektor berufen, der von hier aus eine Flotte bis Groß-Friedrichsburg an der afrikanischen Westküste führte und die erste preußische Kolonie, wenn auch nur für kurze Zeit, schuf. Ich machte meinen Erkundungsgang durch die Stadt, an Rathaus und Hafenzollamt vorbei, zum Zeughaus, zur Garnisonkirche und an den alten Kasernen oder am Bollwerk entlang zu den einzelnen Hafenkais. Ein besonders hübsches Bild bot der Jachthafen, zumal bei den alljährlichen Segelregatten. Auch Kriegsschiffe und Handelsschiffe aller Größen belebten den Hafen.

Wie oft habe ich dieses Pillau erlebt, wenn die »Pillauer Woche« gefeiert wurde. Viel Volks strömte dann zusammen, der Ostseestrand war überfüllt, auf den Straßen und an den Hafenpromenaden herrschte munteres Leben und Treiben. Höhepunkt und Abschluß der sieben fröhlichen Tage waren Wasserkorso, Tanzveranstaltungen in allen Lokalen, Kinderfest und Brillantfeuerwerk. Auch die Marine entsandte stets Schiffe, die, bis über die Toppen geflaggt, im Hafen lagen. Ob ich nun im Goldenen Anker, in der Strandhalle oder bei Petscheleit Einkehr hielt, überall herrschte Jubel, Trubel und Heiterkeit. Den alten Schiffskapitänen und ihren ausgewählten Gästen war die »Ilskefalle« vorbehalten, denn hier hieß ein alter Spruch: »Mank uns mank is keiner mank, der nicht mank uns mank gehört!«

Mein Interesse galt auch der Haupterwerbsquelle Pillaus, dem Fischfang und seiner Verarbeitung. Im Laufe der Jahre hatten sich hier bedeutende Einrichtungen niedergelassen, zum Beispiel die 1937 gegründete Konservenfabrik und Räucherei »Ostsee GmbH«, die Dorschleber-Konservenfabrik Friedrichs, Otto Kohnkes Fischräucherei und Sprottensalzerei, die Fischmehlfabrik »Deutsche Seefischerei Germania«, die Räucherei Pahlke sowie Wellem und Radtke. Sie alle gaben Hunderten von Menschen Arbeit und Brot. Diese Entwicklung hatte begonnen, als Ernst Koschies die Geschäftsführung der Fischereiverwertungsgenossenschaft übernommen hatte. Er hat sich auch nach 1945 in Kiel der heimatvertriebenen Fischer angenommen und ist für sein ehrenhaftes Tun mit dem Bundesverdienstkreuz ausgezeichnet worden. Für mich war es damals eine besondere Leckerei, wenn ich die frisch geräucherten Fische an Ort und Stelle bei den Fischern kaufen und noch warm verzehren konnte.

Es gab aber in meinen Ferien nicht nur das abwechslungsreiche Erlebnis Pillau. Die eigentliche Freizeit verbrachte ich in dem auf der anderen Seite des Tiefs gelegenen Ort Neutief auf der Frischen Nehrung. Mit der Fähre »Fahrwohl« und ihrem originellen Kapitän Pahlke oder mit einem Fischerboot ging es hinüber. Dann wurde ich eines Erlebnisses teilhaftig, wie man es im ersten Drittel des 20. Jahrhunderts kaum noch für möglich hielt. Die Feriengäste, die sich bei einem Fischer eingemietet hatten und seine »gute Stube« und gemeinsam die Küche benutzten, lebten billig und ungezwungen, mußten aber auf zivilisatorische Errungenschaften verzichten. Elektrisches Licht gab es nicht, dafür brannte eine anheimelnde Petroleumlampe, oder man benutzte Stallaternen. Wasser lieferte eine Pumpe. Geschäfte oder Läden gab es auf der Frischen Nehrung erst wieder im weit entfernten Ostseebad Kahlberg. Im Ort war ein kleiner Kolonialwarenladen, aber vorwiegend mußte man alles aus Pillau besorgen. Die Fähre brachte täglich Brot und andere Lebensmittel. Oft bin ich mit einem Ziehwägelchen oder mit dem Fahrrad an der Schule vorbei zur Anlegestelle gefahren, um alles abzuholen. Übrigens war Auto- und Motorradfahren auf der Frischen Nehrung verboten. So konnte man die frische salzhaltige Luft einatmen und sich wirklich erholen.

Einige urtümliche Bräuche sind mir noch in Erinnerung geblieben. Da die Fischer ein wenig Landwirtschaft neben dem Fischfang betrieben, gab es auch einige Pferde, Kühe, Schweine und Federvieh. Tagsüber kümmerte sich ein Hirte um die Kühe. Morgens trieb er seine Herde nehrungsaufwärts bis Strauchbucht, manchmal sogar bis in die Nähe von Narmeln. Abwechselnd jeden Tag bekam der Hirte sein Essen von anderen Fischern und war dann der Einsamkeit der Nehrung überlassen. Als Pachtgeld für die Viehweide mußten die Frauen und Mädchen im Pflanzgarten von Möwenhaken Unkraut zwischen Kiefern und Fichten jäten.

Fischfang war Neutiefs Haupteinnahmequelle. Frühmorgens fuhren die Kutter und Boote auf die See hinaus, um Flundern, Steinbutte, Zander, Dorsche, Heringe, Lachse, Aale, Bressen, Zärten, Perpel, Sprotten und Stinte zu fangen. Im Winter wurden Löcher in das Eis »gebullert« und die Netze zum Fischfang von einem Buhnenloch ins andere gezogen. Wenn im Herbst die Wildenten in großer Zahl vorbeizogen, fing man »Kalduschkes«, sie wurden gegessen, schmeckten aber tranig.

Besonderer Anziehungspunkt für die Feriengäste war das Fischeräuchern. Die Fische wurden, nachdem sie gereinigt worden waren, paarweise zusammengebunden und über eine Stange gehängt. So kamen sie in eine Räucherkammer. Geräuchert wurde mit Kienäpfeln, gelegentlich auch mit trockenem Tannenreisig, nur mußte man sehr darauf achten, daß es keine Flammen gab. Es mußte immer eine gleichmäßige Wärme herrschen. Nachdem die Tür gut verschlossen und die Außenseiten mit nassen Tüchern abgedeckt worden waren, dauerte der Räucherprozeß 2 bis 3 Stunden. Mitunter kam es vor, daß einige Fische in die Glut fielen oder aufplatzten. Darauf freuten wir Kinder uns besonders, denn »Omschke«, die gutmütige alte Fischerfrau, spendierte uns solche verunglückten Exemplare, die wir heißhungrig als besondere Leckerbissen verzehrten.

Die Frische Nehrung stand nicht so hoch im Kurs wie die Kurische Nehrung mit ihren hochaufragenden Dünen und so anziehenden Orten wie Rossitten, Nidden und Pillkoppen. Dafür bot die Frische Nehrung Reize, die man nur entdecken mußte, um des vollen Zaubers teilhaftig zu werden. Hier gab es keinen Massenverkehr. Eine stundenlange einsame Wanderung bis Narmeln war gewiß nicht jedermanns Sache, aber für den, der die Unberührtheit der Natur und ihre Stille liebte, war die Frische Nehrung unvergleichlich schön. Abends nach getaner Arbeit saß ich mit den Fischern auf der Bank vor ihrem Häuschen. Irgendwo erklang dann eine Mundharmonika, und leise summte man alte Volkslieder. Über dem Haff ging der Mond auf. Von der Ostsee her rauschten die Wellen der Brandung ruhelos an den Strand. Langsam zog der Abend herauf. Es war ein Bild, das unvergeßlich blieb!

Als Neutief in eine Marinefliegerstation verwandelt wurde, mußten die Fischer nach Pillau II oder nach Kaddighaken umsiedeln. Das traf sie hart. Dann wurde es laut hier. Eines Tages wasserte ein Riesenvogel, die DO X, und bald war das Flugzeuggeräusch tägliche Musik. Aus Ziegeln gebaute Häuser standen dort, wo einst die Fischerkaten sich knapp über dem Boden erhoben hatten. Die Zivilisation hielt ihren Einzug, die Idylle war verschwunden.

In Pillau war es mittlerweile auch lebhafter geworden. Die Schiffstypen wurden immer größer, nicht nur bei der Marine, auch bei den Schifffahrtslinien. Über 100 gedeckte Schiffe gab es jetzt in Pillau, dazu waren mehr als 50 Motorboote stationiert, die vielen Segelboote und kleineren Kähne gar nicht zu zählen. An der Anlegestelle des Seebäderbahnhofs konnte ich die großen Passagierschiffe »Tannenberg«, »Preußen« oder »Kaiser« besteigen und mit ihnen die Fahrt nach Zoppot, Swinemünde oder Kiel unternehmen. Alle diese Schiffe sind im Zweiten Weltkrieg in eine schwedische Minensperre geraten und untergegangen.

Unter keinen Umständen darf ich jene frühen Morgenstunden vergessen, in denen ich nach heftigen Stürmen am menschenleeren Strand nach Bernstein gesucht habe. Die Fischer gingen, mit bis zu den Oberschenkeln reichenden Stiefeln und mit Fangkeschern ausgerüstet, den anstürmenden Wogen entgegen, fischten den losgerissenen Tang heraus und fanden dort größere Stücke des Samlandgoldes. Wir Kinder begnügten uns mit kleineren Fundstücken, die dann später seitlich angeschliffen und zu Ketten und Armbändern verarbeitet wurden.

Einmal im Sommer wurde auf der Frischen Nehrung in Neutief der »Fischerschrumm« gefeiert. Unweit der Südermole, nicht weit vom Rettungsschuppen entfernt, lag die Waldhalle. Dort hatte man aus Brettern eine Tanzfläche zusammengezimmert, ringsherum Tische und Stühle plaziert und feierte dann vom frühen Nachmittag bis in die späte Nacht, ja sogar bis in den Morgen hinein. Alt und Jung wußten sich zu vergnügen, leisteten sich manches Tänzchen, und am Abend zog man mit Fackeln und Lampions unter Vorantritt einer Musikkapelle ins Dorf zum Schwarzen Walfisch, wo das Feiern noch lange weiterging.

Wen es nach einem kühlenden Bad gelüstete, der wanderte durch die Kuhtrifft oder die Pferdekoppel, von den Einheimischen auch »Schweden« genannt, den Kiefernwald entlang, durch die »Kusseln«, an den Dünenstrand. Strandhafer, Dünengras, Silberdisteln, stark duftende Haffnelken, Strohblumen und Katzenpfötchen luden zum Verweilen ein. Der Sand schimmerte weißgolden, vom Wind war er mit feingerillten Linien verziert. Unermüdlich rollte Welle um Welle ans Land. Bei gewaltigem Sturm und starker Brandung schlugen die Wellen über den Strand bis in die Dünen hinein. Unendlich schön waren die Ausblicke auf das weite Meer, entweder nach Pillau hin oder in Richtung Danzig. Hier konnte ich stundenlang ausruhen und nachsinnen. Es war ein herrliches Fleckchen Erde!

Wenn ich nachts in meinem Bett lag, warf der Scheinwerfer des Pillauer Leuchtturms in regelmäßigen Abständen Schatten auf die Zimmerwand. Außer dem Rauschen des Meeres ertönte noch die »Seekuh«, eine Heulboje, die vor dem Tief verankert war und Schiffe vor Annäherung warnen sollte. Mit dem Ruf eines Käuzchens sank ich müde in den Schlaf.

Immer wieder muß ich an dieses Pillau, an Neutief und die Frische Nehrung zurückdenken. Dann kommen mir jene vielgesungenen Verse in den Sinn, die ein Pillauer seiner Vaterstadt gewidmet hat:

30

»Es liegt eine Stadt am baltischen Meer,
die führt im Wappen den silbernen Stör.
Ein Schwedenkönig hat sie gepflanzt,
ein Preußenkönig hat sie verschanzt.
Bei Sturm aus Nordwest treibt der Bernstein herbei,
und auf ihren Dünen blüht Seemannstreu.
Ihre Dächer sind rot, ihre Linden sind grün,
und weiß sind die Möwen, die über ihr ziehn.
Hoch auf dem Rathaus dreht sich der Stör
und leuchtet hinaus auf das baltische Meer.«

Wilhelm Matull
Mit der Dreidittchenpost nach Angerburg

Wenn Großmutter Fago guter Laune war – und das war sie zumeist –, trällerte sie eine signalartige Melodie vor sich hin, mitunter sang sie auch begleitende Worte dazu: »Mit der Dreidittchenpost fahr' ich nach Angerburg, durch die Allee, auf der Chaussee!« Ich, der damals zehnjährige Enkel, wunderte mich über solchen Text, bis ich eines Tages im kleinen Dörfchen Sobiechen – an der Chaussee zwischen Angerburg und Beynuhnen gelegen – die Klänge eines Horns mit derselben Weise vernahm. Später erblickte ich vor dem Gasthaus eine gelbe Postkutsche, die nicht nur Briefe und Pakete, sondern auch Passagiere beförderte. Auf hohem Kutschbock saß, prächtig uniformiert, ein Postillion, der einem blanken Instrument diese Töne entlockte.

Das war also die Idylle Sobiechen, ein kleiner Ort von kaum 500 Einwohnern, fast alle in der Landwirtschaft tätig. Außer einem Gastwirt und ein paar Handwerkern waren Bestellung und Ernte auf den Feldern Hauptbeschäftigung seiner Bewohner. Außerhalb des Dorfes, auf einer Anhöhe gelegen, dicht bei dem Bauern Frohnert, erhob sich ein stattliches Schulgebäude, ein Ziegelbau aus dem Anfang dieses Jahrhunderts. Ein breit hingelagertes altes Wohnhaus und eine mächtige Scheune mitsamt Pferde- und Viehstall umsäumten Hof und Klassenräume. Nicht vergessen sei eine ansehnliche Hundehütte mit der tapsig-treuen Bulldogge Pascha, dem liebsten Gespielen unserer Ferientage. Wie ein Hauch der Idyllik längst versunkener Tage mutet mich dieses Dörfchen Sobiechen der Vorweltkriegszeit heute noch an.

Großmutter Fago, eine geborene Dorowski, und damit masurischer Abstammung, war eine resolute, lebenskluge Hausfrau, aber sie hatte mitunter auch absonderliche Auffassungen. Bei Gewitter zeigte sie große Angst, zumal der Schulkomplex erhöht über dem Dorf lag. Wenn der

Regen prasselte, mußte die Katze aus dem Haus, denn sie zog angeblich das Gewitter an. Blitzte und krachte es allzusehr, versammelte Großmutter ihre Lieben im sogenannten Berliner Zimmer, das keine Fenster hatte. Sie schlug ein Gesangbuch auf und sang mit lauter Stimme Kirchenlieder, in die wir einstimmen mußten. War das Unwetter vorübergezogen, konnte es passieren, daß sie mitten im Vers aufhörte, das Gesangbuch zuklappte und unverdrossen wieder an ihre Arbeit ging.

Wenn in die hochsommerlichen Ferientage einmal eine mehrtägige Regenperiode fiel, gab es interessante Abwechslungen genug. Großvater besaß ein altes Buch »Alte und neue Bilder aus Masuren« vom Superintendent Braun aus Angerburg. Hier waren Schilderungen und Erzählungen des Kreises Angerburg niedergeschrieben, angefangen von Urzeiten, Episoden aus dem alten Galindien, die Historie von der alten Prussenburg Angelek, an deren Stelle der Deutsche Ritterorden eine Wasserburg angelegt hatte, die Stadtgründung Angerburgs 1571, sodann die schrecklichen Tatareneinfälle im schwedisch-polnischen Krieg und schließlich die verheerende Pestzeit von 1709, als in Angerburg nur 150 Bürger am Leben geblieben sein sollen. Ergreifend gestalteten sich Berichte über den General von Katte, der in Angerburg seit 1718 ein Kürassierregiment befehligte, das in Bürgerquartieren untergebracht war. Geradezu rührend wurde es, wenn Großvater erzählte, wie der Sohn von Kattes, ein Jugendfreund Friedrichs II., vor dessen Augen hingerichtet wurde. Aber es gab noch andere Geschichten genug, so aus der Franzosenzeit 1807 und von der Rückkehr der kläglichen Überreste dieser Armee 1812 oder Jagdgeschichten mit Luchs und Wolf. Auch spielten die alten Adelsgeschlechter eine namhafte Rolle: die Schenk von Tautenburg auf Doben, erst recht die Lehndorffs in Steinort und auch die von Sandens aus Launingken. Wie ein ferner Traum grüßte jahrelang die Erinnerung an eine Wagenfahrt zum benachbarten Beynuhnen, wo Fritz von Farenheid sein Gutshaus im griechischen Tempelstil errichtet und den Park mit Abgüssen griechischer und römischer Statuen geschmückt hatte. Sobiechen lag gewiß fernab von der großen Welt, es hatte dennoch Anschluß an Tradition und Geschichte, von denen zu erzählen Großvater auf meine wißbegierigen Fragen nie müde wurde.

Lebendig im Gedächtnis geblieben ist mir auch das alljährliche Schützenfest am Angerapp-Flüßchen. Musik spielte auf, Jubel und Trubel herrschten, für Kinder gab es allerlei Überraschungen, und abends ging es mit leuchtenden Lampions unter Vorantritt der Blaskapelle mit ihren oft ulkig falschen Tönen zum Tanz ins Dorf. Großvater, der mit einem großen Eichenkranz geschmückt war, führte das Kommando.

Wenige Jahre später fuhr ich an einem Mittsommerabend in umgekehrter Richtung auf der Chaussee von Angerburg nach Sobiechen. Man schrieb 1915 im ersten Weltkrieg, die Großeltern waren gerade von der Flucht zurückgekehrt. Ich saß im Fond eines Spazierwagens und betrachtete nachdenklich die Baumgipfel der alten Allee, die ineinander zu greifen schienen. Leuchtkäfer zogen ihre feurigen Kreise. Neben uns auf dem Sommerweg erblickte ich mitunter kleine Erdhügel. Als ich Großvater danach fragte, erklärte er mir, das seien Soldatengräber. Die Russen hatten zu ihren Kreuzen noch einen schrägen Querbalken als Andreaskreuz dazubekommen.

Auch in der Schule war alles anders geworden. Haus und Scheune waren leer, denn hier hatten russische und deutsche Stäbe Quartier bezogen. Aber der Schuljunge fand bald, was ihn mehr interessierte: die fortgeworfene Beute des Krieges in Gestalt von Mützen, Achselklappen, Patronen und dergleichen. Obwohl die Front gar nicht weit entfernt war und man abends das Grollen der Artillerie vernehmen konnte, wurden die nun verlängerten Ferien zu einer Quelle vieler Abwechslungen und Freuden.

Dieses Sobiechen habe ich eineinhalb Jahrzehnte später wiedergesehen, als ich in Angerburg Gast des Landrats Streicher war, der in der sogenannten Tepperschen Villa in der Bahnhofstraße wohnte, wo auch ich mein Domizil aufgeschlagen hatte. Von hier aus ging es täglich – denn es handelte sich um den Wahlkampf zum 20. Mai 1928 – in den verschiedensten Richtungen in den Kreis Angerburg hinein. Es blieb aber am Vormittag hinreichend Zeit, um Angerburg, damals ein Kreisstädtchen von etwa 8000 Einwohnern, in Augenschein zu nehmen. Noch heute wird mir der geräumige alte Marktplatz deutlich; ich sehe Priddats Druckerei- und Verlagsgebäude, wo der »Bote am Mauersee« hergestellt wurde, ich erinnere mich an Kaufhäuser wie Klatt und Monitor, Gennat und Margeit, Tietz Nachf., Sommerfeld Nachf. und Packhäuser, an das Fahrradgeschäft von Fehr, an Hotels und Restaurants wie Schloßhotel, Deutsches Haus, an die Konditorei Werstat, das Knusperhäuschen, die Apotheke Adler und die Germania-Drogerie sowie zahlreiche Bankfilialen. Teppers Holzgroßhandlung blieb ebenso im Gedächtnis wie das Rathaus, in dem Bürgermeister Laudon amtierte. Wenn ich mit Landrat Streicher, der während des Krieges als Architekt zum Wiederaufbau nach Angerburg gekommen war, durch die Straßen ging, zeigte er mir mit Befriedigung, was seiner Initiative zu verdanken war und was er mit dem Stolz eines damals fast souveränen ostpreußischen Landrats als seine sichtbare Lebensleistung bezeichnete. Auch bei seinen Nachfolgern Ellinghaus und Rudnitzki bin ich später wiederholt zu Gast gewesen.

Ellinghaus hatte zusammen mit Bürgermeister Laudon den Einfall gehabt, die Schönheiten Angerburgs und seiner Umgebung einem größeren Gästekreis unter dem Motto »Eine italienische Nacht am deutschen Lido« schmackhaft zu machen. Dazu hatte man als Standort Jägerhöhe gewählt, von wo aus man einen herrlichen Überblick über die blinkenden Seen hatte. Nachdem man, an der sagenumwobenen »Kehler Mauer« vorbei, den »Heldenfriedhof« erreicht hatte, wo 360 deutsche und 233 russische Gräber aus den Kämpfen um den ebenfalls sagenerfüllten Konopkenberg eine würdige Stätte gefunden hatten, bot sich dem Auge ein prachtvolles Bild. Schwenzait- und Mauersee waren mit Seglern, Ruderern und Paddlern bevölkert, abends wurden die großen Segel von Scheinwerfern angestrahlt. In einer lauen Mittsommernacht gab das ein zauberhaftes Bild!

Wie viele Male bin ich dann vorbei am Rathaus durch die Schloßstraße zum Neuen Markt, vorbei am Ehrenmal für die 10. Jäger zu Pferde, zum alten Ordensschloß, das jetzt Domizil des Amtsgerichts war, zum Hafen an der kanalisierten Angerapp, dem Ausgangsort für Motorbootfahrten, gewandert. Dort befand sich auch »der neue Aalfang«, von dem schon 1595 der alte Henneberger rühmte: »Angerburg hat einen herrlichen Aelefang, denn alda zwo Schleusen sind, und unter einer jeglichen ein Aelekasten, die sein gros. Wenn es nun gegen dem Sommer gehet, tunckele Nacht und ungewitter sein, auch Blitz und Donner mit einfelt, denn der Ael nit weis, wo er bleiben sol, laufft er dem Wasser nach von underwerts, so zeugt man eine schützen auf, und mit solchen Wasser felt der Aele auch in Kasten. Das Wasser leut durch, die Ael bleiben darinnen, die findet man des morgens, offtmals mit großen Haufen.«

Wo bin ich in diesen Jahren nicht noch gewesen? Etwa über die Schleusenbrücke zum Kreisgut Miltalersberg oder vorbei an Storchennestern auf der Aufbauschule oder auf der Bahnmeisterei zum Seglerheim. Der

Blick reichte zum Stranddörfchen Kehlen und bis nach Ogonken. Eine andere Wanderung führte die Groß – Strengeler Chaussee entlang durch den Stadtforst oder zum Rastenburger Tor hinaus zum Fuchsberg, von wo aus der Blick über vier Seen glitt: den Engelsteiner, den Rehsauer, den Nordenburger und den Mauersee. Oft bin ich durch den Jakunowker Hegewald nach Possessern gepilgert, um die zahlreichen Vogelkolonien zu bestaunen. Hier im Kiefernhochwald ertönte vielstimmiges Schreien und Schnattern der Fischreiher und anderen seltenen Getiers.

Auch in späteren Jahren habe ich den Kreis Angerburg wiederholt nach allen Richtungen durchstreift, zumal mich nicht nur zu Sobiechen, Brosowken und Olschöwen von der Mutterseite her, sondern väterlicherseits auch zu Doben, Rosengarten, Pietzarken verwandtschaftliche Bande hinzogen. Unvergessen wird mir eine Motorbootfahrt von Lötzen aus, vorbei an der Pierkunower Bucht und der Königsspitze zum Dargainensee, einer Erweiterung des Mauersees, bleiben. Den Dobensee mit Blick auf Doben und Steinort ließen wir links liegen und näherten uns in flachem Fahrwasser der Insel Upalten. Was gab es da nicht für einen mehrhundertjährigen Baumbestand! Eine Eichenallee und ein Ulmendom gehörten zu den besonderen Sehenswürdigkeiten. Schon der berühmt gewordene Sohn Angerburgs, der Pfarrer und Naturforscher Hellwig (1666–1748), wußte von diesem Eiland zu berichten: »Mitten durch einen dunklen Wald von Linden, Ulmen und Eichen gingen nach allen Seiten sorgfältig und künstlich angelegte Wege. Sie liefen in der Mitte zusammen, wo eine reizende Villa stand, von deren Fenstern aus man durch die gelichteten Stellen auf den See, die Stadt Angerburg und andere Orte einen malerischen Ausblick hatte.« Hier war aus Urwald ein reizvolles Paradies geschaffen worden, dessen Ruhm der dritten Gemahlin des Oberburggrafen Lehndorff, einer geborenen Dönhoff, zukommt. Sie war außerdem eine große Wohltäterin, die viel für Angerburg getan hat.

Kam man nach Groß-Steinort, so stieß man auf das Schloß der Lehndorffs, die seit Ahasverus (1634–1688) mit seinem Reisebericht von einer für damalige Zeiten ungewöhnlichen Europareise über Heinrich (1727–1811), den Verfasser der Tagebücher »30 Jahre am Hof Friedrichs II.«, über dessen Sohn Carl Ludwig (1770–1854), der in den Freiheitskriegen eine rühmliche Rolle spielte, bis hin zum vorletzten Besitzer, dem sagenhaften Carol, und dem letzten, Heinrich (1909 bis 1944), der im

Widerstand gegen Hitler den Märtyrertod starb, in ununterbrochener Kette Bedeutendes im Staatsdienst, in Verwaltung, Kunst und natürlich auch in Landwirtschaft und Viehzucht geleistet haben.

Mich führte die Wanderung nach Rosengarten weiter, wo mein Großvater vor hundert Jahren Rektor gewesen war. Ich lernte dort die Przyborowski, Lalla und Meisterknecht kennen, fand auf dem Friedhof noch Familiengräber und steuerte dann der Pfarrkirche mit ihrer ungewöhnlichen Form eines Achtecks zu. Das hatte seine Bewandtnis in der Freundschaft zwischen dem nachmaligen König Friedrich Wilhelm IV. und dem Generalleutnant Karl Friedrich Lehndorff. Der damalige Kronprinz, mit seiner unbezweifelbaren Begabung für Architektur, hatte diese Kirche entworfen. Infolge der Verbindung zum Patronatsherrn war der Bau auch mit italienischen Alabasterreliefs ausgestattet worden.

War man schon in Rosengarten, so konnte man das Vorwerk Seehof nicht übergehen, das – ebenso wie das Gut Rosengarten – von einer tüchtigen Landwirtin, Anni von Lorck, geborenen Freiin von Schrötter, hervorragend bewirtschaftet wurde. Nun war es nicht mehr weit bis Klein-Guja, wo ein im klassizistischen Stil errichtetes Gutsgebäude sich erhob. Das auf einer Anhöhe mit Blick auf den Nordenburger See gelegene Wohnhaus war die Heimstatt des Dichters und Ornithologen Walter von Sanden, eines Edelmannes feiner Art. Seine in ganz Europa bekanntgewordenen Tierbücher und Dichtungen, wie zum Beispiel »Guja, See der Vögel«, »Ingo, ein Fischotter«, oder sein Lebensbericht, die seinerzeit bei Gräfe und Unzer erschienen, sind in Schilderung und Gehalt Meisterstücke und bezeugen, daß es in Ostpreußen Persönlichkeiten gab, die neben ihrer Leistung als Landwirte einen höchst achtbaren geistigen Beitrag hinterlassen haben.

Literarische Interessen haben mich auch in das ansehnliche Buddern geführt, wo die Dichterin Frieda Jung bis 1914 gewohnt und dort ihren Lebensweg entscheidend geprägt hat. Ich weilte dann in Kutten, wo der Rektor und später so originelle Masurenpfarrer Pogorzelski amtiert hat. Natürlich bin ich auch in dem großen Ort Possessern gewesen, in Engelstein bin ich eingekehrt, in Thiergarten habe ich Station gemacht und noch vielfach anderswo im Kreis Angerburg.

Wer jemals durch den Kreis Angerburg, der Pforte zu Masuren, gekommen ist, sei es an einem lichten Frühlingsmorgen, sei es bei einem herbstlichen Sonnenuntergang oder während einer sommerlichen Bootsfahrt, wird den Zauber dieser Landschaft nie vergessen können. Wenn die Fahrt bei lieblichem Wetter vorbei an baumbestandenen Kanälen, schilfbewachsenen Buchten oder sich weit hinstreckenden Wasserflächen führte, genoß man in voller Ruhe die Schönheiten. Wenn aber Sturm aufkam, die Wellen peitschte und das Boot ins Schwanken brachte, wurde man an Dewischeits Masurenlied erinnert, sein »Wild flutet der See«, was man in der nun aufgestörten Natur so gar nicht vermutete. Selbst an eisigen Wintertagen boten die zugefrorenen Seenflächen mit flinken Schlittschuhläufern und ungestüm dahinjagenden Eisseglern einen spannenden Anblick. Ein unbeschreiblicher Sonnenaufgang oder das allmähliche Eintauchen des versinkenden Sonnenballs ins Wasser der Seen war ein Erlebnis besonderer Art, zumal, wenn noch wilde Schwäne, ihre silbernen Schwingen schlagend, vorbeiflogen. Dann summte man wohl »Zogen einst fünf wilde Schwäne« und war vollends in die Atmosphäre einer noch ganz naturhaften Landschaft eingebettet, wie sie uns Generationen von Schriftstellern, besonders beeindruckend Ernst Wiechert, gezeichnet haben.

Das alles schien mit dem Ausgang des Zweiten Weltkrieges für immer verloren. Ausgerechnet in Paris tauchte noch einmal der Name Sobiechen auf. Ein Journalistenseminar bei der UNESCO hatte sein Ende gefunden, wir saßen in einem altehrwürdigen Lokal zum Abschiedstrunk beisammen. Schon im Aufbruch begriffen, hielt mich eine ältere Journalistin an und fragte, da ihr mein Dialekt aufgefallen war, nach meiner Herkunft. Auf meine Gegenfrage, ob sie denn etwa auch aus Ostpreußen stamme, entgegnete sie, es lohne sich nicht, den Geburtsort zu nennen, er sei zu unbedeutend. Es stellte sich heraus, daß es Sobiechen war, und nun war des Erzählens aus frühen Kindertagen kein Ende. Auf dem Nachhauseweg tauchte vor meinen Augen noch einmal das kleine Dörfchen im Kreis Angerburg auf und damit jene Idylle, die es heute wohl kaum mehr gibt.

Erich Brost
Kindertage in Mohrungen

In Mohrungen am Bahnhof standen stets drei Cousinen, wenn der Zug von Elbing, den man in Maldeuten gewechselt hatte, für kurze Zeit hielt. Die wenigen Minuten reichten gerade aus, um sich Begrüßungsworte zuzurufen, denn man wagte als kleiner Junge nicht, rasch auszusteigen und die Hände zu schütteln.

Dann kam nach einer kurzen Weiterfahrt der Bahnhof Horn. Dort wurde man vom Onkel mit einem Zweispänner erwartet. Die Pferde mußten hinter dem Bahnhof sorgfältig angebunden werden, und der Onkel durfte sich nicht entfernen, denn die Pferde scheuten, wenn sie den fahrenden Zug gewahr wurden. So unheimlich kam er ihnen vor, unheimlich wie beispielsweise ein Stück weißes Papier, das auf der Chaussee lag und durch den Wind bewegt wurde.

Man fuhr am Nariensee entlang. Das großelterliche Gehöft war schon dadurch von fernher erkennbar, daß auf ihm eine hohe einsame Pappel am Wegesrand stand. Das zweite Erkennungszeichen war ein Storchennest, das einzige im Dorf Willnau. Es fehlt jetzt ebenso wie die Pappel. Das Kruzifix, das heute bei der Einfahrt ins Dorf unmittelbar am Hof der Großeltern am Rande der Chaussee Mohrungen-Reichau steht, gab es damals in dem rein protestantischen Gemeinwesen nicht. Aber sonst erkennt man alles leicht wieder.

Gegenüber dem großelterlichen Anwesen lag und liegt jetzt noch die Schule, eine einklassige Zwergschule, würde man heute sagen. In der Frühjahrs- und Herbstzeit beschäftigte der Lehrer, der täglich in der Frühstückspause herüber ins Nachbargrundstück kam (es gab gerade »Zehnche«, das zweite Frühstück), die Kinder nicht nur im Unterricht, sondern auch im eigenen Garten. Dagegen hatten die Eltern offenbar nichts einzuwenden.

Das Nachbardorf Reichau (heute Bogatowy) mit einem Gut und über 1000 Einwohnern war der Mittelpunkt des Kirchspiels mit einer Kirche aus dem Jahre 1620 und dem einzigen Barock-Kirchturm im Kreis Mohrungen. Hier waren Großvater und Vater konfirmiert worden. Gegenüber, an der Straße nach Seubersdorf, auf dem bergigen Friedhof liegen die Gräber der Großeltern und der meisten Verwandten.

Außer Willnau gehörten das Dorf und Rittergut Ponarien zum Kirchspiel Reichau, der alte Stammsitz derer von der Groeben, herrlich an dem großen schönen Nariensee gelegen, dem See, an dem man als Kind mit viel Geschrei das erste Freibad genommen hatte. 14000 Morgen gehörten zu dem Gut, mein Großvater und später der Onkel besaßen etwa 60 Morgen.

Das vierte Dorf des Kirchspiels Reichau war Seubersdorf, an zwei schönen Seen gelegen, »Seiberschdorf, wo's helzerne Glocketirmche is«, wie eine gute Bekannte mir damals verriet. Seubersdorf war wie Willnau ein Dorf voller Verwandte. Ein Onkel war Pächter des alten Dorfkruges und einer großen Landwirtschaft. Wenn die Bauern nach Liebstadt zum Pferdemarkt oder zum Einkaufen fuhren, vergaßen sie nie, zunächst in diesem Krug haltzumachen. Weil der Korn gut schmeckte und ein Glas nur 5 Pfennige kostete, vergaßen sie oft Liebstadt und blieben besser in der »guten Gaststube«. Es gab auch Cognac, aber der war natürlich teurer. Die Frauen hatten inzwischen Pferde und Wagen wieder heimholen lassen.

Nach Liebstadt fuhr man über Waltersdorf, woher die Großmutter stammte. Die Fahrt ging an einem Abgrund vorbei, und wenn der gute Onkel auf dem Kutschbock dem Branntwein etwas zuviel zugesprochen hatte, konnte es gefährlich werden. Der Bruder der Großmutter in Waltersdorf war übrigens Berufsmusiker, er spielte Klarinette, Flöte und was man noch anderes wünschte. Ich kann heute nicht sagen, mit welcher Meisterschaft, aber die Musik war in der Familie erblich. Als Schlosser- und Schneiderlehrlinge haben mein Vater und mein Onkel in Mohrungen zur Stadtkapelle gehört. Mein Onkel spielte Violine und mein Vater schlug die Pauke.

Der Gedanke an Waltersdorf läßt die Erinnerung an Karl Friedrich Kunz wachwerden, das zwölfte Kind eines Stellmachers und einer der begabtesten impressionistischen Maler, die ich gekannt habe. Sein Lehrer, der Danziger Maler Professor Fritz A. Pfuhle, war oft in der im oberländischen Bauernstil ausgestatteten Wohnstube zu Gast, einmal auch mit mir gemeinsam. Das war im Jahre 1929. Mit einer Ausstellung in Danzig begann auch Kunz' Ruhm. So erinnert mich Waltersdorf an künstlerische Betätigung, entweder an das in früher Kindheit belauschte Flötenspiel des Großonkels oder an die Gemälde und Aquarelle des Malers Kunz, die ich seinerzeit als Kritiker zu beurteilen hatte.

Von Waltersdorf war es nicht mehr allzuweit bis nach Liebstadt, der zweitgrößten Stadt im Kreis Mohrungen mit etwa 4500 Einwohnern. Fuhr man von hier über die Passarge, war man im »Bischtum«, dem katholischen Ermland, wo - früheste Kindheitseindrücke – auch schon zu deutscher Zeit Kruzifixe am Wegrand standen. Liebstadt war mir besonders vertraut durch wenige Stunden Aufenthalt beim jeweiligen Besuch, es hatte eine ostpreußische Kleinstadtatmosphäre von besonderem Reiz. Das empfand man als Junge schon. Man erzählte sich, daß es früher einen unterirdischen Gang vom Schloß Liebstadt bis zum Schloß Mohrungen gegeben habe. Aber das erscheint angesichts der Entfernung wenig glaubhaft. Beide Schlösser, zur Zeit des Deutschen Ritterordens vom Komtur in Elbing erbaut, gab es schon lange nicht mehr, in Mohrungen nur einen Teil, in dem sich das Amtsgericht befand.

Die Wormditter Bahn führte über Groß-Hermenau, wo es auch Verwandte gab, in die Kreisstadt Mohrungen, den Geburtsort Johann Gottfried Herders. Ehrlich gesagt, wir hatten als Kinder und auch als Heranwachsende wenig Ahnung von dem großen Mann, dem Gelehrten, Dichter und bedeutendsten Anreger des jungen Goethe in Straßburg. Ich kannte damals von Herder nichts als die von ihm aus dem Schottischen übersetzte Ballade »Dein Schwert, wie ist's von Blut so rot, Edward. . .«. Heute steht sein Denkmal auf dem Marktplatz vor der Kirche, nicht weit vom Rathaus und schräg gegenüber seinem Geburtshaus, wo eine in polnischer Sprache verfaßte Gedenktafel Herder als den Erwecker der Nationalität und Volksdichtung auch der slawischen Völker rühmt, übrigens mit vollem Recht. Daneben steht die Peter-Paul-Kirche, ebenso wie das Rathaus nach den Zerstörungen von 1945 wieder gut restauriert.

Vom Rathaus bis zur Pfarrkirche, dem Kern der Stadt, ist mir die vertrauteste Erinnerung an das alte Mohrungen, gleichzeitig der Mittelpunkt seiner Geschichte, die 1280 als eine Gründung der Elbinger Komturei begann. Es ist erstaunlich, daß bis in die neueste Zeit Mohrungen immer noch wirtschaftlich und kulturell hauptsächlich nach Elbing ausgerichtet war, obwohl dreieinhalb Jahrhunderte lang die polnische Grenze beide Städte zwei verschiedenen Herren zugeteilt hatte, Elbing der polnischen Krone und Mohrungen dem Herzog von Preußen. Mohrungen war genau wie Elbing dem Preußischen Städtebund angeschlossen, der im 15. Jahrhundert, um das harte Ordensjoch loszuwerden, den polnischen König als seinen Schutzherrn erkor. Der Friede von 1466 überließ Mohrungen dann doch dem späteren Herzog von Preußen.

In Mohrungen gab es in der Preußisch-Holländer-Straße den jüngsten Bruder meines Vaters mit einer Familie, in der das »Weibervolk« die Mehrheit bildete, die Tante und vier Töchter. Mein Onkel hatte für mein Empfinden einen sehr romantischen, in Wirklichkeit einen sehr nüchtern-technischen Beruf, er war Lokomotivführer und von vielen Dienststunden geplagt.

Man ging mit den Cousinen in der Stadt spazieren. In der Nähe des Preußisch-Holländer-Tors stand das Dohna-Schlößchen, der Stadtsitz der Grafen und Burggrafen zu Dohna, denen einmal jahrelang die Ämter Mohrungen und Liebstadt vom preußischen Herzog verpfändet waren. Das Dohna-Schlößchen wurde hauptsächlich wegen seiner reizvollen und kostbaren Innenausstattung geschätzt. Später war es Sitz der Kreisverwaltung.

Ich bin nicht sicher, ob mein Gedächtnis mich nicht in manchen Punkten trügt, mir scheint aber, daß ich alles aus jener Zeit noch deutlich vor mir sehe. Meist kam ich nach Mohrungen, wo allmonatlich ein Viehmarkt stattfand, vom Heimatdorf Willnau aus mit dem Pferdefuhrwerk des Onkels, zusammen mit meinem Bruder. Man stieg dann »beim Stiebel« ab, das heißt bei dem Gastwirt Stybalkowski, wo auch die Pferde gefüttert wurden. Man schlenderte über den Markt und durch die Stadt, nicht zu weit weg vom Gasthof, damit man sich nicht verlief oder die Abfahrt verpaßte. Natürlich hatte ich vorher die Cousinen besucht. Das ist alles fünfzig bis sechzig Jahre her, aber immer noch gut in Erinnerung.

Im Großelternhaus in Willnau gab es drei Verbindungen zur Kreisstadt, erstens die etwas bedrückende zeitweise Anwesenheit des Arztes aus Mohrungen bei meinen Großeltern, die beide während des Ersten Weltkrieges starben; zweitens Besuche der Mohrunger Cousinen in Willnau während der großen Sommerferien und drittens, für den späteren Journalisten einprägsam und bedeutungsvoll, das »Mohrunger Kreisblatt«, das bis nach dem Ersten Weltkrieg nur dreimal wöchentlich erschien. Mein Großvater war ein Zeitungsnarr, dem das sorgfältig gelesene Mohrunger Blatt nicht genügte, so daß er zeitweise sogar ständig eine Berliner Zeitung las, wohl eine Ausnahme in dem knapp 400 Seelen zählenden Dörfchen am Nariensee.

Die Ferienaufenthalte in Willnau oder Seubersdorf wurden nur ein Jahr lang unterbrochen, als meine Familie von Elbing nach Memel zog. Von dort aus war es ins ostpreußische Oberland zu weit. Aber von Danzig aus war es später fast so bequem wie von Elbing.

Es war inzwischen 1914 der Krieg ausgebrochen, und in den Städten war es schwer, eine Familie zu ernähren. Deshalb hatte mein Onkel in Willnau seine Plage, die Brüder und Schwestern in Mohrungen, Danzig und Berlin mit mehr als den schmalen Rationen zu beliefern, die es auf Marken gab. Er wehrte sich, wahrscheinlich zu Recht, gegen allzu viele Bitten mit den immer wiederkehrenden Worten: »Wer musse lebre« (Wir müssen abliefern). Aber dann gab es noch die Tante in Seubersdorf . . .

Mein Onkel hatte jedoch auch neue Freuden. Er hatte zum zweiten Mal geheiratet und ein kleines Stieftöchterchen war nun im Haus. Wie heute klingt es mir im Ohr, wenn die Kleine beim Baukastenspiel einer hochaufgetürmten Säule gegenüber fröhlich rief: »Nu welle wä widder imbuffse« (Nun wollen wir wieder umwerfen), und dann, »Nu full's im« (Jetzt fiel es um).

In den zwanziger und Anfang der dreißiger Jahre kam ich seltener nach Ostpreußen. Damals lernte ich in Seubersdorf einen Mann kennen, der einen großen Eindruck auf mich machte, den Hauptlehrer Salitter, seit 1928 der einzige nichtadelige Kreisdeputierte des Kreises Mohrungen, dazu noch Sozialdemokrat. Sein Vorgänger war Rittergutsbesitzer von Reichel-Terpen gewesen und sein Nachfolger ebenfalls. Salitter hatte sich immerhin sieben Jahre als Deputierter gehalten. Bald kam dann die Zeit der Nationalsozialisten. Sie wurden die Totengräber des deutschen Ostens, auch des Kreises Mohrungen mit Liebstadt, Herzogswalde, Waltersdorf, Reichau, Seubersdorf und des geliebten Dorfes Willnau, wo meine Familie seit 1680 lückenlos nachweisbar war.

Bernhard-Maria Rosenberg
Erinnerungen an das Ermland

»Mein Ermland will ich ehren, solang ich leb' und bin;
die Äcker sind voll Ähren, die Wiesen sind so grün,
und durch die Blumenau wallt 's Flüßlein himmelblau. . .«

Als ich neun Jahre alt war, hörte ich in der Katholischen Volksschule
zu Braunsberg im Ermland zum ersten Male dieses »Ermlandlied« und
lernte es singen. Unsere Familie (Vater Rheinländer, Mutter Ermlände-
rin) war aus meiner rheinischen Geburtsheimat nach Ostpreußen übersie-
delt. Zu Hause erfuhr ich, daß ein Braunsberger Universitätsprofessor
dieses Heimatlied um die Mitte des 19. Jahrhunderts verfaßt haben soll.
In Braunsberg bestand seit dem Jahr 1818 eine Königliche Hochschule,
Lyceum Hosianum genannt, mit einer philosophischen und katholisch-
theologischen Fakultät.

Klavierspiel und Gesang der Tochter eines im gleichen Hause wohnen-
den Kollegen meines Vaters machten mich um die gleiche Zeit mit einem
anderen ostpreußischen Heimatlied bekannt, mit dem Masurenlied »Wild
flutet der See«. Daß der Vater und der Verlobte der jugendlichen Sänge-
rin Mitglieder des alten Königsberger Corps Masovia waren und daß dieses von einem Lycker Gymnasiallehrer geschriebene Lied das Bundes-
lied des Corps war, habe ich erst später erfahren.

In der freien Wiedergabe einer aus dem 16. Jahrhundert stammenden
Chronik mit dem Titel »Beschreibung der allerlustigsten, nutzlichsten und
wahren Historien des namkundigen Landes zu Preußen« las ich über die
Entstehung und den Namen des Ermlandes phantasievolle Angaben: Um
das Jahr 537 nach Christi Geburt beherrschte ein König Widewuto das
ganze Preußenland. Als er 116 Jahre alt geworden war, teilte er sein Reich
unter seine zwölf Söhne. Einer von ihnen, Varmo mit Namen, erhielt den
Landstrich, der sich von der Südküste des Frischen Haffs bis zum Pregel-
fluß, vom Drausensee und dem Weeskefluß bis zur Wildnis im Süden

erstreckte. Varmo starb schon in jungen Jahren, aber seine Witwe Erma regierte noch lange und erfolgreich. Von diesem Ehepaar, so berichtet der Chronist, soll das Land die Namen Warmien (lat. Warmia) oder Ermland erhalten haben.

Schon als »Königlich Preußischer Sextaner« wußte ich, daß das Gymnasialgebäude, auf den Grundmauern eines Franziskanerklosters errichtet, seit dem Jahre 1565 ein Jesuitenkolleg beherbergt hatte, daß im Jahre 1811 die Umwandlung in ein »Akademisches Gymnasium« erfolgt und aus diesem dann ein altsprachliches Gymnasium entstanden war. Von uns einheimischen Braunsberger Schülern erfuhren die vielen aus dem Ermland zum Braunsberger Gymnasium gekommenen Mitschüler, daß Braunsberg früher die Hauptstadt des Ermlandes war und daß kein Fürst oder König, sondern der Bischof gleichzeitig Landesherr gewesen ist. Gar mancher dieser Klassenkameraden verließ die Penne wieder mit dem sogenannten »Ermländischen Abitur«, das drei Merkmale aufwies: dreijähriger Besuch der Sexta, erste lange Hosen, Vollendung des 14. Lebensjahres, was damals das Ende der gesetzlich vorgeschriebenen Schulzeit bedeutete!

Als Tertianer verstanden wir dann schon, was es bedeutete, wenn Braunsberg als »Schulstadt« bezeichnet wurde. Neben dem Gymnasium gab es damals in der Passargestadt je eine Präparandenanstalt und ein Seminar für angehende Volksschullehrer und -lehrerinnen, ein Lyzeum, Oberlyzeum und Seminarklasse für die lernbegierige weibliche Jugend. Wissensdurstige Bauernsöhne besuchten in den Wintermonaten die Winterschule; Volks- und Berufsschulen hatten immer überfüllte Klassen.

Als Sekundaner haben wir viel aus der ermländischen Heimatkunde und -geschichte erfahren, obwohl in den Lehrplänen davon nichts zu lesen war. Noch heute sind wir Überlebenden unseren Lehrern von damals dafür dankbar. Wanderungen und Ausflüge, auch »Fahrten« im Rahmen der nach dem Ersten Weltkrieg gebildeten Jugendbünde wurden gut vorbereitet. So vernahmen wir, daß das Ermland kein geographisch fest umrissener Landstrich Ostpreußens war; nicht die Natur, sondern die Politiker vergangener Jahrhunderte haben die Grenzen gezogen. Im Rahmen der Kolonisationstätigkeit des Deutschen Ordens gehörte das im Jahre 1243 gegründete Bistum Ermland zu den vier Diözesen im Lande östlich der Weichsel. Den mittleren Teil dieses Bistums erhielt der Bischof als

45

Stellenpfründe, so daß er, wie schon erwähnt, gleichzeitig Kirchen- und Landesfürst wurde, bis ihn im Jahre 1772 der preußische König als neuer Landesherr ablöste. Ein Drittel dieses bischöflichen Anteils am Bistum Ermland stand dem in Frauenburg gegründeten Domkapitel »zu vollem Eigentum mit allen landesherrlichen Rechten« zu, die Gebiete um die Städtchen Allenstein, Mehlsack und Frauenburg.

Als Primaner endlich galt unser Interesse der Besiedlung, die im Herrschaftsgebiet des Deutschen Ordens ganz anders erfolgte als im Ermland: der Orden pflegte im allgemeinen möglichst viele Rittergüter anzusetzen, weil die damit Belehnten zum Waffendienst verpflichtet werden konnten; im Ermland dagegen wurden hauptsächlich Bauerndörfer gegründet, so daß deren Bewohner durch ihre Arbeit und Dienstverpflichtungen ihrer engeren Heimat nützen konnten. Diesen bäuerlichen Kolonisten folgten bald Handwerker und Gewerbetreibende aller Berufsgruppen, die als Bürger der in den Jahren 1284 bis 1395 gegründeten zwölf Städte die Arbeit der Bauern unterstützten, aber auch zum Aufblühen ihrer Gemeinden und damit des ganzen Ländchens beitrugen.

Die Volksabstimmung am 11. Juli 1920, die auch in den beiden ermländischen Kreisen Allenstein und Rößel durchgeführt wurde, war Anlaß zur Beschäftigung mit der volksmäßigen Struktur des Ermlandes. Bis zum Jahre 1466 hatte der Deutsche Orden die Patronanz über das Bistum inne, anschließend bis zum Jahre 1772 der polnische König, wobei aber dem Fürstbistum Ermland gewisse souveräne Rechte zugestanden blieben. Trotz der besonders im 16. Jahrhundert erfolgten Zuwanderung polnischer Neubürger in die durch kriegerische Ereignisse entvölkerten Gebiete um die Städte Allenstein, Wartenburg und Bischofsburg, behielt die ermländische Bevölkerung ihren deutschen Charakter. Nur knappe 2 Prozent der bei der Volksabstimmung abgegebenen Stimmen entschieden sich für Polen.

Als Abiturienten des Braunsberger Gymnasiums huldigten wir einem örtlichen Brauch: Geschmückt mit der in ganz Ostpreußen üblichen roten Mütze und verziert mit vielen Alberten – Anstecknadeln mit dem Relief des Gründers der Königsberger Universität (1544) – zogen die neuen »Cives Academiae Albertinae« unter den ständig wiederholten, mehr laut als musikalisch klingenden Rufen »Hercules! Hurra!« durch die Straßen der Stadt. Natürlich ging es dabei auch an dem in Elisabethschule umbenannten Lyceum und am Klosterpensionat vorbei, obwohl eine solche »Demonstration« immer wieder den Unwillen der Direktorin und der Pensionatsleiterin hervorrief. Später übernahmen die Seminaristen und sogar die »Winterschüler« diesen Brauch, den nicht einmal die Nazis ganz abschaffen konnten!

Mit der ermländischen Geschichtsforschung beschäftigte sich seit dem Jahre 1856 der Historische Verein für Ermland, der nach der Vertreibung aus der alten Heimat im Jahre 1956 wieder auflebte und seine wissenschaftliche Forschungsarbeit bis auf den heutigen Tag fortsetzt. Durch das Austragen der jährlich erscheinenden Hefte der »Zeitschrift für die Geschichte und Altertumskunde Ermlands«, wofür ich neben einem Obolus ein Freiexemplar erhielt, wurde mein Interesse an der ermländischen Geschichte gefördert.

Wertvolle Ergänzungen und Unterstützungen auf diesem Gebiet erbrachten Wanderungen durch die vier ermländischen Kreise Braunsberg, Heilsberg, Rößel und Allenstein. Schon während der Gymnasialzeit war Frauenburg, »des Ermlands rote Schlüsselburg, Unserer Lieben Frauen schönstes Haus...« (Agnes Miegel), wiederholt das Ziel von Ausflügen gewesen. Geschichtskundige und heimatliebende Lehrer wußten jedesmal auf eine andere Sehenswürdigkeit, vor allem in der Domkirche, hinzuweisen, so auf eine kreisrunde gemalte Grabtafel, Madonna im Rosenhag darstellend, die stark an den Kölner Maler Stephan Lochner (1405–1452) erinnerte, auf die durch Wilhelm von Kügelgen (1802–1867) geschaffene Kopie der Sixtinischen Madonna von Raffaello Santi (1483–1520), auf den früheren Hochaltar, im Jahre 1504 in Thorn entstanden, vielleicht sogar durch Schüler aus der Werkstatt des damals in Krakau schaffenden Nürnberger Meisters Veit Stoß (1445–1533), auf die Paramente, aus türkischen Gewändern gearbeitet, die der polnische König Johann Sobieski (1674–1696), Verwandter des damaligen ermländischen Bischofs, bei der Entsetzung Wiens im Jahre 1683 erbeutet und der Domkirche geschenkt hatte. In dem kleinen Gedenkzimmer für den Frauenburger Domherrn Nicolaus Copernicus (1473–1543) staunten wir über die primitiven technischen Hilfsmittel, die der große Astronom benutzt hatte. In der Dombibliothek war uns unfaßbar, daß annähernd 50000 Bände, darunter viele Handschriften, Inkunabeln und Wiegendrucke, hier Platz gefunden haben sollten.

Als Studenten interessierten wir uns für Einzelheiten aus der Geschichte der Stadt Braunsberg, für die Bauten früherer Zeiten, die vom Wohlstand und Streben in der Vergangenheit kündeten wie die Stadtpfarrkirche Sankt Katharina, das Rathaus mit dem verzierten Südgiebel oder das »Steinhaus« mit der vorgebauten Balustrade.

Nach Süden zu lag ein viel aufgesuchtes Ausflugsziel, das Städtchen Mehlsack. Sein Name ist abgeleitet von dem altpreußischen Wort »Malcekuke« (Teufelsschlucht). Hier gab es den einzigen Naturlehrpfad in Ostpreußen durch das Walschtal. Bekannt war auch weit in Deutschland das private Kaltblutgestüt in Mehlsack, wo ein schweres Arbeits- und Ackerpferd, »Ermländer« genannt, gezüchtet wurde.

Wie »fahrende Schüler« kamen wir uns vor, wenn wir auf Fahrt durch das Ermland gingen. Über die ermländische Pfaffengasse – eine solche hat es nicht nur am Rhein gegeben – durch die Kirchdörfer Sonnwalde, Layß, Lichtenau, Frauendorf, Reimerswalde führte der Weg nach der einstigen Bischofsresidenz Heilsberg. Wie Wegweiser grüßten die Kirchtürme der einzelnen Dörfer, meistens im sogenannten Deutschordensstil gebaut. Offenen Blicks bemerkten wir das saubere und gepflegte Aussehen der Wohn- und Wirtschaftsgebäude. Gewiß störten die Überlandleitungen das Landschaftsbild, aber sie waren Zeugen dafür, daß die Technik auch hier ihren Einzug gehalten hatte. Wegkreuze und Kapellen, bestellte Äcker und gepflegtes Vieh auf den Weiden kündeten von der inneren Einstellung und vom Fleiß der ermländischen Landbevölkerung. Von Heilsberg ist noch manches zu berichten, von der »Krone des Ermlandes«, wie es ein Poet im vergangenen Jahrhundert genannt, vom »ostpreußischen Rothenburg«, wie ein Reiseschriftsteller unserer Tage dieses Städtchen bezeichnet hat. Jahrhunderte hindurch hat der ermländische Bischof, der auch »Fürst des Heiligen Römischen Reiches Deutscher Nation« war, auf dem Schloß zu Heilsberg Hof und Residenz gehalten. An der ehemaligen Stadtmauer standen noch romantisch erscheinende, windschiefe Fachwerkhäuschen mit vorgekragtem Oberstock. Vereinzelt erhalten gebliebene Laubengänge am Marktplatz erinnerten an die schlesische Urheimat der ersten Heilsberger Bürger.

Wie ein Szenenbild aus Richard Wagners »Meistersingern« wirkte der Marktplatz der Stadt Wormditt. Das alte Rathaus in der Mitte, umbaut von niedrigen Verkaufsbuden, die Lauben an drei Seiten des Marktes, die

Das Innere des Frauenburger Domes

massig wirkende Stadtpfarrkirche an der Südwestecke, das Jahr für Jahr neu besetzte Storchennest auf dem einen, die älteste Glocke des Ermlandes (1384) auf dem anderen Rathausgiebel, das alles kündete von längst vergangenen Zeiten und vom Schaffen vieler Generationen.

Zum Stadtbild gehörte Freund Adebar auch in dem Städtchen Guttstadt, auf dem Wege nach Allenstein gelegen. Bis zum Jahre 1810 hat hier ein Kollegiatstift bestanden, zu dem das große Gotteshaus gehörte, das heute katholische Pfarrkirche ist. Auf einem Turm der ehemaligen Stadtbefestigung hatte ein Storchenpaar seinen Sitz, von dessen reichhaltigen Fängen auf umliegenden Wiesen und Flußniederungen und auch guter Verdauung die weißen »Verzierungen« kündeten, die ihm den vielsagenden Namen »Kleckerturm« eingebracht haben.

Als Wanderer durch das Ermland haben wir selbstverständlich auch die Regierungsstadt Allenstein aufgesucht und uns gründlich angesehen. Unglaublich wollte es uns vorkommen, daß im Verlauf eines halben Jahrhunderts aus einem Landstädtchen eine stark bevölkerte Zentrale der Verwaltung und des Militärs, des Schul- und Kulturwesens hatte werden können. Zeugen aus alter Zeit, wie die Pfarrkirche Sankt Jakobi, das einst zum Domkapitel gehörende Schloß, auf dem kein Geringerer als Nicolaus Copernicus erfolgreich als Verwaltungsbeamter, Siedlungsfachmann und Organisator der militärischen Verteidigung gewirkt hatte, und das erhalten gebliebene Stadttor kündeten wie das Abstimmungsdenkmal von der wechselvollen Geschichte dieser Stadt.

In der ehemaligen Franziskanerkirche des Städtchens Wartenburg standen die Besucher stets staunend vor dem aus verschiedenfarbigem Marmor geschaffenen Monument, das sich der ermländische Bischof Andreas Bathory (1562–1599) schon zu Lebzeiten hatte errichten lassen. Dieses Kenotaph, fast sechs Meter hoch und vier Meter breit, war im ganzen Ermland das einzige seiner Art.

Als »fahrende Gesellen« haben wir auch die wald- und seenreichen Gebiete in der Südostecke des Ermlands durchzogen, die größtenteils zum Kreis Rößel gehörten. In der Kreisstadt Rößel stand als Zeuge einstiger bischöflicher Landesherrschaft noch der größte Teil der im 14. Jahrhundert erbauten Burg. Als Nachfolger eines Jesuitenkollegs (1632–1780) existierte in Rößel ein Progymnasium, das um 1865 zur Vollanstalt erhoben, nach 1935 in eine Oberschule umgewandelt wurde. In Rößel amtierten vor einem halben Jahrhundert zwei bedeutende Forscher und Kenner der ermländischen und auch der Rößeler Geschichte, deren Publikationen von uns als Vorbereitung für unsere Fahrt ausgiebig studiert worden waren. Mit vollem Verständnis konnten wir so die alte Stadtpfarrkirche betrachten, die später, als wir schon »in Amt und Würden« waren, durch begabte Künstler und Handwerker aus Rößel eine neue Innenausstattung erhalten hat.

Daß es in Königsberg ein Schillerdenkmal gab, weiß jeder Kenner der Pregelstadt. Daß aber in dem kleinen ermländischen Landstädtchen Bischofstein ein »Schillerhäuschen« gestanden hat, ist nur wenigen bekannt, in erster Linie denjenigen, die eine entsprechende Wette verloren haben. Es handelte sich dabei keineswegs um ein Bauwerk, das mit Friedrich von Schiller etwas zu tun hatte, sondern es war damit ein Wachthäuschen gemeint, das am alten Rößeler Tor als Schilderhäuschen für den Tor- und Accisewärter errichtet worden war! Der Volksmund hatte die Namensänderung herbeigeführt, ohne dabei zu ahnen, daß sogar gelehrt sein wollende Studenten glaubten, dieses Schilderhäuschen hätte etwas mit dem Dichter zu tun! Geographen interessierten sich in Bischofstein für den dort liegenden erratischen Block, der Anlaß für den Stadtnamen gewesen sein könnte.

Die Kreisstadt Bischofsburg hatte als letzte der ermländischen Stadtgründungen (1395) ihre Handfeste erhalten. Außer der Kirche gab es dort keine Sehenswürdigkeiten, wohl aber viele Behörden, die zusammen mit fleißigen Handwerkern und rührigen Geschäftsleuten für einen ständigen Besuch der Kreisbewohner sorgten. Handwerker bestimmten auch das Wirtschaftsleben in dem Städtchen Seeburg, dessen Magistrat in dem stehengebliebenen Flügel der einstigen Bischofsburg residierte und die Geschicke der Stadt lenkte.

Zu den Erinnerungen an das Ermland gehört auch das Wissen um die Wallfahrtsorte und die Wallfahrten selbst. Dicht an der Grenze des einstigen Fürstbistums liegt Heiligelinde mit einer für Ostpreußen seltenen zweitürmigen Barockkirche, deren Malereien im Inneren jeden Kunstfreund begeistert haben, deren Orgel ein Meisterwerk einheimischen Orgelbaus ist und deren Kreuzgang mit einem schönen handgeschmiedeten Gittertor, geschaffen in Rößel, abschließt. Daß Heiligelinde der erste Handlungsort des von dem frühromantischen Königsberger Dichter Ernst

Theodor Amadeus Hoffmann (1776–1822) verfaßten zweibändigen Romans »Die Elixiere des Teufels« ist, soll der Vollständigkeit halber hier erwähnt werden. Daß diese Tatsache uns Primaner zwang, in einem Hausaufsatz unsere Ansichten dazu in wohlgeformten Sätzen zu Papier zu bringen, gehört allerdings zu den weniger erfreulichen Erinnerungen.

Unweit von Guttstadt liegt der Wallfahrtsort Glottau, wo sich der Überlieferung nach einst eine prussische Kultstätte befunden haben soll. Der Baumeister der hier errichteten Wallfahrtskirche aus der ersten Hälfte des 18. Jahrhunderts, ein aus Westfalen in das Ermland gezogener Architekt, hat auch die Gotteshäuser in Krossen bei Wormditt und in Stegmannsdorf bei Mehlsack gebaut. Aus der Mitte des 17. Jahrhunderts stammt die als formschöner Kuppelbau errichtete Wallfahrtskirche in Springborn, zwischen Heilsberg und Bischofstein gelegen, die mit einem Franziskanerkloster (1639–1826 und seit 1926) verbunden ist. Genannt werden sollen auch noch die Kreuzkirche bei Braunsberg und die Kapelle in Lokau bei Seeburg.

Diese Wallfahrtsorte verdienen eine besondere Erwähnung nicht nur wegen ihrer Bedeutung für die religiöse Entwicklung, sondern darüber hinaus als unübersehbares Zeugnis für die Einstellung der Ermländer ihrer katholischen Kirche gegenüber. In Notzeiten vergangener Jahrhunderte entstanden und gegründet, haben diese Orte auch in den Jahren der kirchlichen Not und Bedrängnis durch die Nationalsozialisten eine große Rolle gespielt. Immer wieder war die Teilnehmerzahl unerwartet groß, wenn der Bischof zu einem Treffen an einer dieser Stätten aufrief.

Das Festhalten am katholischen Glauben war ja eines der auffälligsten Unterscheidungsmerkmale der ermländischen Bevölkerung gegenüber den anderen Ostpreußen. Bedingt ist diese Tatsache durch die geschichtlichen Vorgänge. Als der Hochmeister des Deutschen Ordens, Albrecht von Brandenburg, den Ordensmantel abgelegt hatte und in dem aus dem Ordensstaat zum Fürstentum umgewandelten Territorium die lutherische Lehre einführen ließ, ist das Ermland davon nicht berührt worden. Als Freund der ermländischen Geschichte hat es mich sehr interessiert, Einzelheiten zu erfahren, die sich im Laufe der Zeit aus dieser konfessionellen Verschiedenheit zwischen den Ermländern und den anderen Ostpreußen ergeben haben.

Nichtkatholiken war seit dem Jahre 1526 der Aufenthalt im Bereich des Fürstbistums Ermland nur für eine Frist von weniger als einem Jahr gestattet. Es entwickelte sich so der Brauch, daß die wenigen Lutheraner kurz vor Weihnachten eines jeden Jahres das ermländische Gebiet verließen und sich bis zum Dreikönigstage des kommenden Jahres im »Ausland«, in dem Städtchen Zinten, das zum Herzogtum Preußen gehörte, aufhielten. Die Gleichsetzung von Zinten mit Ausland ist auf diese Tatsache zurückzuführen, die erst nach 1772 aufhörte.

Die konfessionelle Geschlossenheit der ermländischen Bevölkerung – 90 Prozent der 280 000 Einwohner zählenden vier Kreise (Allenstein, Braunsberg, Heilsberg und Rößel) waren katholisch – hat ein Gemeinschaftsgefühl wachwerden lassen, das keiner besonderen Organisation bedurfte. Die ungeschickte preußische Verwaltungspolitik seit 1772 hat ungewollt dazu geführt. Bis zum Jahre 1918, um ein Beispiel zu nennen, hat es in den ermländischen Kreisen niemals einen katholischen Landrat gegeben, geschweige denn einen bodenständigen Ermländer. Das Braunsberger Gymnasium ist nur in den Jahren 1856 bis 1874 durch einen Philologen ermländischer Herkunft geleitet worden. Bei der Neuordnung des Justizwesens wie auch bei der Einteilung der Wahlbezirke für die Landtags- und Reichstagswahlen legte man ermländische Kreise mit solchen außerhalb des Ermlandes zusammen. Sogar bei der Anlage von Eisenbahnlinien sind Wünsche außerhalb des Ermlands ansässiger Landwirte berücksichtigt worden, ermländische Dörfer haben dagegen keinen Bahnanschluß erhalten! Als Ermländer geborene Richter waren nur in seltenen Fällen in ihrer Heimat tätig, die zuständigen Stellen ließen sie lieber in Insterburg, Gerdauen oder Mohrungen amtieren!

Das Zusammengehörigkeitsgefühl der Ermländer ist trotz mancher Meinungsverschiedenheiten – etwa in der Frage, ob farbentragende oder nicht farbentragende Studentenvereinigungen der katholischen Studenten an der Königsberger Albertina zweckmäßiger seien – neben der Konfession auf die durchweg mittelständische Struktur der landwirtschaftlichen und gewerblichen Wirtschaft zurückzuführen. Soziale Probleme sind nicht so scharf profiliert hervorgetreten wie in den größeren Städten Ostpreußens oder in den Landstrichen, in denen der Großgrundbesitz eine führende Rolle gespielt hat. Deshalb hat weder kommunistisches noch nationalsozialistisches Gedankengut bei den Ermländern Boden gewinnen können. Die politischen Wahlen der Jahrzehnte von 1848 bis 1933 haben den Beweis dafür deutlich erbracht.

Als aufmerksamer Zuhörer bei Gesprächen heimatpolitischen Inhalts habe ich es erlebt, daß einmal ein führender Mann des ostpreußischen Wirtschaftslebens, kein Ermländer, ohne befriedigende Antwort geblieben ist, als er anwesende Ermländer fragte: »Sagen Sie mir doch bitte, was ein Ermländer ist? Bei den Pferden weiß ich es, aber nicht bei den Menschen!« So ganz im Unrecht ist dieser Fragesteller nicht gewesen. Einen einheitlichen Typ des ermländischen Menschen hat es nicht gegeben; bis in die Kolonisationszeit gehen die Gründe dafür zurück. Kolonisten aus den verschiedensten Teilen des deutschen Sprachraumes sind auch in das Ermland gekommen. Es haben Lübecker sich einen schmalen Küstensaum am Frischen Haff als neue Heimat gewählt, so daß deren Gründungen, die Städte Braunsberg und Frauenburg, auch mit dem lübischen Recht bedacht worden sind. Für die Besiedlung der Städte Mehlsack, Wormditt und Heilsberg hat ein aus Schlesien in das Ermland gekommener Bischof seine Landsleute gewinnen können. Der Zuzug polnischer Neubürger, der erst im 14. Jahrhundert eingesetzt hat, ist bereits erwähnt worden. Schon im beginnenden 18. Jahrhundert hat dieser Bevölkerungsanteil bedeutend abgenommen. Versuche, die nach dem Jahre 1772 von Preußen unternommen worden sind, Kolonisten aus Brandenburg, Pommern, Mecklenburg und Hessen im Ermland seßhaft zu machen, sind sämtlich gescheitert.

Als sprachliche Erinnerung an die ursprünglich verschiedenen Heimatdialekte der ersten ermländischen Kolonisten ist vor nahezu einem Jahrhundert der Satz niedergeschrieben worden: »Oech sai« (Ich bin), sagt man im mittleren Ermland in der als »breslausch« bezeichneten Mundart. »Aeck si«, heißt es im nördlichen Ermland im »käslauschen« Dialekt.

Auf die in aller Öffentlichkeit bekannt gewesene und vor allem gelebte katholische Grundhaltung der Ermländer sind jene Eigenschaften zurückzuführen, die allen Ermländern, ob um Braunsberg oder Bischofsburg ansässig, ob Bauern oder Stadtbewohner, Akademiker oder Arbeiter, gemeinsam waren. Dazu gehört eine uneigennützige Hilfsbereitschaft, eine von Herzen kommende Gastfreundschaft, Gewissenhaftigkeit in der Erfüllung gegebener Zusagen und Versprechen im persönlichen und geschäftlichen Bereich. Was der Dichter des eingangs erwähnten Ermlandliedes vor zwölf Jahrzehnten geschrieben hat, ». . . hier ist es noch geblieben wie zu der Väter Zeit. Hier herrscht noch Sitt' und Treu', nicht Trug noch Heuchelei!« hat seine Gültigkeit behalten bis zum Ende des deutschen Ermlands in den ersten Schreckensmonaten des unheilvollen Jahres 1945.

Als Kenner der ermländischen Heimatliteratur, die wohl kaum in wissenschaftliche Werke eingehen, aber bei den inzwischen alt gewordenen Ermländern nicht in Vergessenheit geraten wird, kann ich mit einem kurzen Satz aus der Feder eines Ermländers, der in Heilsberg als Schriftsteller und Journalist ansässig war, ausdrücken, was zusammenfassend die Erinnerungen an das Ermland beinhaltet: »Hie ös es Määche daheem. . .« (Hier ist das Mädchen zu Hause).

Otto Losch
Sonne, Sand und See -
eine Nehrungssymphonie

Wie ein langer, dürrer Finger schiebt sich im äußersten Nordosten Ostpreußens eine schmale Landzunge zwischen Festland und Meer. Alt und runzlig ist dieser Finger, bleich und blutleer sind seine unzähligen Falten, und wie zahlreiche Gichtknoten muten die breiteren Stellen an. Aber trotz ihres vieltausendjährigen Alters pulst ein märchenhaft-schönes, verträumt-einsames und phantastisch-eigenartiges Leben in der gleichmäßig leicht-geschwungenen Landbrücke, die den Namen »Kurische Nehrung« trägt. Dieser schmale Landstreifen, der in nord-nordöstlicher Richtung verläuft, ist 97 Kilometer lang und reicht vom Fischerdorf Sarkau unweit des Ostseebades Cranz bis nach Sandkrug gegenüber Memel. Seine Breite schwankt zwischen 400 Metern bei Sarkau und 4 Kilometern bei Nidden am Bulwischker Haken.

Meine Gedanken schweifen dreißig Jahre zurück. Im heißen Sommer 1944 war es, als ich in Nidden, auf der »Hohen Düne« stehend, zuschaute, wie in dumpfrauschendem oder zartstreichelndem Ewigkeitsakkord im Westen die Nehrung von der Ostsee umbrandet und umkost wurde und an den Ostrand in kurzen übermütigen Sprüngen die Wellen des sandverschlingenden Kurischen Haffs hüpften. Hell aufleuchtende Dünen, ostwärts langsam wachsend bis zum jähen Absturz, dazwischen dunkle Nadelwälder und frischgrün schimmernde Flecken der Laubbäume, überstrahlt von einem meist tiefblauen, wolkenlosen Himmel, von dem die feurige Sonne in verschwenderischer Fülle ihre leben- und segenspendenden Lichtfluten hinuntersendet, so offenbarte sich mir wieder einmal, wie schon oft, jedoch jetzt zum letzten Male, die Landschaft der Kurischen Nehrung als eine Symphonie von Sonne, Dünen, Meer und Wald.

Es ist noch gar nicht so lange her, daß die Kurische Nehrung das für die Gegenwart charakteristische Aussehen erhielt. Noch in der Ordenszeit bedeckte sie hochstämmiger Wald mit Kiefern, Birken, Eichen, Erlen und Eschen. Die Entwaldung begann unter dem Großen Kurfürsten während des Dreißigjährigen Krieges und erreichte 1756 bis 1762 durch die Russen, die Ostpreußen im Siebenjährigen Kriege besetzt hielten, ihren Höhepunkt. Nun konnte die Versandung der Nehrung, deren Anfänge schon im 16. Jahrhundert erwähnt werden, in großem Umfang beginnen. Lediglich bei Schwarzort blieb der alte Baumbestand durch den tatkräftigen Einsatz der Forstbeamten weitgehend erhalten.

Die über 60 Meter aufragenden wandernden Sandriesen, die höchsten Dünen Europas, sind der urgewaltigste Eindruck, den die Kurische Nehrung dem einsamen Wanderer vermittelt. Ludwig Passarge, 1825 in Wolittnik geboren und von 1879 bis 1887 Oberlandesgerichtsrat in Königsberg, hat in seinem 1878 erschienenen Buch »Aus Baltischen Landen« wohl als erster die Schönheiten dieses Landstrichs bewußt erlebt und in begeisterte Worte gefaßt. Er schreibt, die Wanderung von Sarkau nach Rossitten schildernd: »... so erblickt man im Nordosten zum ersten Male die Dünenkette noch halb verschleiert in dem Dufte des heißen Morgens, aber geheimnisvoll und unvergleichbar. Vergebens sucht die Phantasie unter den vergangenen Bildern nach einer Parallele. Weder die Schneefelder der Alpen noch die Kreideabhänge des Rügenschen Hochlandes gestatten eine Parallele. Im Nebeldufte wasserblau und atlasglatt, von einem Sonnenstrahle getroffen aufglühend wie flüssiges Gold oder verfließend zu einem elektrischen Gelb; wenn dichte Wolkenschatten über die schillernden Flächen gleiten, tief violett; immer aber durchsichtig, ätherisch, fast körperlos – der tief einsame Wanderer hat Mühe, sich dieser geisterhaften Erscheinung gegenüber zu behaupten.«

Vor meinem Auge taucht aber auch ein anderes Bild auf. An einem herbstlichen Sturmtag war es, als wirre Wolkenfetzen die Spitzen der Dünen streiften und eine gespenstisch-schwarze, blitzeschleudernde Wolkenwand am Horizont sich höher und höher schob und aus der Tiefe das dumpfe Grollen und Brüllen der entfesselten Fluten des Meeres und des Haffs heraufdonnerten, deren Schaumborten unwirklich weiß das Dunkel durchbrachen. Da war die lichtspendende Düne verschwunden; als ein rasendes Gespenst, in zerfetzte graue Gewänder gehüllt, die um die bebenden Flanken flatterten, grinste mich die »rauchende« Sandriesin an. Ihre Füße umschlangen gierig die hetzende graue Flut des kochenden Haffs.

Zwei Arten von Dünen gibt es, lebende und tote; wachsende, gierig fressende und gefesselte. Die letzteren hat der menschliche Geist überlistet, sie sind in einer Gestalt, die schon vor Jahrzehnten wurde, erstarrt, gebannt, mit Tausenden kleiner Kiefern bepflanzt, »festgelegt«. Sie können nicht mehr Schaden anrichten. Sie lauern zwar wie schwarze Ungeheuer, die sich über die ängstlich geduckten Fischerkaten recken, auf die ersehnte Gelegenheit, über die Menschen in ihren Häusern, über die Tiere in ihren Ställen herzufallen, sie in ihre bleichen Tücher zu hüllen und ihnen den Atem zu rauben. Vergeblich! Wald sind sie geworden, der am Westfuß in Erlenbrüche, Palve genannt, übergeht, in deren sumpfigem Dikkicht das Urtier der Nehrung haust, der gewaltige, vorzeitlich anmutende Elch, der mir jedesmal den Atem stocken ließ, wenn er mir plötzlich in seiner Größe gegenüberstand.

Die gewaltigste lebende Düne ist »Die Hohe« am »Tal des Schweigens« mit 63,1 Metern. Hier findet sich nicht die geringste Vegetation, und auch von Haff und Meer ist keine Spur zu sehen. Man fühlt sich in eine Sandwüste, der Sahara ähnlich, versetzt. Hierhin waren im Ersten Weltkrieg französische Kriegsgefangene verbannt, eine Maßnahme, die der Unterbringung deutscher Kriegsgefangener in Marokko entsprach. In einem Winkel von 30 Grad stürzen die jährlich 4 bis 7 Meter wandernden Dünen in das Haff und pressen durch ihr Gewicht den dunklen Mergel an die Oberfläche des Wassers.

Doch blättern wir einmal 200 Jahre in der Geschichte der Kurischen Nehrung zurück und verfolgen das unheilvolle Spiel der Vernichtung, das die Wanderdünen im Laufe dieser Zeit getrieben haben. Acht Dörfer wurden von ihnen »überrollt« und »getötet«: Neu- und Alt-Lattenwalde (1762 versandet) und Alt-Kunzen (1831) zwischen Sarkau und Rossitten; Preeden und Neu-Pillkoppen (1839) zwischen Rossitten und Nidden; Karwaiten (1797), Negeln (1846) und Alt-Negeln (1728) zwischen Nidden und Memel. Inzwischen waren die Dünen über diese Ortschaften hinweggewandert und die Grundmauern ihrer Häuser kamen wieder zum Vorschein. Auch die Knochenreste der dort Begrabenen wurden mit dem Sand wieder ans Tageslicht geweht; kurz vor dem Zweiten Weltkrieg konn-

te ich in Kunzen noch dieses Bild der menschlichen Vergänglichkeit beobachten.

Karwaiten, etwa 8 Kilometer nördlich von Nidden, war einstmals eines der größten Dörfer der Kurischen Nehrung, das schon zur Ordenszeit
Erwähnung findet. Fast ein Jahrhundert kämpfte dieser Ort mit wechseln
– dem Erfolg standhaft gegen die unerbittliche Versandung, die 1774 mit
einem Vorrücken der Wanderdüne um 37 Meter den Höhepunkt erreichte. 1791 mußte die Kirche aufgegeben werden, der Untergang des Dorfes
war nicht mehr aufzuhalten.

In ähnlicher Gefahr befand sich 1888 das nördlich von Rossitten gelegene heutige Pillkoppen, als die Wanderdüne die ersten Häuser des kleinen Fischerdorfes berührte. Hier war es der aus Goldap stammende Forst-
beamte Epha, dem es mit modernen Bepflanzungsmethoden (Kiefern mit
Strauchbedeckung) gelang, der Wanderung des 61 Meter hohen Petsch-
berges Einhalt zu gebieten. Nur wenige Meter von den geretteten Häusern entfernt kam die Wanderdüne zum Stehen, und drohend überragt die
dem Retter des Dorfes zu Ehren »Ephas Höhe« benannte »schwarze«
Düne die geduckten Fischerkaten.

Die nicht gezähmten Dünen treiben aber auch heute noch ihr ererbtes
Vernichtungswerk. Wenn der Mensch in unserem Jahrhundert es nicht
mehr zuläßt, daß Dörfer verschüttet werden, so kann man an einigen Stellen
doch noch das jahrhundertealte Spiel der Wanderdünen beobachten. Und
immer, wenn ich in den dreißiger Jahren auf einem Spaziergang von Rossitten nach Alt-Kunzen an die Stelle kam, an der die Düne über das Dorf
bereits hinweggegangen war und inzwischen ein Waldstück umkrallt hatte, das langsam von ihr erstickt wurde, spürte ich Ohnmacht und Vergänglichkeit alles Irdischen.

In unserem Jahrhundert gab es auf der Kurischen Nehrung acht Dörfer
(von Süden nach Norden): Sarkau, Kunzen, Rossitten, Pillkoppen, Nidden mit den Ortsteilen Skrusdin und Purwin, Preil, Perwelk und Schwarzort. Von diesen war Nidden das größte mit rund 1000 gefolgt von Rossitten mit 600 Einwohnern. Vor dem Zweiten Weltkrieg betrug die Gesamt-
einwohnerzahl der Kurischen Nehrung etwa 3500 gegenüber 3000 im
Jahre 1919 und nur rund 1100 Menschen im Jahre 1830.

Rossitten und Nidden waren die von Fremden am meisten aufgesuch-
ten Orte der Kurischen Nehrung, die auch, wie wir in Ostpreußen sagten,

»im Reich« weitgehend bekannt waren. Auch mich zog es vornehmlich zu diesen beiden Dörfern, die ich zu jeder Jahreszeit kennengelernt habe. Gab es doch hier neben den Naturschönheiten Dinge zu erleben, die den Rahmen des Alltäglichen sprengten. In Rossitten, dem einzigen Dorf auf der Nehrung, in dem auf 372 Hektar Landwirtschaft betrieben wurde, befanden sich die Vogelwarte und die Segelfliegerschule des Deutschen Luftsport-Verbandes.

Die Vogelwarte, die erste ganz Deutschlands, wurde 1901 von dem Ornithologen Professor Dr. Johannes Thienemann, der 1896 zum erstenmal die Nehrung betrat, gegründet. Sie wurde das Musterbeispiel für die Erforschung des Zugvögelfluges. 1903 begann man mit der Beringung der verschiedensten Vogelarten (159 Ringe). 1912 war die Zahl bereits auf 41 226 gestiegen. Die durch diese Maßnahme festgestellte weiteste Flugstrecke war die eines Storches, den man in dem 9500 Kilometer entfernten südafrikanischen Basutoland fing. Ostpreußen war mit 9200 besetzten Horsten (1931) wohl die storchreichste Provinz Deutschlands. Auch die Fluggeschwindigkeit der Zugvögel erforschte man hier und stellte fest, daß der Star mit etwa 74 Stundenkilometern der Rekordhalter ist. 1925 wurde die Vogelwarte der Kaiser-Wilhelm-Gesellschaft (heute Max-Planck-Gesellschaft) eingegliedert. 1929 trat Professor Thienemann, 66jährig, von seinem Amt zurück und legte es in die Hände seines langjährigen Mitarbeiters Dr. E. Schütz. Heute befindet sich die Vogelwarte in Radolfzell am Bodensee.

Interessant ist, was Professor Thienemann über seinen ersten Besuch in Rossitten in seinem 1928 erschienenen Buch »Rossitten, drei Jahrzehnte auf der Kurischen Nehrung« schreibt: »Als mein Schulkamerad Dr. Fritz Lindner im Jahre 1888 zum ersten Male nach Rossitten kam und dabei die reiche Vogelwelt dieses Dörfchens sozusagen entdeckte, da betrug der Tagespreis für Wohnung, volle Beköstigung, Bedienung, Jagderlaubnis, Wasserstiefel- und Flintenborgen 1,25 Mark, und was man schoß, durfte man behalten. Bei meinem ersten Besuch im Jahre 1896 – zunächst als Sommergast – war der Preis schon etwas gestiegen, aber ich hatte immer Not, mein Geld loszuwerden. Es war ja alles so einfach, so urwüchsig, so unberührt und darum so herrlich. Wollte man zu Tisch Hähnchen essen, so ging man auf den Hof, schoß einige tot und ließ sie sich zurechtmachen, oder man schoß sich Wildenten auf dem Bruche – Berechnung war Nebensache. Ein Verschließen von Türen kannte man nicht. Immer schlief man bei unverschlossener Haus- und Stubentür. Das Nachtwächtern ging und geht auch jetzt noch der Reihe nach von Haus zu Haus herum. Auch ich bin, wenn die Reihe an mich kommt, Nachtwächter.«

Die zweite Attraktion Rossittens war die Segelfliegerschule, die 1924 in der Nähe des 54 Meter hohen Predinberges, etwa 5 Kilometer nordöstlich des Dorfes, eingerichtet worden war. Bei den Wanderdünen zwischen Pillkoppen und Nidden gab es eine Zweigstelle. Neben der praktischen Flugausbildung (Schleppstart durch Menschenkraft an den Dünenabhängen) wurden in das ganze Jahr über laufenden Kursen Flugzeugbau und Flugwissen gelehrt. Etwa 600 Schüler waren der Jahresdurchschnitt. In besonderen Lehrgängen fand die Ausbildung der Werkstatt- und Bauleiter für den Segelflugzeugsport statt. Der Flugpark umfaßte etwa 50 Maschinen. Rossitten war die Stätte mehrerer Rekordflüge. So stellte der ostpreußische Lehrer Ferdinand Schulz im Mai 1927 hier mit 61,5 Kilometern einen Weltrekord im Streckenflug und der Fluglehrer Otto Arndt im August 1933 einen solchen im Dauerflug (20 Stunden und 25 Minuten) auf.

Das zweite weit über die Grenzen Ostpreußens hinaus bekannte, schönste Fischerdorf der Kurischen Nehrung war Nidden. In diesem zweieinhalb Kilometer langen Ort, der im Gegensatz zu Rossitten vor allem ein Sammelpunkt für Künstler verschiedener Sparten war, habe ich mehrmals unvergeßliche Ferien verlebt. Im Gasthof Hermann Blode, einer Stätte dörflicher Nehrungstradition – es gab kein Radio und keine Unterhaltungsmusik –, trafen sich Maler, Komponisten, Schriftsteller und Schauspieler, um sich Anregungen für ihr Schaffen zu holen oder auch nur, um sich zu erholen. Nach dem Ehepaar Blode regierte hier der bekannte, aus Tapiau (wie Lovis Corinth) stammende Maler Ernst Mollenhauer, der eine Blode-Tochter geheiratet hatte. Er lebte nach dem Kriege in Düsseldorf und malte auf Sylt, erhielt für sein Schaffen mehrere Kunstpreise und das Bundesverdienstkreuz. 1963 starb er und fand in Keitum auf Sylt seine letzte Ruhestätte.

Es war jedesmal ein Erlebnis, mit diesem weitgereisten (er lebte ein Jahr in den Vereinigten Staaten von Amerika und besuchte zu Studienzwecken Frankreich und Holland) und hochgebildeten Menschen in seinem Niddener Atelier zu sitzen und bis in die Nacht hinein zu plaudern.

Zu den Gästen dieses gepflegten Hauses gehörten, um nur einige Namen zu nennen, die Maler Lovis Corinth, Richard Birnstengel, Ernst Bischoff-Culm, Karl Schmidt-Rottluff, die Königsberger Julius Freymuth und Alexander Kolde und der berühmte Expressionist Max Pechstein, der lange Zeit »der Mittelpunkt der ganzen Malerzunft« Niddens war, wie Ernst Mollenhauer in einem Aufsatz über die Kurische Nehrung schrieb. Die große Veranda des Blodeschen Gasthofes mit dem herrlichen Blick auf das weite Haff war eine Gemäldegalerie mit Bildern der vielen, vielen Maler, die in Nidden und seiner Umgebung ihre Werke schufen. Nicht vergessen darf in diesem Zusammenhang der bekannteste Elchmaler Ostpreußens werden, der, in Königsberg wohnend, in den Elchrevieren von Preil und Perwelk (hier stand die Mehrzahl der 80 Nehrungselche) die Motive für seine eindrucksvollen Bilder fand, Hans Kallmeyer, der 1961 in Bayreuth starb.

Viele Dichter und Schriftsteller besuchten die Kurische Nehrung, vornehmlich Nidden und auch Rossitten, und besangen sie in Lyrik und Ballade wie Agnes Miegel (»Frauen von Nidden«), Walter Heymann (»Nehrungsbilder«) und Fritz Kudnig (»Das Wunder am Meer«) oder wählten sie zum Schauplatz ihrer Romane wie Hansgeorg Buchholtz (»Dorf unter der Düne« und »Zwischen Himmel, See und Tod«), Alfred Karrasch (»Winke bunter Wimpel, »Der große Doktor« und »Stein gib Brot«) und Paul Fechter in seinem Erinnerungsbuch »Zwischen Haff und Weichsel«. Von Hermann Sudermanns dramatischem Gedicht »Die drei Reiherfedern« spielen zwei Akte in sagenhafter Vorzeit auf der Kurischen Nehrung, und Alfred Brusts Stücke »Die Wölfe« und »Der singende Fisch« haben den gleichen Schauplatz. Ernst Wicherts Roman »Für tot erklärt« ist ebenfalls dort angesiedelt wie auch E.T.A. Hoffmanns Novelle »Das Majorat« aus den 1817 erschienenen »Nachtstücken«.

Auch die Komponisten Engelbert Humperdinck und sein ostpreußischer Schüler Otto Besch, ferner Paul Scheinpflug, Karl Kämpf und Heinz Tiessen haben der Nehrung Impulse für ihre Werke zu verdanken. In jüngster Zeit komponierte der Allensteiner Walter Schories die Kantate für Chor, Orchester und Solostimmen »Von Sonne, Dünen, Haff und Meer« nach meinen Versen. Am 19. Mai 1968 wurde sie beim Treffen der Memelländer in Hamburg uraufgeführt und seitdem mehrfach zu Gehör gebracht.

Auch bekannte Schauspieler und Theatermänner suchten in Nidden oft Entspannung von ihrer Arbeit. So traf ich im Blodeschen Hause Paul Bildt, Bernhard Minetti und Dr. Karl Pempelfort, der damals am Königsberger Schauspielhaus Dramaturg und nach dem Krieg neunzehn Jahre Intendant in Bonn war.

Manche dieser Künstler siedelten sich auch in Nidden an. Thomas Mann, die Maler Birnstengel und Knauf und der Schauspieler Paul Isenfels bauten sich Atelier- oder Landhäuser auf den Purwiner Höhen oder auf dem Blodeberg neben dem idyllisch gelegenen Friedhof, in dessen Nähe sich der berühmt gewordene Aussichtspunkt »Italienblick« mit der in einem harten Winter eingegangenen pinienartigen Kiefer befand.

Über Thomas Mann schrieb Ernst Mollenhauer in seinem Aufsatz »Wunderland Nidden«: »Thomas Mann genoß immer wieder den Frieden der Landschaft und brachte stets in warm empfundenen Worten seine Freude über dieses Glück zum Ausdruck. Aber es währte nur einige Jahre. Es kam der Tag, an dem das Künstlerdenkmal auf dem Blodeberg durch den Unverstand bestiefelter Parteigenossen entfernt wurde – und man das Haus des Dichters mit Steinen bewarf ... Eine traurige Saat war aufgegangen.« An anderer Stelle dieser Schilderung heißt es von weiteren Künstlern und Dichtern, die im Blodeschen Hause wohnten: »Die Tänzerin Palucca faßte den komischen Plan, auf der Wanderdüne ein Haus zu bauen, mitten in fliegendem Sand. Ernst Wiechert, Carl Zuckmayer, Paul Eipper, Reinhold Conrad Muschler bereisten die Nehrung. Max Mansfeld, der Berliner Sänger, und der Pianist Alfred Schroeder musizierten, Conrad Ansorge und der Theatermann Leopold Jessner (in Königsberg geboren und von 1915 bis 1919 Direktor des Königsberger Schauspielhauses in der Roßgärter Passage) fehlten nicht in diesem Kreis.«

Doch über diesen berühmten und bekannten Besuchern der Kurischen Nehrung seien auch nicht die eingeborenen Bewohner dieser Landschaft vergessen: die kurischen Fischer. Diese einfachen, wortkargen, in sich gekehrten, aber treuen Menschen, die, von kantigem, großem Wuchs, mit ihren blauen Augen unter strohblondem Haar jeder Gefahr mutig ins Auge sahen, waren ein unvergeßlicher Bestandteil der Kurischen Nehrung. Wenn man sie in leicht wiegendem Gang, die nackten Füße in den typisch ostpreußischen Holzschlorren oder Klumpen steckend, über die Dorfstraße gehen sah, glaubte man sich in eine Zeit zurückversetzt, da hier noch die kurische Urbevölkerung wohnte. Von einigen wenigen wurde das Kurische, eine mit dem Lettischen verwandte Sprache, bis in die jüngste Zeit hinein gesprochen. In kleinen, meist strohgedeckten, vereinzelt noch schornsteinlosen Häuschen mit einem winzigen, sorgsam gepflegten Blumengarten wohnten diese schlichten Menschen. In einer kurzen, »Die Kurische Nehrung« überschriebenen Plauderei zeichnet der Maler Ernst Mollenhauer mit wenigen Worten ein treffendes Bild dieser Menschen: »Ich sehe alle jene Fischergestalten werkend wie in der Apostelgeschichte, Apostel selbst in ihrer Arbeit, hintretend in dem kleinen Kirchlein auf der Dünenhöhe vor den Tisch des Herrn. In Urväterzeiten kann dieses Bild nicht anders gewesen sein, das Bild von Not und Tod, um Geburt und Hexerei, das Bild dieser Gestalten in menschlicher Schwäche und Größe. Dieser Menschenschlag war gediegen und zuverlässig, urwüchsig. Wie liebe ich alle diese Menschen heute noch!«

Eine Kuriosität unter den kurischen Fischern waren die »Krajebieter«, diese Männer, die mittels Netzen und einer flügelgestutzten Lockkrähe diese Vögel fingen und sie dann durch einen Biß in den Kopf blitzschnell töteten. Aus bis zu 100 Stück bestand günstigenfalls die »Jagdtbeute« eines Krähenfängers an einem Tage. Junge Krähen galten als Leckerbissen der heimatlichen Küche. Sie wurden auch als Vorratsnahrung eingepökelt.

Noch über viele Besonderheiten der Kurischen Nehrung, die für jeglichen Autoverkehr gesperrt war (nur im Winter, wenn das Haff zugefroren war, brachte ein Lastauto die bei der Eisfischerei gefangenen Fische nach Königsberg), könnte ich berichten: über die merkwürdigen Triebsandstellen am westlichen Dünenfuß, in die man hüfttief versinken konnte, über die Kupsten, diese mit Gras und Weidenbüschen bewachsenen, einige Meter hohen Reste alter Wanderdünen und manches andere mehr.

Doch heute ist das alles für uns in unerreichbare Ferne gerückt. Wie eine düstere Abschiedsszene, die keine Wiederkehr verheißt, steht mir die vom pausenlos herabströmenden Regen aufgeweichte Nehrungsstraße in einer stockfinsteren Novembernacht des Jahres 1944 vor Augen, als ich nach Erledigung eines militärischen Auftrages in Memel im Kraftwagen nach Königsberg zurückkehrte. Ich hatte mich vorher telefonisch mit Ernst Mollenhauer in Nidden in Verbindung gesetzt, der als Offizier des Ersten Weltkrieges zum »Kampfkommandanten der Kurischen Nehrung«

ernannt worden war, und ihn gefragt, ob ich ihn noch einmal besuchen und drei mich begleitende Kameraden mitbringen dürfte. Er bejahte sofort mit Freuden und wartete mit seiner Gattin auf uns bis nach Mitternacht, da wir uns verspätet hatten. Bei Elchbraten und einem guten Tropfen nahmen wir in dieser von Wehmut überschatteten Stunde Abschied von der einmaligen Landschaft, welcher unser Gastgeber, der Maler und »Hotelier« Niddens, der feingeistige Schilderer der Wunder der Kurischen Nehrung mit Pinsel und Wort, als Nachruf folgende Sätze gewidmet hat, die am Schluß dieser Rückschau stehen mögen: »Land ungezählter Wunder! Aus tausend Wunden blutend liegst du nun zerschlagen, preisgegeben aller Willkür, unerreichbar fern. Nur weiß ich, daß der Vogelzug in deinem herbstlichen Farbenglanz wie ein immerwährendes Märchen ist, heute und morgen. Aus dem weiten östlichen Himmel sieht nach wie vor Gott auf dich herab, und seine Sonne und Winde ziehen über dich hin wie am ersten Tage. Und die Wasser des Haffes und Meeres nagen an deinem Kleid, die Stürme beugen die Kiefer und den Strauch und formen in wunderfältigen Gebilden deinen weißen Dünensand. In meinen Träumen bleibst du, unvergeßliches Land, das unzerstörbare Paradies.«

Am Niedersee, Masuren

Adolf Poschmann
Vierhundert Jahre auf derselben Scholle

Am 1. Juli 1931 fand in der Pfarrkirche zu Heinrikau im Ermland ein Festgottesdienst statt; die Familie Poschmann in Komainen dankte dem Herrgott, daß er sie 400 Jahre auf demselben Hof behütet hatte. Verwandte, Freunde und Nachbarn waren zahlreich erschienen. Nach der kirchlichen Feier begleitete der Reiterverein Heinrikau-Migehnen den Wagen der Familie Poschmann nach Komainen, die Wagen der Gäste folgten. Beim Festessen und am Nachmittag wurde viel erzählt von Großvätern und Urgroßvätern, von Schwiegermüttern und Tanten, von guten und bösen Onkeln. Vor allem wurde von der guten alten Zeit gesprochen. Nur ab und zu bemerkte jemand, daß es auch schlimme Zeiten gegeben habe, daß die Menschen früher viel genügsamer gewesen waren als heute und daß auch viel Unheil geschehen war.

In ältester Zeit nahm das kleine Dorf Komainen im Kirchspiel Heinrikau eine Sonderstellung ein, es war ein Prußendorf, während in den drei anderen Dörfern sich deutsche Bauern angesiedelt hatten. Die Prußen hatten sich taufen lassen und sich der deutschen Herrschaft gefügt, so durften sie auf ihren kleinen Höfen wohnen bleiben. Die deutschen Nachbarn leisteten »Entwicklungshilfe«, sie lehrten sie, neue Geräte anzufertigen und die Äcker ordentlich zu bearbeiten. Nach einigen Generationen sah es im Prußendorf fast ebenso aus wie in den deutschen Dörfern.

Schwer heimgesucht wurde das Ermland im sogenannten Reiterkrieg (1520 bis 1525), als der Hochmeister Albrecht von Brandenburg gegen den Polenkönig Sigismund um die Unabhängigkeit des Ordenslandes kämpfte. Das Dorf Komainen wurde völlig in Asche gelegt, alle Prußen kamen um, nie mehr wird ein Pruße erwähnt. Komainen mußte neu besiedelt werden, deutsche Bauern wurden aus der Nachbarschaft herangeholt. Zunächst wurden vier Kölmer angesetzt, nämlich Martin Bludau,

Johann Puschmann, Andreas Arent und Johann Cosmann; jeder erhielt eine kulmische und zwei bäuerliche Hufen. Später kam noch einiges Übermaßland hinzu, so daß jeder vier Hufen hatte. In neuester Zeit wurde ein Hof aufgeteilt, die drei verbleibenden Höfe vergrößerten sich auf fünf bis sechs Hufen.

Die Abgaben von den kulmischen Hufen waren erheblich geringer als von den bäuerlichen Zinshufen, aber auf den kulmischen Hufen lastete ein Reiterdienst. Diesen Dienst hatte der Notar übersehen, in der Verleihungsurkunde war er nicht erwähnt. Bald darauf war im Mehlsacker Schloß Gerichtstag; wie üblich mußten alle Schulzen und Kölmer vor dem Burggrafen »aufreiten und die Musterung passieren«, und da vermißte man den Reiter aus Komainen. Als die Kölmer zur Rede gestellt wurden, zeigten sie ihr Privileg vor, und siehe da, darin stand nichts vom Reiterdienst. Die Frauenburger Domherren aber fühlten sich ohne den Reiter aus Komainen nicht sicher; sie wandten sich an den Bischof, und es wurde festgestellt, daß ein Versehen des Schreibers vorlag, dieser hatte den Reiterdienst vergessen. Die lückenhafte Urkunde wurde eingezogen und eine neue ausgefertigt. Danach mußten die vier Kölmer aus Komainen bei Krieg und Kriegsgeschrei gemeinsam einen Mann mit einem Wallach und mit leichten Waffen stellen. Diese Urkunde, datiert vom 15. November 1530, lag wohlverwahrt im Frauenburger Diözesanarchiv. Seit dieser Zeit durfte der Komainer Reiter bei den jährlichen Gerichts- und Schulzentagen im Mehlsacker Schloß nicht fehlen. Einer stellte den Wallach, der zweite lieferte den Sattel, der dritte den Spieß mit der Eisenspitze, und der vierte zog ein Lederwams an, schwang sich in den Sattel und trabte los. Forsch ritt er in den Schloßhof, wo die meisten Schulzen und Kölmer schon versammelt waren, und der Burggraf hatte seine Freude an Mann und Roß. Waren die amtlichen Angelegenheiten erledigt, dann ritten die gestiefelten Männer zur Stadt, ein grüner Tannenzweig zeigte ihnen, wo ein Faß Bier angestochen war. Hier wurden einige zinnerne Becher geleert und ein vernünftiges Wort geredet. Kein Buch und kein Heldenlied berichtet von großen Taten der Vorfahren, aber die Freude am Reiten blieb den Komainern und Heinrikauern erhalten bis auf unsere Tage, und bei manchem Reiterfest holten sie sich einen Preis.

In der Urkunde von 1530 wird ein Kölmer Johann Puschmann genannt. Wo kam er her? Schon im 14. Jahrhundert war die Familie Puschmann ins Ermland gekommen, in jener Zeit, da aus allen deutschen Gauen Siedler ins Ordensland zogen. Als der gelehrte Prälat Hermann von Prag 1337 zum Bischof von Ermland ernannt wurde, kamen mit ihm etliche Geistliche aus Böhmen und Mähren, darunter mehrere Domherren und auch sein Hofkaplan Nikolaus Puschmann, der aus Melnik an der Elbe stammte. Jeder Geistliche pflegte etliche Verwandte mitzubringen, denn im Kolonialland fehlte es noch an Menschen. So kamen die ersten Puschmanns ins Ermland, und wahrscheinlich wurden sie im Kammeramt Mehlsack angesiedelt. Nikolaus Puschmann wurde nämlich Generalvikar des Ermlandes und mußte daher besonders für das Kammeramt Mehlsack sorgen, das dem Domkapitel gehörte. Seine Verwandten waren Ackerbauern, aber in ihrer Heimat wurde auch viel Wein angebaut, daher waren sie gewöhnt, einen guten Schoppen zu trinken. Diese Eigenschaft hat sich in unserem Geschlecht bis heute vererbt.

Ursprünglich hieß die Familie also Puschmann, und so lautet der Name noch heute in Böhmen und Schlesien. Im 17. Jahrhundert fing man im Ermland an, Poschmann zu schreiben, während einige Namensvettern im Kreis Heiligenbeil erst um das Jahr 1850 das u in o verwandelten. Bei der Erbfolge galt im Ermland weder das Ältestenrecht noch das Jüngstenrecht, der Bauer konnte den Hoferben bestimmen. Gregor Poschmann, der von 1718 bis 1752 »regierte«, schickte den ältesten und den jüngsten Sohn auf das Gymnasium in Braunsberg, dem zweiten Sohn Anton überließ er den Hof. Peter Paul, der älteste, studierte Theologie in Braunsberg und Warschau und wurde Pfarrer in Santoppen, Kreis Rößel; Martin, der jüngste, studierte in Königsberg Rechtswissenschaft und wurde Stadtsekretär und Notar der Altstadt Braunsberg. Als Friedrich der Große im September 1772 das Ermland besetzte und in den preußischen Staat einverleibte, hatte dieser Martin Poschmann für die Klassifikationskommission die umfangreiche Bestandsaufnahme zu machen. Mehrere Bände liegen noch heute im Staatsarchiv von Berlin-Dahlem, die meisten waren im Ratsarchiv zu Braunsberg. Im Jahre 1785 wurde Martin Poschmann »wegen seiner bewiesenen Proben der Rechtswissenschaft und der uns angerühmten Geschicklichkeit« zum Justizbürgermeister ernannt. Neben ihm stand damals der Poizeibürgermeister, der weniger Arbeit hatte, aber mehr Gehalt bekam. Martins Sohn Josef Thomas wurde ebenfalls Bürgermeister von Braunsberg, seine Nachkommen waren Juristen in Berlin und Danzig. Der alte Bürgermeister Martin Poschmann sorgte auch dafür, daß sein Neffe und Patenkind Martin aus Komainen ebenfalls in Königsberg Rechtswissenschaft studierte. Dieser aber machte seinen Eltern und dem Patenonkel keine Freude. Er fing an zu bummeln und machte Schulden. Als er tausend Taler durchgebracht hatte, wollte der Vater nichts mehr geben, da pumpte er den Braunsberger Onkel an, der für ihn 2000 Gulden bezahlen mußte. Als auch der Onkel nichts mehr geben wollte, wurde er Hauslehrer auf dem Gut Windau bei Libau in Kurland und hat seine Heimat nicht mehr gesehen.

Großen Respekt verdient mein Urgroßvater Mathäus Poschmann, geboren 1785, Schulz von 1810 bis 1849. Das war eine böse Zeit. Während der napoleonischen Kriege wurden die Bauernhöfe völlig ausgeplündert, nach den Freiheitskriegen folgte die lange Agrarkrise, die bis in die dreißiger Jahre dauerte. Viele Güter und auch manche Bauernhöfe kamen zur Zwangsversteigerung. In diesen Notjahren hatte der Ohm Mathes den Mut, viermal zu heiraten. Aus der ersten Ehe hatte Mathes neun, aus der dritten vier Kinder; die zweite und die vierte Ehe blieben kinderlos. Drei Kinder aus der ersten Ehe und zwei aus der dritten Ehe starben im frühesten Alter, die übrigen acht verheirateten sich. Vier Töchter wurden von Schulzen der Nachbardörfer heimgeführt, Dominikus kaufte die Mühle in Heinrikau, Anton Eduard erwarb die Ludwigsmühle bei Guttstadt, die jüngste Tochter Anna Friderike heiratete einen Fleischermeister in Königsberg und August, der jüngste Sohn aus der ersten Ehe, erbte den Schulzenhof. Damals wurde man mit vierundzwanzig Jahren volljährig, August war aber erst zweiundzwanzig Jahre alt, als der Vater vor dem Kreisrichter sein Testament machte. Er hatte aber zu dem Sohn das Vertrauen, »er könne schon einer Wirtschaft selbständig mit gutem Nutzen vorstehen«, daher sollte er sofort für volljährig erklärt werden, wenn der Vater vorzeitig sterben sollte. Schon sechs Wochen danach schloß Mathäus die Augen, und August übernahm den Hof. Das Vertrauen, das der Vater zu ihm hatte, verdiente August durchaus, er war ein tüchtiger Bauer und ein rühriger Schulz. Als Mitglied des Braunsberger Kreistages reiste er 1876 mit einer Abordnung in den Kreis Allenstein; dort wurden Ländereien besichtigt, welche die dortige Kreiskorporation durch Trockenlegung von Seen und durch Dränieren gewonnen hatte. Schon im folgenden Jahr holte er einen Draniermeister heran, ließ einen Entwässerungsplan für sein

Grundstück anfertigen und begann mit der systematischen Dränierung. Dadurch vergrößerte er die Anbaufläche, der Boden wurde entlüftet und die Erträge erheblich gesteigert. Der Plan des Dräniermeisters von 1877 war bis 1945 erhalten.

Während des sogenannten Kulturkampfes in den siebziger Jahren kam der ermländische Bischof in Konflikt mit der preußischen Regierung. Er sollte hohe Geldstrafen zahlen, das war ihm aber nicht möglich, weil seine Einkünfte von der Regierung gesperrt worden waren, und so kam es zu einer Zwangsversteigerung im bischöflichen Palais zu Frauenburg. Da erschienen etliche handfeste Bauern, darunter auch der Schulz August Poschmann, und jeder erwarb bei der Versteigerung das Inventar eines Raumes, ließ es aber dem Bischof zur weiteren Verfügung. Am Schluß der Versteigerung sagte einer der braven Männer: »So, Herr Bischof, jetzt können Sie wieder auf den Sofas Platz nehmen.«

Durch die Kreisordnung vom 13. Dezember 1872 wurde die Erbschulzerei abgeschafft und die Wahl von Gemeindevorstehern angeordnet. Der Amtsschimmel trabte damals recht langsam, aber nach zehn Monaten traf auch in Komainen ein Abdruck des neuen Gesetzes ein mit der Aufforderung, einen Gemeindevorsteher zu wählen. Der Schulz ließ also den alten Rochus Spill aus dem Armenhaus rufen, und dieser ging von einem Hof zum andern und verkündete: Mittwoch ist Schulzentag! Wie immer erschienen alle acht Bauern. Das kommunale Interesse war sehr rege, denn an jedem Schulzentag gab es eine Flasche Schnaps, und jeder Bauer dachte, wenn er fehle, würden die andern mit der Flasche nicht fertig. Zuerst wurde ausgiebig über die Ernte gesprochen, dann ging der Schulz zur Tagesordnung über: »Die Erbschulzerei hört auf, es muß ein Gemeindevorsteher gewählt werden. Aber ihr versteht das ja nicht, dann muß ich es wohl weiter machen. Ihr braucht bloß diesen Zettel zu unterschreiben.« Alle unterschrieben, und auf dem Zettel stand: Der bisherige Schulz Poschmann wird einstimmig zum Gemeindevorsteher gewählt. Die Schnapsgläser wurden noch einmal vollgegossen, man sagte »Prost«, und das Dorf hatte einen Gemeindevorsteher. Nach diesem höchst einfachen Verfahren wurde August Poschmann immer wieder zum Gemeindevorsteher und zum Kreistagsabgeordneten gewählt. Vierundzwanzig Jahre war er Erbschulz, zwanzig Jahre Gemeindevorsteher, bis er 1894 starb.

Den einzigen Sohn Adolf hatte er auf das Braunsberger Gymnasium geschickt. Dieser hätte gern studiert, aber nach einigen Jahren holte der Vater ihn zurück, er sollte den Hof übernehmen. Einer Tochter wollte er das Grundstück nicht vererben, denn mit einem Schwiegersohn wäre ein anderer Name auf den Hof gekommen. Mein Vater Adolf Poschmann gehörte zu den Gründern des Ermländischen Bauernvereins, war Leiter einer Ortsgruppe und zugleich Vorsitzender eines Spar- und Darlehenskassenvereins. Doch der kräftige Mann erlag schon mit 42 Jahren einem Schlaganfall.

So wurde seine Witwe Anna, geborene Rautenberg, Inhaberin des Hofes. Einige Jahre wurde unsere liebe Mutter unterstützt von einem unverheirateten Bruder. Nach dessen frühem Tode mußte sie fremde Wirtschafter einstellen, sie war aber sehr darauf bedacht, daß der Betrieb vorwärts ging. Die vier Kinder schickte sie auf höhere Schulen, allein saß sie im Dorf und schickte Päckchen und Pakete in verschiedene Richtungen. Oftmals besuchte sie uns und war trotz vieler Mühen und Sorgen stets aufgeschlossen und frohen Mutes.

Ostern 1896 kam ich auf das Gymnasium in Braunsberg, das schon einige meiner Vorfahren besucht hatten; sieben Jahre später folgte mein Bruder Leo, so daß wir zwei Jahre zusammen Gymnasiasten waren. Mit der mittleren Reife verließ Leo die Anstalt und war mehrere Jahre auf fortschrittlichen Gütern tätig, um die Landwirtschaft gründlich kennen zu lernen. Sodann diente er als Einjährig-Freiwilliger beim Feldartillerieregiment 52 in Königsberg, nach der Dienstzeit wollte er den väterlichen Hof übernehmen. Da brach der Erste Weltkrieg aus. Die Königsberger Regimenter nahmen an der Schlacht bei Tannenberg teil und trieben die Russen nach Polen zurück. Am Silvestertag 1914 erreichte mich in Madrid die Trauernachricht, daß mein einziger Bruder als Offiziersanwärter den Tod fürs Vaterland gestorben war.

In Madrid war ich seit 1911. Nach einer froh verlebten Studentenzeit und wohl bestandenen Prüfungen hatte ich mich für den Auslandsdienst gemeldet, und man hatte mich in die spanische Hauptstadt als Oberlehrer an die Deutsche Realschule geschickt. Daß ich in eine moderne Großstadt mit reichen Kunstschätzen, in ein Land mit einer wechselvollen Geschichte gekommen war, wußte ich sehr zu schätzen. Der Schulbetrieb war interessant: nur ein Drittel der Schüler war deutschsprachig (Deutsche, Österreicher und Schweizer), zwei Drittel Spanier und andere Ausländer. Im Lehrerkollegium war es umgekehrt: zwei Drittel Deutsche und ein Drittel Spanier. Ein gut besuchter Kindergarten und eine Grundschule bereiteten die Schüler vor, sie wurden zweisprachig erzogen. Zur Vervollständigung der deutschen Kultur verzapfte ein bayerischer Gastwirt in der Bierstube »El Cocodrilo« (Das Krokodil) ein süffiges Münchener Bier, von allen Deutschen sehr geschätzt als Abwechslung zu den köstlichen Weinen. Die jungen Krokodile bevölkerten die deutsche Schule. Das Beste an der Schule aber waren die langen Sommerferien; wegen der Hitze waren die Monate Juli, August und September schulfrei. Da lohnte sich schon eine Reise nach Ostpreußen, um der lieben Mutter viel zu erzählen vom fremden Land und von weiten Reisen.

Im Sommer 1914 blieb ich in Spanien, um Land und Leute gründlich kennen zu lernen. Dabei wollte ich nach einer Anregung meines verehrten Geographielehrers Geheimrat Friedrich Hahn die künstlichen Bewässerungsanlagen in Andalusien studieren und darüber eine Abhandlung schreiben. Die Küste zwischen Alicante und Malaga ist die regenärmste Gegend Europas, die Araber aber haben sie durch zahllose Kanäle und kunstvolle Schöpfwerke zu einer äußerst fruchtbaren Landschaft gemacht, die Apfelsinen und Zitronen, Melonen und Erdnüsse, Tomaten und mancherlei edles Gemüse liefert. Ein spanischer Kollege von unserer Schule in Madrid stammte aus dieser Gegend; mit seinen Grüßen an Verwandte und Freunde kam ich in viele Bauernhäuser, Empfehlungsbriefe öffneten mir die Türen zu den Bürgermeistern und anderen Persönlichkeiten. Als Reiseland war die Halbinsel damals noch nicht entdeckt; an der Costa Brava und der Costa del Sol, wo heute Wolkenkratzer und Luxushotels stehen, fuhren wir damals mit der Postkutsche und übernachteten in kleinen Fischerdörfern. Bei einem Besuch in den letzten Jahren konnte ich manche Orte kaum wiedererkennen. In diesem gesegneten »Garten von Valencia« überraschte mich die Nachricht vom Ausbruch des Ersten Weltkrieges. Auf dem deutschen Konsulat in Valencia meldete ich mich als Wehrpflichtiger, erhielt aber die Weisung, die Überfahrt nach dem damals noch neutralen Italien nicht zu wagen, weil die Franzosen jedes spanische Schiff durchsuchten. Also fuhr ich zurück nach Madrid. Der Direktor unserer Schule verlebte die Ferien in Deutschland und zog im August 1914 ins Feld, er wollte nicht mehr nach Madrid zurückkehren. Daher übertrug man mir die Leitung der Schule, obwohl ich erst dreißig Jahre alt war. Pünktlich am 1. Oktober 1914 begann der Unterricht, alle Schüler waren zur Stelle, es waren sogar mehr als in früheren Jahren.

Nach einem Jahr erlag Portugal dem Druck der Westmächte und erklärte Deutschland den Krieg. Die deutschen Schiffe, die in den Häfen von Lissabon und Oporto lagen, fuhren fortan unter portugiesischer Flagge, mehrere aber wurden in den folgenden Jahren von deutschen U-Booten versenkt. Etliche Lehrer und Schüler von der deutschen Schule in Lissabon kamen nach Madrid, unsere Anstalt wuchs erheblich. Aber Spanien sollte dem Beispiel Portugals folgen. 56 deutsche Schiffe lagen in den spanischen Häfen, die Deutsche Bank, die AEG, die Siemenswerke und andere Unternehmen wären fette Bissen gewesen. Doch die Regierung wagte nicht, in den Krieg einzugreifen, denn nur die Hälfte der Bevölkerung war frankophil, die andere Hälfte durchaus deutschfreundlich. Bei dieser gespannten Lage mußte etwas Propaganda gemacht werden. Ein deutsches Kulturinstitut und einen Kulturattaché bei der Botschaft gab es damals noch nicht, wohl aber gab es ab und zu eine Veranstaltung in der deutschen Schule, bei der deutsche und spanische Redner sprachen.

Gern erinnere ich mich an einen internationalen Kongreß an der Universität Granada im Jahre 1917. Da unser Botschafter keinen Besseren hatte, schickte er mich dorthin. In dieser herrlichen Stadt verlebte ich jedes Jahr einige Ferienwochen, hier wohnten zwei deutsche Kunstmaler, die mich in den Casinoclub einführten, und bald hatte ich zahlreiche Amigos. Beim Kongreß saß ich in der Aula der Universität an der Ehrentafel zwischen Gelehrten und Prälaten aus aller Welt; ich kam mir vor wie Benjamin unter den Propheten. Mein Vortrag war nur kurz, er fand aber reichen Beifall, dafür sorgten die Amigos und die Germanofilos. Natürlich lud ich auch zu einem Festessen ein, bei dem ein Granadiner Domherr den Ehrenplatz einnahm. Der würdige Herr hatte vor Jahren eine Reise nach Deutschland gemacht, hatte München, Regensburg und Wien besucht und pries unser Vaterland in den höchsten Tönen. Auch fünf Studenten hatte ich eingeladen; als wir uns zu Tisch setzten, waren es zehn. Deutsche und spanische Freunde hielten schwungvolle Reden, und wir schlossen Freundschaft im Namen beider Nationen. Die Männer der Presse veröffentlichten lange Berichte, auch in den Madrider Zeitungen war viel von unserem Kongreß zu lesen.

Die langen Ferien während der fünf Kriegsjahre benutzte ich, um Land und Leute kennenzulernen. Mit deutschen und spanischen Freunden ritt ich tagelang auf den Spuren des Don Quijote durch die weiten Ebenen von Kastilien, ein andermal durch die Täler der Sierra Nevada oder durch die Schluchten von Asturien. Das Camping war damals noch nicht erfunden, aber der junge Bauer, der uns als Pferdepfleger begleitete, wußte uns stets gut unterzubringen, entweder in einem Bauernhaus oder in der Hütte eines Berghirten. Bisweilen rollten wir uns in eine Decke und schliefen unter einem Baum. Überall begleitete uns der Gedanke: in der Heimat tobt der Krieg.

Erst im August 1919 war die Heimreise über Amsterdam möglich. Es sah traurig aus in Deutschland, aber doch nicht so schlimm, wie die ausländische Presse es geschildert hatte. Im Vaterhaus fehlte der Bruder, eine Schwester war verheiratet, die andere folgte, die liebe Mutter war betrübt über den Verlust des Sohnes, aber immer noch rührig. Und ich war Hoferbe geworden und hatte keine Eile, wieder in den Schuldienst zu treten. Es war die Zeit der Inflation, der Bauer konnte für ein Pfund Butter wer weiß was kaufen. Zwei Jahre ließ ich mich beurlauben, hörte in Königsberg Vorlesungen über Landwirtschaft und war zugleich Dozent für Spanisch an der Handelshochschule. Dann wurde ich Direktor des Staatlichen Gymnasiums im verträumten Städtchen Rößel und verlebte dort mit meiner Frau und drei Söhnen glückliche Jahre. Ein großer Schmerz war der frühe Tod des ältesten Sohnes Fritz, der mit zwölf Jahren einer tückischen Herzkrankheit erlag.

Die Ferien und so manches Wochenende verbrachten wir auf unserem Hof. Während des Zweiten Weltkrieges zog es uns besonders dorthin, wir waren da Selbstversorger und an Lebensmitteln fehlte es nicht. Auch Sonntag, den 4. Februar 1945 waren wir dort; da warf ein russischer Flieger drei Bomben auf den Hof, eine zerschmetterte eine Scheune, die mit deutschen Soldaten belegt war; fünf Mann und sechs Pferde waren tot. Gleich darauf erschien eine deutsche Flakbatterie und mahnte uns zum schleunigen Aufbruch. Mitten in der Nacht verließen wir den Hof, auf dem unsere Vorfahren 415 Jahre gesessen hatten. Bei der Fahrt durch das Kirchdorf Heinrikau warfen wir noch einen Blick nach dem Friedhof, auf dem unsere Ahnen ruhen, dann ging es über das Eis des Frischen Haffs nach Danzig. Dort mußten wir die Wagen mit den Pferden und unsere Habse-

ligkeiten zurücklassen und gelangten im Geleit von deutschen Torpedo-
booten nach Aalborg in Dänemark. Bald nach der Ankunft starb unser
jüngster Sohn Lothar an den Strapazen der Flucht. Er ruht auf dem wohl-
gepflegten Friedhof der Stadt Aalborg am Lijmfjord zusammen mit 1200
anderen deutschen Flüchtlingen und 150 Soldaten. Neben ihm ruht unsere Haushälterin Trude Demmer, die fast 60 Jahre Freud und Leid mit
unserer Familie geteilt hat. Die Stürme des Kattegat singen ihnen das
Schlummerlied. In unserem Lager bei Aalborg lebten 15000 Flüchtlinge,
darunter 4000 schulpflichtige Kinder und Schüler höherer Lehranstalten.
Da konnte keine Langeweile aufkommen, es gab reichlich Arbeit für Schul-
männer aller Art. Mit einem dänischen Schulrat konnten wir sogar ein
Abitur abhalten, das in Deutschland anerkannt wurde.

Nach drei Jahren fanden wir eine neue Heimat in Westfalen, in dem
Land, aus dem im Mittelalter so viele Siedler ins Ordensland Preußen
gekommen waren. Da ich nie Mitglied der NSDAP gewesen war, konnte
ich sofort den Dienst antreten, und zwar als Direktor des Staatlichen Aufbaugymnasiums in Rüthen am Rande des Sauerlandes. Dieses westfäli-
sche Städtchen erinnerte vielfach an das ostpreußische Rößel. Nachdem
ich die Altersgrenze erreicht und in den Ruhestand getreten war, siedelten wir nach Münster über. Hier ist Rudolf Poschmann, der letzte Hoferbe von Komainen, als Ingenieur bei der Landwirtschaftskammer Westfa-
len-Lippe tätig und steht im Kampf gegen die Verschmutzung der Gärten
und Äcker am Rande der Industriestädte.

»Heil dem Manne,
der die Blicke gern zu seinen Ahnen kehrt,
seiner Väter soll sich freuen,
wer sich fühlt der Väter wert.«

Wilhelm Matull
Am gelb-grün-roten Schlagbaum

»Es gibt im Leben manches Mal Momente. . .«. Das erfuhr auch ich, als die Redaktion meiner Zeitung mich als ihren »Chefreporter« dazu ausersehen hatte, eine Reportage über Eydtkuhnen und die Verhältnisse an der deutsch-litauischen Grenze zu schreiben. An einem Spätherbsttag des Jahres 1928 begab ich mich also von Königsberg aus mit der Eisenbahn an bekannten Stationen wie Tapiau, Wehlau, Insterburg, Gumbinnen und Stallupönen vorbei in das 150 Kilometer entfernte Eydtkuhnen, nahm Quartier im Russischen Hof und beeilte mich, meine Aufwartung bei einem mir empfohlenen Mentor, dem Spediteur Martin Rosenfeld, zu machen. Dieser hatte zum Abend einen Kreis von Berufskollegen eingeladen, bei denen ich mich nun gründlich informieren und wissensdurstige Fragen loswerden konnte.

Früher einmal hatte das Grenzstädtchen Eydtkuhnen Bedeutung als Posthalterei gehabt, da mitunter auf der letzten preußischen Station nach Kowno, Riga und Petersburg an die 60 Pferde gewechselt werden mußten. Eine ungewöhnlich wechselvolle Geschichte hat sich in den folgenden Jahrzehnten abgespielt.

1860 zählte man nur 300 Einwohner. Das sollte sich schlagartig ändern, als im gleichen Jahr das Endstück der sogenannten Ostbahn von Stallupönen bis zur Grenze übergeben wurde und ein Jahr später der Anschluß an das russische Breitspurnetz folgte. Nun konnten Züge von Sibirien und Moskau wie Petersburg durch das Deutsche Reich bis zum Atlantik rollen. Die Zahl der Einwohner Eydtkuhnens stieg jetzt rasch an; kurz vor dem Ersten Weltkrieg waren es über 6000. Zu dieser Zeit passierten täglich 36 Personen- und 22 Güterzüge die Grenze am Leponeflüßchen.

Es gab 3 Zollämter, 14 Bankfilialen, 46 Spediteure und in Wirballen einen repräsentativen Bahnhof mit Spiegelsaal, Fürstenzimmern und einem reichlich ausgestatteten Buffet. Eydtkuhnen war nach langem Dornröschenschlaf zu einem international bedeutenden Handelsplatz aufgestiegen. Spediteure, Zöllner, Eisenbahner, Kaufleute und ein Heer von Transportarbeitern verliehen ihm sein besonderes Gepräge.

Dieses Eydtkuhnen hat aufgrund der Kriegsfolgen – anstelle des Riesenreiches Rußland wurde das kleine Litauen zum Nachbarn, und es bedurfte, da im Kriege die Eisenbahnspur bis Riga auf Normalbreite umgenagelt worden war, nun nicht mehr eines längeren Aufenthaltes - viele jähe Schwankungen durchmachen müssen. Erst 1922 zur Stadt erhoben, ein Jahr später eine Einwohnerzahl von mehr als 10000 erreichend, sank diese in den nächsten zwanzig Jahren auf die Hälfte herab.

Bei meiner Anwesenheit – ein Jahrzehnt, nachdem Zarenreich und deutsches Kaiserreich zusammengebrochen waren - schwärmte man immer noch von der »guten alten Zeit«. Das war sie für Eydtkuhnen wirklich gewesen, denn häufig genug war es dort hoch hergegangen. Zu den Schnellzügen hatten sich oft Hofzüge gesellt, mit denen der Zar und Großfürsten, Latifundienbesitzer und Wirtschaftskapitäne nach Berlin und Paris oder in ihre Erholungsstätten am Mittelmeer reisten. In Eydtkuhnen mußte ein längerer Aufenthalt in Kauf genommen werden, ehe die Waggons auf die veränderte Spur umgestellt worden waren. So überbrückte man die Pause mit Tafeleien in den Bahnhofsrestaurants, manche Damen wagten sogar einen kurzen Abstecher in den Ort, um Wäsche einzukaufen.

Von weit stärkerer Bedeutung war der Waren- und Viehtransport. Aus dem gewaltigen russischen Wirtschaftsreservoir passierten Weizen, Hülsenfrüchte, vor allem Linsen und Erbsen, dann Flachs und Hanf und auch Holz die Grenze. Nach Berlin wurden große Kübel mit Butter geliefert, Eier dazu, Kaviar aus Astrachan, Pelzwerk nach Leipzig. Im Herbst wurden täglich Tausende und Abertausende von Magergänsen über die Lepone getrieben, die dann bei uns »genudelt« und für den Weihnachtsmarkt »fit« gemacht wurden. Natürlich mußte das alles »zollamtlich behandelt« werden. Das gab Amtstätigkeiten genug, und vor allem fanden Tausende fleißiger Hände Beschäftigung; angefangen von den unentbehrlichen Spediteuren, die im Auftrag von bekannten Handelshäusern im Reich tätig wurden, bis zu den Transportarbeitern, die beim Verladegeschäft unerläßlich waren. Das gab ein sehenswert buntes Treiben.

Wenn alles erfolgreich abgewickelt war, blieb in den Wintertagen auch Zeit für frohe Zusammenkünfte und Feste. Die Bälle der Eydtkuhner Spediteure hatten weithin Ruf. Man lebte und ließ leben, man vertrug sich, ob Jud', ob Christ. Eine »rauschende Ballnacht« im Russischen Hof mitzuerleben, war lohnenswert. Was sah man da nicht alles an interessanten Gestalten von beiden Seiten der Grenze! Gäste waren aus Kowno und aus Gumbinnen, ja Königsberg herbeigeeilt. Manche schöne Frau ließ sich in »grande toilette« bestaunen, angefangen von blonden druggelichen Marjellchen aus benachbarten Gütern bis zu hübschen hocheleganten Jüdinnen. Die Spediteure hatten nicht nur ein sicheres Gespür für Geschäfte, sondern wußten auch »Weib, Wein und Gesang« zu schätzen. Namhafte Künstler verschönten den Abend, Wein und Sekt flossen in Strömen. Man wußte zu leben, ehe der graue Alltag wiederkehrte. Von diesen Spediteurfesten schwärmte man dann tagelang und erst recht, als diese sorglos sicheren Zeiten versunken waren.

Jäh änderte sich das alles mit dem Ersten Weltkrieg. Zweimal wurde Eydtkuhnen von den Russen besetzt, wobei viele Wohnstätten, noch mehr Güter- und Lagerhallen in Trümmer sanken. Als dann mit Kriegsende die neue Staatlichkeit Litauens geboren wurde, gab es dort zunächst einen ungeahnten Bedarf. Das vorwiegend agrarische Zweimillionen-Völkchen benötigte – zumal nach der Auspowerung durch den Krieg – Petroleum zur Beleuchtung, Nähnadeln, Garn und Stoffe zur Bekleidung, Handwerkszeuge aller Art, Haushaltsartikel jeglicher Form, von Maschinen und Werkseinrichtungen ganz zu schweigen. Wieder schien neues Leben aufzublühen, und die Spediteure, die durch den Krieg oftmals große Vermögen in Gestalt von Bankforderungen für Frachten und Zölle an russische Firmen verloren hatten, witterten eine neue Chance. Bald gab es sogar an die 80 Speditionsfirmen, und 1o Bankfilialen nahmen ihre Geschäfte auf. Vieles mußte auf Kredit geliefert werden, ehe sich der litauische Staat als zahlungsfähig erwies. Auch der Wiederaufbau der Stadt machte gute Fortschritte. An der Spitze stand der rührige Bürgermeister Steiner, ihm zur Seite der Spediteur Riedelberger; als Stadtverordnetenvorsteher fungierte der Arzt Dr. von Lockstaedt, dessen Vertreter war wiederum ein Spediteur Meschonat. Als Stadtbaumeister machte sich Herbst, als Kassenrendant May einen Namen. Haupt- und Nebenzollamt, Postamt, Eisenbahnverwaltung, ein Grenzkommissariat und andere Behörden sorgten durch Zuzug ihrer zahlreichen Mitarbeiter von auswärts für Erhöhung der Einwohnerzahl. Eydtkuhnen schien wieder aufzublühen; doch 1923 erwies sich alles als Scheinblüte. Sowohl die deutsche Hochinflation als auch eine ähnliche Krise in Litauen ließen das Wirtschaftsleben Eydtkuhnens bis in alle Fundamente erzittern. Litauen konnte überwiegend nur Agrarprodukte liefern - noch 1932 passierten in bestimmten Zeiten täglich bis zu 20000 Gänse die Grenze –, doch das reichte zur Begleichung der angestiegenen Lieferschulden nicht aus. Zusammenbrüche und Konkurse waren an der Tagesordnung, viele Betriebe mußten ihre Pforten für immer schließen, Spediteure und Banken wanderten ab, die Einwohnerzahl verminderte sich auf 6500. Für Eydtkuhnen war eine schwere Existenzkrise eingetreten, von der nicht abzusehen war, wie sie je behoben werden konnte.

In diese schwierige Nachkriegsphase Eydtkuhnens fiel also mein Besuch. Ich sollte erkunden, wie es hier vorangehen könnte. Zu diesem Zweck wurde eine Fahrt mit dem Auto nach Litauen unternommen. Mit Staunen wurde der Bahnhof Wirballen besichtigt, von dem man sagte, er sei eine verkleinerte Nachahmung des Petersburger Bahnhofsgebäudes. Jetzt aber stand er leer, kaum ein Betrieb war dort. Die erste litauische Stadt Kibarty erwies sich als harmloses Landstädtchen ohne besonderen Reiz. Auch hier gab es Spediteure und sonstige Kaufleute, doch hatten sie wenig zu tun. Litauen konnte nicht mehr hergeben, als seine vorwiegend agrarische Struktur bot. Überdies war es durch den polnisch-litauischen Konflikt um das Wilnagebiet von der über Kowno und Wilna führenden Eisenbahnlinie abgeschnitten; der Frachtverkehr mit der UdSSR war auch recht gering. Als Ausweg bot sich Gelegenheit, allerlei Geschäfte hintenherum zu betreiben, und das war nicht das Allerbeste. Ich erlebte, wie Spediteur Rosenfeld einem nicht gerade Vertrauen erweckenden Einkäufer ohne Quittung 40000 Lit aushändigte. Auf meine verwunderte Rückfrage meinte er nur sarkastisch: »Der läuft mir in Litauen nicht weg!«

Dann habe ich an dem mit den Farben Litauens, dem gelb-grün-rot geschmückten Schlagbaum miterlebt, wie riesige Gänseherden über das Grenzflüßchen Lepone getrieben wurden. Zöllner von beiden Seiten hatten lange Stangen mit einem Haken in der Hand, mit dessen Hilfe sie die aufgeregten Tiere zählten. Meines Erachtens stimmte ihre Zählung nie. Einmal war ich auf dem Güterbahnhof dabei, wie Waggons mit Schweinen kontrolliert wurden, die für Berlin bestimmt waren. Angeblich sollten es 30 sein; der Zöllner zählte 32 und protestierte, als es 33 waren. Ich aber hatte 35 gezählt und mich bestimmt nicht verzählt. Hier wusch eine Hand die andere, aber so waren keine soliden Geschäfte auf Dauer zu machen.

Als ich die Einwohner Eydtkuhnens nach ihren Berufen aufschlüssel-te, stellte ich 508 Eisenbahner, 1lo Postbeamte und 54 Zöllner fest, weit-aus zuviel für den darniederliegenden Verkehr. Unter den 79 Geschäfts-leuten gab es nur 6 Fleischer und gar nur 10 Bäcker. Kein Wunder, denn bis zu 10 Kilometer Entfernung durften die Einwohner des Kreises Stal-lupönen im kleinen Grenzverkehr mit Litauen Fleisch und Backwaren ungewöhnlich billig einkaufen. Auch ich hatte einmal zwei Gänse nach Hause mitgebracht und dafür viel Anerkennung gefunden, zumal sie spott-billig gewesen waren. Leider schmeckten sie tranig, sie waren mit Fi-schen gefüttert worden. So konnte ich nach der Rückkehr zwar eine far-bige Reportage schreiben, aber Eydtkuhnen war damit nicht geholfen. Die Verhältnisse an der Grenze hatten sich vollkommen verändert, und diese Stadt hat nie wieder ihre alte Bedeutung erreicht.

Da ich im Kreis Stallupönen Verwandte hatte - in Bisdohnen zum Bei-spiel hatte ich manche Schulferien in einem Lehrerhaus verbracht -, nutz-te ich meine Anwesenheit zu mancherlei anderen Besuchen. Bei diesem Kreis handelte es sich vorwiegend um einen landwirtschaftlichen Bezirk, der mittlere und kleine Bauern beherbergte. Von 3400 landwirtschaftli-chen Betrieben waren nur 67 über 100 Hektar groß. Aber es gab Groß-Trakehnen mit seinen zahlreichen Vorwerken und dem Hauptgestüt, dem Domizil der berühmten Trakehner. Es gab auch den lieblichen Marino-wo-See und an seiner Südspitze das Teehäuschen der letzten deutschen Kaiserin. Als Kinder sind wir oft in die nahegelegene Rominter Heide und in den Nachbarkreis Goldap geritten, wo es einen Wildreichtum un-gewöhnlicher Art gab. Das alles waren Höhepunkte in der Stallupöner Kreislandschaft.

Wie oft bin ich in Stallupönen, das 1731 durch Friedrich Wilhelm I. Stadtrechte erhalten hatte, gewesen. Noch lieber hielt ich Einkehr im dicht dabei liegenden Schulhaus Lawischkehmen, wo der aufrechte und in Leh-rerangelegenheiten bedeutende Franz Baczko seinen Amtssitz hatte. Na-türlich war ich auch in Mehlkehmen, wo Onkel Augschun in seiner Apo-theke residierte und immer für uns ein selbstgebrautes Apothekerschnäps-chen übrig hatte. Auch in so manchen Förster- und Lehrerhäusern bin ich eingekehrt, vor allem der hübschen Töchter wegen. In Schakummen, Nassawen, Schinkuhnen, Girnuhnen, auf Gütern wie Bredauen und in der Mühle Gudellen knüpfte sich bei den Steiners, Ellmers, Brandstädters und Warnats so manches Freundschaftsband.

Im Kreis Stallupönen hatte sich zu der einheimischen, in früheren Jahrhunderten stark mit Litauern durchmischten Bevölkerung nach der Pestzeit von 1709 ein Einwanderungsstrom nach dem anderen ergossen. Zunächst waren es Magdeburger, Halberstädter, dann Franken, Nassauer, Pfälzer, ja sogar Schweizer gewesen, die hierher gekommen waren, um für immer zu bleiben. Von 1732 an kamen die Salzburger ins Land; nach Stallupönen allein 72. Im Verwandtenkreis wimmelte es nur so von Lottermoser, Sinnecker, Salecker, Viehöfer, Geschwandtner, Klever, Modregger, Küssner, Laupichler, Brandstätter, deren Herkunft aus dem Salzburgischen sich genau nachweisen läßt. Sie hatten anfänglich ihrer Eigenart wegen manche Schwierigkeit durchzustehen, wurden aber dann hervorragende Landwirte, denen der Kreis Stallupönen seinen Ruf als Kornkammer zu verdanken hatte. Übrigens gab es in den Städten Stallupönen und Eydtkuhnen auch eine beachtliche Zahl jüdischer Mitbürger, so 1895 in Stallupönen 112, in Eydtkuhnen 219. Ihre Zahl war 1925 auf 47 und 147 abgesunken. Sie waren vorwiegend in der Spedition, im Bankwesen und im Kleinhandel tätig.

Ehe in der NS-Zeit viele alte Ortsnamen – zum Teil ganz töricht - umbenannt wurden, fand man im Kreis Stallupönen eine Reihe eigenartiger Bezeichnungen: da gab es Antsodehnen, Peschicken, Noruschuppen, Antanischken, Uszballen, Patilszen, Jentkutkampen, Disselwethen, Krajutkehmen, Mitzkaweitschen, Grigalischken, Jucknischken, Szabojeden, Szeskehmen, Aschlauken, Mikuthelen, Bugdszen, Plimballen, Skrudszen, Romanuppen, Kryszullen, Dohlendszen, Schöckstupönen, Uszdeggen, Kossackweitschen, Wanagupchen, Osznaggern, Pakallnischken, Petrikatschen, Semmetimmern, Kiddeln, Taschieten, Rudszen, Walleykehmen, Urbschen, Benullen, Wicknaweitschen, Wilpischen und dergleichen mehr. Zahlreiche dieser Namen waren litauischer Herkunft, ihre Bewohner jedoch längst eingedeutscht, so daß die Umänderung in Ortsnamen wie Talfriede, Stadtfelde, Schwanen, Schützenort, Birkenmühle, Schellendorf, Scharfeneck, Rehbusch, Preußenwall, Parkhof, Neuenbach, Hochtann, Grünweide, Eichkamp, Andersgrund und so weiter naiv wirkte.

Dieser Kreis Stallupönen mit manchen lieblichen Erhebungen wie dem 193 Meter hohen Pfaffenberg oder dem nördlich von Mehlkehmen gelegenen 171 Meter hohen Horeb, mit sagenumwobenen Plätzen und Geschichten wie zum Beispiel vom Dykassis bei Kattenau oder, ebenfalls dort, der Jungfrau vom Berge, mit seinem Pissaflüßchen, das den Gumbinnern zu einer Quelle steten Anstoßes wurde, mit seinem reichen Bestand an Rotwild, aber auch Damwild, mit Wölfen, die in Nassawen noch 1926 mehrfach erlegt wurden, bot mancherlei reizvolle Abwechslung. In der Nähe der Grenze gelegen, ursprünglich zum russischen Reich, nach 1918 in der Nachbarschaft des Wystiter Sees mit Polen und Litauen, gehörte er zwar zum östlichen Teil des Deutschen Reiches, war aber durchaus besuchenswert.

Das galt nicht nur für die Grenzstadt Eydtkuhnen mit ihrem interessanten Milieu, das traf auch für andere Teile des Kreises Stallupönen zu. Ich konnte meine Reportage neben den skurrilen Erlebnissen in Eydtkuhnen getrost mit einem Hinweis auf Solidität und Leistung seiner Bewohner abschließen, was den Ressortchef, den in Eydtkuhnen geborenen Gustav Dawill auch durchaus zufriedenstellte. Am liebsten aber blieb es mir, wenn wir drei Vettern in Bisdohnen die Erlaubnis erhielten, zu Pferde in die Rominter Heide auszureiten oder eine Spazierfahrt nach Bredauen zum Gutsbesitzer Herbst und weiter an den Wystiter See zu unternehmen. Dort war noch eine nahezu unberührte Welt, die still und friedlich vor sich hin lebte. Man muß einmal Reymonts »Bauern« gelesen haben, um nachempfinden zu können, daß auch in diesem Kreis Stallupönen, in seiner vielgestaltigen Landschaft, im unterschiedlichen Charakter seiner Ortschaften und Städte, erst recht in dem aus unterschiedlichen Quellen gespeisten Menschenschlag Erlebnisse mancher Art zu gewinnen waren, die über den Tag hinaus Reiz und Zauber behielten. Alles war einmal kraftvolle, heitere, mitunter auch skurrile Gegenwart. Nun ist es behütete Vergangenheit und Ausklang eines langen Lebens.

Helmut Lihs
Rund um den Nikolaiker Stinthengst

Ich war noch ein kleiner Schuljunge, als ich von unserem Dörfchen Schmidtsdorf zum ersten Mal in das nahegelegene Nikolaiken kam. Hier kaufte man nämlich ein, was zusätzlich zum täglichen Bedarf benötigt wurde: Nähzeug, Eisenwaren, Stoffe und die sogenannten Kolonialwaren. Mitunter ging es auch zum Uhrmacher Berg oder zur Apotheke. Jedesmal aber wurden Fische mitgenommen. In erster Linie waren dies Maränen, dann aber auch Stinte. Bei einer solchen Gelegenheit zeigte mir mein Vater auch den mit einer Krone verzierten Stinthengst, der unterhalb der Brücke wasserte, die das Talter Gewässer und den Nikolaiker See überquerte. Natürlich regte er meine Phantasie mächtig an, ich bestürmte den Vater mit Fragen, und noch auf dem Nachhauseweg fand meine Wißbegierde kein Ende. Auf diese Weise erfuhr ich dann die Geschichte vom Stinthengst.

Einstmals, so erzählt die Sage, lebte im Spirding ein riesiger Stint, der gleich einem König die Fluten des Sees beherrschte, Fischer aus Nikolaiken fingen ihn und führten ihn triumphierend heim. Der Rat der Stadt aber ließ ihn wohlweislich nicht töten, sondern mittels einer eisernen Kette an die Pfeiler der Stadtbrücke schmieden. Dort lag nun der Riesenfisch und zollte den Stadtfischern reichen Tribut an Stinten. Wer besonders beglückt ist, kann ihn noch heute vom Brückengewölbe der Stadtbrücke in der Tiefe sehen.

Die Sage hat wohl ihre Erklärung zu finden in den Umständen des Brückenzolls, den die Stadt Nikolaiken von den durchfahrenden Fischern in alter Zeit erhob. Die Talter und Rheiner Fischer segelten gern in voller Fahrt durch die Nikolaiker Zollsperre, um die Abgaben zu umgehen. Da legte der Rat einen starken Querbalken an eiserner Kette vor die Durchgänge der Brückenbogen, der sich erst hob, wenn die Fischer ihren Zoll entrichtet hatten. Der Spott des Volksmundes taufte das verhaßte Hindernis »Nikolaiker Stinthengst«.

Was ist nun eigentlich ein Stint? Neugierig schaute ich im Lexikon nach. Dort lautet die Erklärung: ein 25 Zentimeter langer Lachsfisch. In Nikolaiken aber mußten wir uns mit weit kleineren Exemplaren begnügen; diese Silberfischchen kamen zwar in großen Mengen vor, wurden aber zumeist nur 10 Zentimeter lang. Manchmal kamen Fischfrauen, wie zum Beispiel Frau Sloma, mit dem Pferdefuhrwerk auf die Dörfer und verkauften diese Stinte pfundweise. Sie wurden aber nur die kleinen Exemplare los, weil diese als besonders schmackhaft galten. Mutter dünstete dann die Fische in einer großen Pfanne mit reichlich Zwiebeln und Speck. Andernorts wurden sie auch sauer eingelegt oder gebraten.

Die Stinte wurden vornehmlich in den Seen um Nikolaiken in großen Mengen gefangen. Bei Talten gab es das sogenannte »Stintloch«, eine größere Bodensenke, in der sich die vom Spirding kommenden Fische an heißen Sommertagen wegen der angenehmen Kühle gerne aufhielten und wo sie mitunter sogar mit Schöpfkellen gefangen werden konnten. Die Seen um Nikolaiken waren recht fischreich.

Die Seenreihe umfaßte außer dem Talter Gewässer und dem Nikolaiker See den westlichen Teil des Spirding-Sees und mit ihm verbunden den Lucknainer See sowie den Beldahn- und den Zungen-See. Alle diese Seen waren überaus belebt. Dampfer-, Segel- und Bootsfahrten, aber auch kleinere Ausflüge mit Ruderbooten waren hier gang und gäbe. Im Sensburger Kreisgebiet gab es noch den Kleinen und Großen Guschiener See, und auf der Kreisgrenze zu Johannisburg erstreckte sich der besonders schöne Nieder-See. Damit war der Seenreichtum aber noch keineswegs erschöpft: da gab es den Kleinen Jauer-See, den Selbonger-, den Glembocki-, den Schlingrose-, den Schnittker-, den Maitz-, den Haselweiher-, den Biebern- und den Kranich-See. Und immer noch hatte es längst kein Ende. Wie oft sind wir zur Storchwiesenbucht gerudert oder zum Schönfließer- und Melk-See. Seitlich an unserm Dorf Schmidtsdorf führte ein Kanal in den Großen Hensel-, den Gurkler- und den Krösten-See. Aber zurück zu den Fischen!

Hauptattraktion von Nikolaiken waren die Maränen. Dieser Fisch wurde wegen seines wohlschmeckenden Fleisches und der wenigen Gräten sehr geschätzt. Er wurde von den Fischern mit Stand- und Schleppnetzen gefangen und häufig schon auf dem Wasser vom Boot aus an die Räuchereien verkauft. Diese legten die ausgenommenen Fische kurze Zeit in eine

Salzlake, dann wurden sie mit dem Kopf nach unten auf Räucherhölzer gesteckt und an der Sonne oder über offenem Feuer im Räucherofen vorgetrocknet. In den Räucheröfen konnten dann bis zu 400 Maränen geräuchert werden. Dies war ein schwieriger Vorgang, den ich oft bestaunt habe. Das offene Feuer mit Erlenholzscheiten durfte nämlich nicht zu kräftig brennen; es kam in erster Linie auf die Rauchentwicklung an. Wenn das Räuchern gut gelungen war, strahlten die Maränen vor Glanz. Sie wurden dann schichtweise in Spankörben verpackt und gingen auf die große Reise. Nicht nur in Königsberg, sondern sogar in Berlin galten sie als Leckerbissen. Sie waren so begehrt, daß im Winter sogar Eisfischerei betrieben werden mußte.

Zum Fischreichtum von Nikolaiken zählten aber nicht nur Stinte und Maränen, sondern auch Aale, Hechte, Zander und Bressen. Schon seltener, aber wegen seiner glänzenden Schuppen sehr gesucht, war der Ukelei. Früher hatte es in Riesenmengen auch Krebse gegeben. Es wird berichtet, daß gegen Ende des vorigen Jahrhunderts der Pächter des Ixt-Sees die Krebse leiterwagenweise zur Bahn nach Rothfließ gefahren habe, von wo aus sie in die Reichshauptstadt transportiert wurden. Dann aber machte die Krebspest diesem Reichtum ein Ende. Dennoch wurde später wieder versucht, Krebsbrut auszusetzen, wie überhaupt der Staat in den fiskalischen Gewässern eine sorgfältige Fischzucht betrieb. Auch in meinem Heimatdorf Schmidtsdorf gab es einen staatlichen Fischmeister.

Als ich älter geworden war, interessierte mich besonders die Tierwelt an den Seen. Es gab Unmengen von Seeschwalben und Lachmöwen. Eine besondere Kostbarkeit waren im Naturschutzgebiet des Lucknainer Sees die Höckerschwäne. Zu Zeiten wurden dort an die 600 Schwäne gezählt. Auf den Horsten der tiefen Wälder nisteten zahlreiche Fischreiher. Seltener war schon der Steinadler oder der Milan. In den Schilfwäldern der Seen konnte man Wildenten in großer Zahl, die Rohrdommel und die verschiedenen Taucher entdecken. Das war für einen heranwachsenden Jungen ein abenteuerliches Erlebnis, wenn man da auf Entdeckungsfahrten ging! Im Spätherbst und Winter kamen dann als neue Sensation die Treibjagden dazu; Hasen und Fasanen waren die häufigste Jagdbeute.

Das Städtchen Nikolaiken zählte nur 3000 Einwohner, war aber wegen seiner reizvollen Lage sehr geschätzt. Nicht nur die Freunde des Wassersports besuchten es, sondern vom Frühling bis zum Herbst wollte der

Touristenstrom nicht abreißen. Ein wenig hochtrabend wurde es als »Venedig Masurens« gerühmt, doch einiges daran war richtig. Seine reizvolle Lage und mancherlei originelle Zutaten machten es zu einem Anziehungspunkt.

Alljährlich am 1. Mai wurde der Stinthengst »gewassert«. Im Spritzenhaus hatte er überwintert. Nun trug man den drei Meter langen, mit einem Krönchen verzierten hölzernen Stinthengst durch die Straßen der Stadt zum Seeufer. Hier wurde er feierlich von den Fischern in Empfang genommen und mitschiffs zwischen zwei Ruderbooten zum Brückenpfeiler gebracht. Dort befestigte man ihn an einer schweren Ankerkette, und den ganzen Sommer über lag er dort als Symbol Nikolaikens. Stolz führte die Stadt ihn auch in ihrem Wappen, denn sie hatte ihn erst erstreiten müssen. Die Stadt Labiau hatte ihr das Wappengebilde streitig machen wollen, war aber in Berlin abschlägig beschieden worden. Um diese Tradition fortzusetzen, nehmen die Nikolaiker und die übrigen Angehörigen des Kreises Sensburg alljährlich eine Wasserung des Stinthengstes im Stadtparkteich ihrer Patenstadt Remscheid vor. Aber auch die Polen, die heute in Mikolajki wohnen, haben die Tradition bewahrt, und jeden Sommer über erblickt man den Stinthengst in Nikolaiken auch heute vor der neu errichteten Brücke.

Als ich der Schule entwachsen war und erste Ausflüge in die nähere und bald auch weitere Umgebung Nikolaikens unternahm, wurde ich eines merkwürdigen Erlebnisses teilhaftig. Etwa 15 Kilometer von Nikolaiken entfernt stieß ich auf Dörfer, deren Häuser und Kirchen mich in das tiefste Rußland zu versetzen schienen. Dies waren die sogenannten Philipponendörfer, benannt nach einem russischen Mönch Philipp, der um 1830 mit einer nach Hunderten zählenden Anhängerschaft hierhin eingewandert war. Ob in Alt Ukta oder Fedorwalde oder im Frauenkloster am Duss-See, überall erblickte man die Zwiebeltürme der russischen Holzkirchen, stieß auf Wohnhäuser aus Rundstämmen und mit Badestuben. Ihre streng orthodoxen Bewohner waren tüchtige Landwirte und geschätzte Obstbauern. Zudem hatten sie aus einer waldbestandenen Heidelandschaft eine ansehnliche Kulturfläche gemacht. Die sechs Philipponendörfer und das freilich nur noch von drei Nonnen bewohnte Frauenkloster existieren noch heute.

Die Stadt Nikolaiken, lieblich von bewaldeten Hochufern umrahmt und mit zahlreichen Seen geschmückt, hat eine wechselvolle Geschichte hinter sich. 1444 urkundlich erwähnt, erhielt sie 1726 Stadtrechte. Sicher ist ursprünglich der heilige Nikolaus ihr Schutzpatron gewesen. Aber auch er hat nicht verhindern können, daß 1668 die Tataren, 1758 die Russen, 1806 die Franzosen und dann 1914 und 1945 nochmals die Russen dieses Städtchen heimgesucht haben. Immer wieder ist es neu entstanden. Seine Bewohner haben nie den Mut sinken lassen; Kriegsgeschrei, Feuersbrünste, Heuschreckenschwärme, Viehseuchen, Mißernten und die Pest haben den Lebenswillen der Bewohner nicht vernichten können. In beschaulichem Dasein hat sich auch manche Idylle abgespielt. Als 1838 der preußische Kronprinz, später König Friedrich Wilhelm IV., Nikolaiken besuchte, hatte sich Bürgermeister Degenhard eine sinnige Ehrung ausgedacht. In seinem Amtszimmer hatte er die Bilder Friedrich Wilhelms III. und der Königin Luise aufgehängt und sagte erklärend zu seinem Gast: »Herr Kronprinz, das ist Ihr Vaterchen, und das dort Ihr Mutterchen!« Als der Kronprinz alles bestaunt hatte und Degenhard lobte, erwiderte dieser: »Alles ehrlich erworben vom Scheffelchen Weizen!« Und zum Abschied rief er dem Kronprinzen nach: »Grüßen Sie Ihr Vaterchen von mir!« So wird auch mancher Nikolaiker heute, wenn jemand von seinen Landsleuten dort einen Besuch macht, ihm zurufen: »Grüßen Sie mein Nikolaiken von mir!« Für mich ist es nicht nur meine Heimat, wo mein Vaterhaus stand, sondern für immer eine der traulichsten Erinnerungen meines Lebens.

Anni Piorreck
Ein Stück Hellas in Ostpreußen

Erinnerung faltet sich auf und zeigt Bilder und Szenen, die lange zurückliegen, mehr als vierzig Jahre lang. Eine Klasse von fünfzehnjährigen Schulmädchen erscheint und trabt nach überstandener Fahrt mit der Kleinbahn auf einer geraden Chaussee hinter den Lehrern her - zunächst noch brav und gesittet, mit vollgefülltem Rucksack, den ungewohnten Reichtum von dreißig, vielleicht sogar fünfzig Pfennigen in der Tasche; sie sind sehr erwartungsvoll.

Die Chaussee befindet sich im Kreis Darkehmen, mitten in Ostpreußen, in einem leicht gewellten grünen Gelände, etwa 35 Kilometer von der ehemaligen russischen Grenze entfernt. Sie führt zum Schloß Beynuhnen, dem Ziel des einzigen Schulausflugs im Jahr. Ältere Klassen haben sagenhafte Dinge davon berichtet. Das Schloß soll von einem Herrn von Farenheid 1851 bis 1853 und 1866 im klassizistischen Stil erbaut worden sein und kostbare Schätze bergen. Klassizismus – das ist ein Baustil, der sich vor etwa hundert Jahren nach dem Vorbild der alten Griechen gerichtet hat; soviel ist ihnen bekannt, doch weiter wissen sie nichts.

Plötzlich liegt es vor ihnen, das perlmutter-weiße Schloß - dreiteilig, langgestreckt, hell schimmernd, umgeben von alten Parkbäumen -, das Schloß mit dem griechischen Giebel über den drei Fenstern des Säulenbalkons, mit dem seitlichen Porticus und einem Gesims, das von Frauengestalten getragen wird wie beim Erechtheion der Akropolis – das helle Schloß, das ein reines Wunder ist inmitten ostpreußischer Einsamkeit.

Rundum duften Jasmin, Heckenrosen und Kamillen; man hört das Dengeln der Sensen, das Wiehern der Pferde - die weiße Schönheit ist davon eingehüllt wie in einen Mantel. Stumm stehen die Mädchen davor, überwältigt von Staunen und Freude. Da ist zunächst der Park des Schlosses, großflächig und mit altem Baumbestand - der Park, in dessen Hecken und Nischen weiträumig verteilt viele weiße Göttergestalten stehen - ein wenig unwirklich, schwerelos, zeitlos. Vor grünen Büschen jagt Diana mit Pfeil und Bogen; Zeus schaut erhaben aus patriarchalischer Herrlichkeit auf die Besucher herab; Niobe schlingt voller Klage den Arm um ihre jüngste Tochter, und der Apollo von Belvedere steigt aus dem Grün hervor.

In der Schule sind die Mädchen gut vorbereitet worden. Sie wissen etwas von griechischer Kunst; sie kennen die Unterschiede von dorischen, ionischen und korinthischen Säulen, könnten sie sogar aufzeichnen, wenn man es von ihnen verlangte. Aber alle Schulweisheit ist vergessen, als sie nun vor dem kleinen griechischen Tempel stehen, der im Mittelpunkt der Parkanlage die Laokoongruppe birgt.

Die berühmte Skulptur, in der Abbildung so oft schon betrachtet, ist hier räumlich-plastisch und in den richtigen Dimensionen etwas ganz anderes. Das goldgelbe Oberlicht mildert das kahle Weiß des angestrichenen Zinkabgusses und verleiht dem Ganzen eine warme helle Lebendigkeit - vielleicht war es ähnlich so auf der Sonneninsel Rhodos, wo das Original einmal gestanden haben soll, bevor es nach Rom gelangte.

Der Sinn plastischer Form ist hier erstmalig zu begreifen ebenso wie bei den Karyatiden. Auch hier in Beynuhnen tragen die griechischen Gestalten ohne Mühe und Anstrengung die Last des schweren Gebälks, auch hier zeigen sie den spielerischen Wechsel von Ruhe und Bewegung wie ein Stück antiken Lebens. Hier sind es Symbolgestalten, die der Bildhauer Albert Wolff geschaffen haben soll, wie die Lehrer berichten. Aber das interessiert die Schulkinder wenig. Wichtig ist, daß das Auge zum ersten Mal der bewegt geschaffenen Figur nachgehen und die tastende Hand heimlicherweise die Form erspüren und wirklich begreifen kann. Wichtig ist, daß dies hier wohl der Inbegriff all dessen zu sein scheint, was die Erwachsenen mit dem Wort Schönheit bezeichnen.

Dann geht es in den weißen Antiken-Saal des Schlosses. Hier ist es lange nicht so herrlich wie draußen, wo zitternde Blätterschatten die alten Götter lebendig machen und die grüne Weite genügend Raum gibt. Hier im Festsaal schauen die Mädchen verwirrt auf die Göttinnen und Amazonen, die Satyrn und Hermen, die eng nebeneinander stehen wie in einem Museum. Die hohe Bedeutung gerade der Originale aus griechisch-römischer Zeit kümmert sie wenig. Benommen rutschen sie über das Parkett, bedrückt von dem Unvollendeten und Bruchstückhaften dieser Kostbarkeiten. Sie wollen wieder hinaus in den Park – und bleiben doch plötzlich stehen: Sonnenstrahlen umspielen ein Kinderbildnis. Sein Marmor ist bernsteinfarben, feinkörnig, fast transparent. Leichte Haare lösen sich unter dem Stirnband. Das Zöpfchen, flach über den Scheitel gelegt, endet lose wie ein Knoten im Nacken. Weich und noch kindlich rund sind die Züge und von einer zierlich-ernsthaften Würde. Voller Freude und Entzücken erfahren sie, daß es sich um eines der seltenen frühen Kinderbildnisse handelt: mit hoher Wahrscheinlichkeit sei hier Julia, geboren 39 vor Christi, die Tochter des Kaisers Augustus, dargestellt. Des Kaisers Augustus! »Es begab sich aber zu der Zeit, daß ein Gebot von Kaiser Augustus ausging, daß alle Welt geschätzet würde . . .!« klingt es von weither. Und das Abbild seiner kleinen Tochter - zweitausend Jahre alt - hier unter ihren Händen in einem Schloß nicht weit von den ostpreußischen Wäldern! Es ist plötzlich, als ob sie aus der Gegenwart herausgefallen sind und die Unermeßlichkeit der Zeit in einem einzigen Augenblick gespürt haben.

Bei dem scheuen Streicheln des Kinderköpfchens geht der Blick auch zu dem dorischen Tempel und den weißen Gestalten im Park hinüber, und sie begreifen, wie es früher gewesen sein muß, als alles Schöne da draußen in warmem Marmor unter mittelmeerischer Sonne geleuchtet haben mag wie dieses lebensvolle Kunstwerk, die kleine Julia. Und sie haben wohl für ein paar Momente ein Stück Hellas wirklich in ihrem Besitz - wie es mitunter ganz jungen Menschen geschieht, die für eine kleine Weile über sich hinauswachsen können in plötzlichem Verstehen ferner und fremder Dinge.

Wie sie dann aber weitergeschleust werden durch das Europa-Zimmer, durch den roten und grauen Saal und die kostbaren Gemälde des italienischen Barock bewundern sollen, streiken sie auch hier wie im Antiken-Saal. Es rauscht alles an ihnen vorüber, und die Originale von Guido Reni, Domenichino, Ribera lassen sie ziemlich gleichgültig - es ist zuviel! Höchstens vor dem Lächeln der Mona Lisa bleiben sie betroffen stehen – ahnungslos, daß dies eine der frühesten und berühmtesten Kopien ist, die vom Louvre nach dem Diebstahl des kostbaren Werkes angefordert wurde. Sie streben hinaus ins Freie, zum Wandern und Spielen, zu allerlei Ausgelassenheit, wie es Schulkindern nun einmal zusteht.

Nach einer Weile sitzen sie alle draußen vor einer kleinen Gastwirtschaft unter Obstbäumen. Holztische sind da und eine halb verrottete

Schaukel. Die Rucksäcke werden ausgepackt, der Inhalt kritisch begutachtet und dann getauscht: harte Eier gegen kalte Klopse, Schinkensemmel gegen Käsebrot. Die Lehrer bestellen sich Schmand mit Glumse oder Rührei mit Bratkartoffeln - riesige Portionen. Man muß tüchtig essen nach so viel Kunst! Der Durst wird mit »Limonade« gelöscht; sie ist knallrot und giftgrün, brausend und zischend vor Kohlensäure - es schmeckt großartig!

Doch Beynuhnen schiebt sich immer wieder dazwischen. Was die alten Griechen denn gegessen haben, wollen die Mädchen wissen, und der Herr Direktor, die ganze Zeit schon überfließend von humanistischer Gelehrsamkeit, berichtet von Hammel am Spieß, geharztem Wein, von Schafskäse und Oliven. Schlecht kann einem werden, wenn man sowas hört!

Als sie später Greifchen und Versteckchen spielen – was eigentlich schon ein wenig unter ihrer fünfzehnjährigen Würde ist – taucht die Frage auf, ob vor zweitausend Jahren die kleine Julia wohl auch so gespielt haben mag? Das ist schon schwieriger zu beantworten. Mit dem pädagogischen Hinweis, daß am Hofe eines Kaisers wohl kaum so getobt worden sei wie hier von dieser Klasse, wissen die Befragten sich aus der Affäre zu ziehen.

Und weiter geht's, am Dorfteich vorbei voll grüner Entengrütze und Federvieh, an Kornfeldern entlang, die vom Wind gestreichelt in wellenförmiger Bewegung sind, zu einer Wiese, wo man sich lagern kann und die alten Kinderspiele noch einmal vorholt: »Blinde Kuh« und »Dreht euch nicht um, der Plumpsack geht rum . . .« oder »Ich bin der Fürst von Thorn . ..«.

Dann wandern sie auf Feldwegen zu einem Wäldchen; doch es ist nur ein kleines Gehölz, der große Forst der Rominter Heide liegt einige Kilometer ostwärts. Dies hier ist Bauernland, offenes Land mit Weidegärten, besetzt mit schwarzweißem Herdbuch-Vieh, mit goldbraunen Pferden, im Dorf kleine blanke Häuser, um die Stockrosen, Reseda, Malven blühen. Es ist schön, das alles zu sehen, zu riechen, zu spüren an diesem einzigen Sommer-Wandertag des Jahres.

Am Abend kommen sie auf dem Rückweg noch einmal durch den Park von Beynuhnen, müde und glücklich und die Arme voller Blumen. Sie legen sie an der Ruhestätte des Schloßherrn Fritz von Farenheid unter

94

dem Thorwaldsen-Grabmal nieder und schauen sich noch einmal um. Die königlichen Gestalten unter den alten Bäumen schimmern seltsam in der Helle der nördlichen Sommernacht und scheinen zu schweben. Die Blüten leuchten weiß vor dem dunklen Laub des Parks und duften süß und geheimnisvoll. Die Mädchen werden ein wenig verzaubert durch die Schönheit Beynuhnens. Sie legen Rucksack und Mantel ab und beginnen, zum Abschied leise zu singen und zu tanzen - und die Lehrer und die alten Götter rundum schauen zu, lächelnd und einverstanden.

So ähnlich haben viele Jahrzehnte lang Generationen ostpreußischer Schulkinder Beynuhnen kennengelernt. Es geschah nach einem Erlaß der Gumbinner Schulbehörde, der besagte, daß alle Abschlußklassen der Gymnasien, Realsehulen und Lyceen in den umliegenden Kreisen - es waren Darkehmen, Goldap, Gumbinnen, Insterburg - ihren Jahres-Schulausflug nach Beynuhnen zu machen hatten. So einfach war das damals! Selten aber hat wohl eine amtliche Verfügung Kindern so viel schenken können wie hier.

Die Jungen und Mädchen aus den kleinen Städten haben dieses großartige Angebot antiker Kunst als etwas Selbstverständliches hingenommen; sie wären sehr erstaunt gewesen, wenn man ihnen gesagt hätte, daß sie wahrscheinlich die einzigen Schulkinder aus Nord- und Mitteldeutschland waren, die in ihrem Alter den Zeus von Otricoli und die Juno Ludovisi, das Grabrelief der Insel Ägina und die Friese des Parthenon millimetergenau in den Abgüssen sehen und Heiterkeit und Würde der alten Griechengötter in einem schönen alten Park erleben durften – so vage und unbewußt dies alles mitunter auch ihren noch kindlich schlafenden Geist berührt haben mag.

Was es für sie und ihr Leben bedeutet hat? Das ist schwer zu sagen. Was wissen wir denn schon, wie sich solche frühen Erlebnisse umzusetzen vermögen und wie lange eine Melodie in der Seele eines Kindes nachklingen kann oder welche Erkenntnisse auf Bilder vergessener Erfahrung zurückgehen werden ? Feststellen läßt sich heute, daß ein paar angesehene Archäologen, Kunsthistoriker und Museumsdirektoren aus jenen östlichen Kreisen stammen.

Zuweilen geschieht es noch, daß sich ein alter Handwerksmeister über eine schlechte Restauration von Kirchtürmen ärgert, die aus der Ferne etwas bauchig aussehen, und er hält seinen staunenden Zuhörern einen

Vortrag darüber, daß schon die alten Griechen gewußt haben, wie man gleichlaufende Kanten ein wenig einkehlen muß, damit sie von weitem parallel erscheinen. Wenn dann aber jemand fragt, woher er das wisse, er sei doch bestimmt nicht in Griechenland gewesen, winkt er nur mit der Hand ab, denn wie sollte er es ihnen erklären, daß er Griechenland einmal im fernen Ostpreußen erlebt hat? Sie wären voller Spott und glaubten es ja doch nicht. Was soll's also? Es ist wohl besser, darüber zu schweigen.

Treffen sich heute ein paar Menschen, die als Kinder durch Beynuhnen gewandert sind, und sprechen darüber, so liegt auf ihren Zügen ein stilles Lächeln der Erinnerung an diesen Schulausflug, an diese erste Möglichkeit zur ästhetischen Freude, an Ferienglück und die Festlichkeit des ostpreußischen Sommers.

Manchmal übrigens haben einige dieser Schulmädchen den Vorzug gehabt, als Primanerin oder Studentin ein zweites Mal nach Beynuhnen zu kommen und mit Lessings »Laokoon« in der Hand vor dem kleinen Tempel im Park zu stehen. Sie feierten Wiedersehen mit den alten Göttern und mit dem römischen Kinderköpfchen und schauten die Gemälde im Museumssaal schon mit andern Augen an; sie fanden mitunter auch Zugang zu den Kopien der italienischen Meister und hörten mit Lächeln, daß die ländlichen Bewohner der Umgebung sich oftmals schämten über so viel Nacktheit in ihrem Park und daß sie die hellen Statuen draußen einfach »de Poppkes« nannten und sie liebten wie Kinder ihr Spielzeug, stürmisch und zärtlich, und daß sie jeden handgreiflich bedrohten, der ihren Poppkes etwas zuleide tun wollte.

Die jungen Besucher spürten dann auch den Gegensatz zwischen dem weißen Schloß mit seinen griechischen Säulen und der agrarischen Betriebsamkeit eines ostpreußischen Gutes - und sie genossen unbewußt den feinen Reiz solcher Kontraste. Sie horchten auch voller Stolz auf, wenn zufällig anwesende Archäologen aus dem Westen sprachlos und ungläubig vor den Sammlungen standen, ihre Kostbarkeit rühmten und meinten, daß dieses Schloß auf besondere Weise in einem großen europäischen Rahmen stehe.

Sie fühlten wohl, daß die alten griechischen Gottheiten sich hier mit dem Christengott am Kreuz ebenso vertrugen wie mit den »bernsteingekrönten Preußengöttern« und daß dieses Land, ihr Heimatland, mit seinen großen Ebenen und Räumen auch im Geistigen weiträumig war und viele Gegensätze zu einer Einheit verband, die es so nur hier gab, hier »oben in Ostpreußen«!

Mitunter standen sie auch vor der Marmorbüste Fritz von Farenheids und betrachteten das scharfe Profil mit der kühnen Nase, den weichen Mund und das volle Doppelkinn über den Falten der Toga. Eine faszinierende Mischung von griechisch bestimmter Romantik und preußischer Strenge lag über seiner Erscheinung. Sie mögen dann wohl auch gegrübelt haben: wer war dieser Fritz von Farenheid, der hier in Ostpreußen dieses Schloß erbaut hat? Der damit ein Stück Süden voller Heiterkeit und Anmut unter den weiten nordöstlichen Himmel stellte. Der die Welt in einer andern Art zu fassen verstand als seine Zeitgenossen. Der seine »Kunstschöpfung«, wie er es nannte, mit seinem Testament der Öffentlichkeit schenkte. Der wie ein barocker Fürst Maler und Bildhauer beschäftigte. Zu dem Könige zu Gast kamen. Der ein großes Rittergut bewirtschaftete und einen riesigen Grundbesitz sein eigen nannte. Und der krank und einsam, ohne eigene Familie, fast blind, in schwermütiger Verschlossenheit auf seinem Schloß gestorben ist. Das alles mögen sie damals wohl gefragt und erkannt haben, um es dann wieder hinuntersinken zu lassen und zu vergessen, denn die Welt hat für junge Menschen andere Abenteuer und Probleme bereit als alte Museumsschlösser, auch wenn sie noch so eigenartig und reizvoll sind.

Beynuhnen nahm eine Sonderstellung ein in der weiten ostpreußischen Landschaft, auch wenn es in unserem Jahrhundert nicht mehr so bekannt war und besucht wurde wie früher und wie es das eigentlich verdient hätte. Den Ostpreußen war die Fahrt zu dem abgelegenen Ort zu umständlich – eher fuhr man nach Berlin, wie es sich gehörte. Beynuhnen wurde auch nicht berührt von den beiden Reisewegen der Touristen, die einmal ins Samland und auf die Kurische Nehrung, zum andern ins südliche Masuren führten. Der Spätklassizismus des Baus hatte im Land der grauen Ordensburgen und der roten Backsteingotik auch nichts typisch Ostpreußisches, sondern war international und stand als kostbare Perle in der Kette klassizistischer Bauten, die sich rund um die Ostsee legte. Griechische Formen des frühen neunzehnten Jahrhunderts lassen sich - vielfach abgewandelt und spärlich verteilt - an Gebäuden in Schweden, auf den dänischen Inseln, in Jütland, Schleswig-Holstein, Mecklenburg und

Pommern verfolgen; sie entfalteten sich eigenständig und rein in vielen ostpreußischen Gutshäusern, um sich dann auf der andern Seite der Ostsee über baltische Herrenhäuser und die klassizistische Pracht Leningrads bis hinüber nach Finnland zu ziehen.

Beynuhnen war auch hier etwas Besonderes: da es verhältnismäßig spät entstand, zu einer Zeit, als der klassizistische Stil in Europa schon zu Ende ging, lehnte es sich sehr eng an die antiken Vorbilder an und war deshalb »griechischer« als andere Bauten dieser Art. Vielleicht war es so, daß die Strömung des Klassizismus, die Ostpreußen am spätesten erreichte, in ihrer letzten Welle noch einmal hoch aufbranden mußte, ehe sie verebbte? Daß dieses Stückchen Hellas hier im östlichsten Teil Deutschlands und am weitesten entfernt von der mittelmeerischen Heimat am schönsten blühen sollte, weil es dem Untergang am nächsten war? Denn Beynuhnen war das erste der ostpreußischen Landschlösser, das den Katastrophen des letzten Krieges zum Opfer fiel.

Daß man heute immer noch nicht weiß, wie es geschah und wie es jetzt dort aussieht, ist ebenso bitter wie beklemmend und fast nicht zu glauben in einer Zeit, in der Informationen aus den abgelegensten Teilen der Welt selbstverständlich und mühelos angeboten werden. Doch Beynuhnen liegt ein paar Kilometer nördlich der Demarkationslinie, die Ostpreußen in zwei Teile trennt: in den südlichen Teil, der nun zu Polen gehört, kann man ungehindert reisen; der nördliche aber, von der Sowjetunion besetzt, blieb lange unzugänglich und verschlossen. Keine Nachricht konnte über diese Grenze dringen – nur der römische Kinderkopf der kleinen Julia ist in einem großen Museum des Ostens aufgetaucht. Sonst wissen wir nichts über das weiße Schloß, das doch einmal Tausenden von Schulkindern so viel Freude hat schenken können.

Herbert Meinhard Mühlpfordt
Medizinstudent an der Albertina

Mein Vater hatte in Königsberg als Dentist eine große Praxis – selbst sonntags hielt er von 8 bis 9 Uhr Sprechstunde – und sein rastloser Fleiß bis in die Nacht hinein, in der er seine Kautschukgebisse vulkanisierte und zuschliff, hatte es ihm ermöglicht, 1903 ein Haus zu erwerben. Hauseigentümer war damals nicht nur eine gute Kapitalanlage, sondern auch ein stolzer Titel, dem man oft genug in der Zeitung begegnete. Nach langem Schwanken kaufte er das Haus Paradeplatz 19, das seinen Wunsch erfüllte, in stiller Straße ohne Gegenüber ins Grüne blicken zu können, denn es lag am Königsgarten. Die schöne Säulenvorhalle der erst vor zweiundvierzig Jahren eröffneten neuen Universität führte vom Stadttheater – später Operahaus - genau auf mein Vaterhaus zu.

Der Königsgarten, bereits 1509 vom Hochmeister Friedrich von Sachsen-Meißen als Gartenland »eingezeunt«, wurde unter Herzog Albrecht, der dorthin vom Schloß aus über die »Klafflaube«, einen die Junkergasse überbrückenden hölzernen Steg, gelangte, zum herzoglichen Garten. Alte Bäume standen in ihm, und Friedrich Wilhelm, der Große Kurfürst, ließ auch hier, wie im Berliner Schloßgarten, Kartoffeln anbauen. Bekannt ist die Bewirtung des Kurfürsten Friedrich III. 1697 durch den Kanzler von Creytzen und den Obermarschall von Wallenrodt im obersten, fünften Stockwerk der uralten Linde, die im strengen Winter 1709 ausfror. Unter dem Soldatenkönig wurde der Königsgarten Exerzierplatz, im Osten von einer unvollendet gebliebenen Garnisonkirche, an deren Stelle 1808 das Stadttheater erbaut wurde, im Norden von einem Exerzierhaus begrenzt, nach dessen Abbruch hier die Neue Universität 1856 bis 1861 im italienischen Renaissancestil vom Geheimen Oberbaurat August Stüler erbaut wurde.

Die Universität hatte, 1861 eröffnet, 1870 494 Studenten, von denen 111 mit der Waffe und 30 als Krankenträger in den Krieg zogen; fünf blieben auf dem Felde der Ehre. Nach dem Krieg stieg die Zahl der Studenten stetig an, 1904 erhielt der tausendste Student vom Senat eine goldene Uhr, und 350 Studenten trugen »Couleur«. 1905 gab es 63 Theologen, 343 Juristen, 186 Mediziner und 413 Philosophen. 1909 gründeten die nun zum Studium zugelassenen Frauen einen Studentinnen-Verein. 1913 hatte die Albertina 171 Professoren und Dozenten, kurz vor dem Ersten Weltkrieg gab es 1700 Studenten.

Wenn der junge Mulus, die Rockaufschläge zum Zeichen seiner Universitätsreife mit goldenen Alberten geschmückt, dem Bann der Schule entronnen, bis zum Semesterbeginn ein durch keine Pflichten ausgefülltes Feriendasein führte, so kam das manchem tatendurstigen Jüngling schließlich schal vor, begierig sah er dem Tag der Immatrikulation entgegen.

In der mit Wandgemälden von damaligen Königsberger Akademieprofessoren gezierten Universitätsaula fand die Aufnahme in die Alma mater Albertina statt. Es war ein feierliches Verfahren; der Prorektor, um den Hals die schwere goldene Amtskette mit dem Albertus – Rektor war seit jeher ein Mitglied des Königshauses, damals Kronprinz Friedrich Wilhelm -, hielt eine ernste Ansprache und vereidigte dann jeden Studenten einzeln mit Handschlag, wobei er ihm die damals noch lateinisch abgefaßte Immatrikulationsurkunde übergab.

Damit waren die jungen MuIi nun Studenten geworden, die heiligen Hallen der Wissenschaft öffneten sich ihrem Wissensdrang, aber sie unterstanden nun auch der seit der Gründung 1544 bestehenden Universitätsgerichtsbarkeit; demzufolge hatte das alte Albertinum am Domhof zwei Karzer im Keller gehabt, die neue Universität hatte einen im Zwischenstock. Hier brummten die vom Universitätsrichter Verurteilten eine sehr milde, auf die Nacht beschränkte Freiheitsstrafe von 1 bis 14 Tagen ab. Da Besuchserlaubnis bestand, war die Karzerhaft meist höchst fidel; der freundliche Pedell Tursky führte als Aufsichtshabender ein Gästebuch, das Ergüsse enthielt wie diesen:

> »Mußte in den Carcer rein,
> weil ich auf der Straßen
> küßt' ein holdes Mägdelein—
> konnt' es halt nicht lassen.
> Nahm der Schutzmann, der's gesehn,

mich sogleich beim Kragen,
nach dem Carcer mußt' ich gehn,
half kein Flehen, Klagen.
Sprach des Richters Zorn anjetzt:
Hast durch ruchlos Küssen
akadem'sche Sitt' verletzt,
sollst drei Tage büßen.
Und nun sitz' ich hier im Loch,
denke nach und sinne,
ob denn so verwerflich doch
sei die holde Minne.«

Der erste Karzerinsasse der Neuen Universität war Mediziner, der später bekannte Landarzt Dr. Kittel, der letzte saß vom 11. b is 12. Juni 1914. Bei Kriegsbeginn wurde die Universitätsgerichtsbarkeit als der fürs Vaterland kämpfenden Studenten unwürdig abgeschafft.

Die schmucke Universität vor Augen wuchs ich auf, der Königsgarten war meiner und der Schulkameraden Spielplatz. Er war aber auch für die Erwachsenen ein idyllischer Ruheplatz mit herrlichen Fliedersträuchern rings um das Denkmal des reitenden Königs mit den eindringlichen und künstlerisch höchst wertvollen Reliefs des Meisters August Kiß und den Platz einfassenden Kastanienalleen. Es blieb eine Schande, daß die blühende Allee im Süden von den Nazis abgehackt wurde, lediglich um eine Aufmarschstraße zum Gauleiterhaus zu gewinnen. Dieses hohe unschöne Haus, vorher Zentralhotel, stand an der Stelle der einstigen »Punschbude«, der Conditorei Meyer, zu der die Theaterbesucher aus dem bis 1844 unheizbaren Stadttheater in den Pausen herüberströmten. Auch andere Cafés am Paradeplatz, dem südlichen Teil des Königsgartens, wo das Exerzieren erst 1848 aufgehört hatte und nur noch des Kaisers Geburtstagsparade stattfand, haben eine Rolle gespielt.

Da war an der Stelle der Obersteuer-, später Oberzolldirektion das Café National, ein Sammelpunkt der Liberalen der Revolutionszeit 1848, später Hotel du Nord. Die Königstreuen unter Generalleutnant von Plehwe, dem verdienstvollen Gründer unserer »Barmherzigkeit«, hatten seit 1848 ihren Sitz in der Königshalle, die zuletzt Standortkasino war. Friedlicher ging es im Café Bauer zu, das in den Jahrzehnten um die Jahrhundertwende ein vornehmes und beliebtes Bürgercafé war, in dem auch die Farbenstudenten nach dem üblichen Bummel auf dem Paradeplatz ihren Frühschoppen einnahmen.

Dazwischen, am westlichen Ausgang der Theaterstraße, lag die größte Buchhandlung Deutschlands, Gräfe und Unzer, die der damalige Besitzer Konsul Paetsch zu Weltgeltung gebracht hatte; viele Jahre hielt über ihrer Eingangspforte der barocke Adler Kanters Wache.

Am Sonntag herrschte im Königsgarten freudig-bewegtes Leben. Auf dem Paradeplatz zwischen den zwei großen Gaskandelabern spielte eine Militärkapelle - etwa die der 43. unter dem beliebten Musikmeister Krantz -, und die Menge lauschte den Märschen, Opernmelodien und »Potpourris«. Ihre Klänge schallten herüber bis zu meinem Vaterhaus, und wir hörten vom Balkon aus zu und schauten auf das hübsche Bild festlich gekleideter Menschen zwischen den besonnten grünen Sträuchern.

Zweimal im Jahr, am Krönungstag Friedrichs I., dem 18. Januar, und neun Tage später, an des Kaisers Geburtstag, war hier ein noch farbenfreudigeres Bild zu erleben: der Aufzug der im damaligen Königsberg eine bedeutende Rolle spielenden Farbenstudenten. Sie waren bei der Feier in der Universitätsaula zwar nur Statisten mit ihrem Wichs und mit bunten Fahnen, die Hauptpersonen waren die hohen Beamten: Oberpräsident, Regierungspräsident, »Kanzler des Königreiches Preußen« (Oberlandesgerichtspräsident) mit ihren Dreispitzen, Kommandierender General, Festungskommandant, Oberbürgermeister – damals Siegfried Körte -, Universitätsrektor mit dicker goldener Amtskette, Dekane in ihren Talaren und der die Festrede haltende Professor. Der ganze Glanz des kaiserlichen Deutschland versammelte sich hier, und ich sah alle diese Würdenträger zum Universitätsportal schreiten.

Aber das glänzende Bild der Studenten überstrahlte das der steifen Würdenträger: sie saßen zu zweien im Fond der zweispännigen Kutschen, in bunten Cerevis oder Stürmern, in farbenfrohen Kurtken, im Wichs glänzenden Stulpenstiefeln und der dritte im Rücksitz hielt mit weißen Stulpenhandschuhen das Panier der Verbindung, auf dessen glänzender Seide Name und Verbindungszirkel mit kostbaren Fäden von den Couleurschwestern eingestickt worden waren. Das war für den Knaben ein unvergeßliches Schauspiel, das seinen Ehrgeiz, später mit dazu zu gehören, mächtig anregte.

Doch dazwischen lagen Jahre mit Schulsorgen, -nöten und -freuden, und als ich das Abitur ohne die Mühle mündlicher Prüfung bestanden hatte, war der Kindertraum bereits ausgeträumt; ich dachte nicht daran, meine akademische Freiheit dem Fuchsenkomment und der Bestimmungsmensur, die ich für Roheit hielt, weil Freunde sinnlos aufeinander einschlugen, zu opfern.

Lieber betätigte ich mich bei der Freien Studentenschaft, einer losen Vereinigung der Nichtinkorporierten, die zwanglose und anregende Geselligkeit bot, weil jeder Erlebtes aus seiner Fakultät erzählen konnte. Oft wurden Gelehrte oder Männer der Verwaltung und des Wirtschaftslebens zu Vorträgen gebeten. Besonders lehrreich waren Exkursionen unter sachkundiger Leitung wie in den Schlachthof, in die Hartungsche Drukkerei oder ins neuerbaute damalige Luisentheater, wo wir staunend den verwirrenden Schnürboden, die Versenkung, die nüchternen, erst im Rampenlicht wirkungsvollen Kulissen betrachteten; auch ging es hinaus an den unteren Pregel zur Walzmühle, der größten je gebauten Roggenmühle Europas (1897) und zur Zellstoff-Fabrik. Diese Besichtigungen öffneten dem jungen Mediziner die Augen für Dinge außerhalb des Fachstudiums.

Die Vorträge und Exkursionen wurden nicht nur am Schwarzen Brett in der Vorhalle der Universität, zu der von der Säulenhalle her eine schwere Eichenpforte führte, angeschlagen, sondern auch in der »Albertina« bekannt gemacht. Dies war ein bescheidenes Blättchen, in dem sich die jungen Musensöhne der Freien Studentenschaft als Schriftsteller über studentische Angelegenheiten und als Redakteure versuchten und das sich durch Anzeigen von Königsberger Firmen erhielt. Es wurde in Universität, Instituten und Kliniken kostenlos ausgelegt.

Ich weiß nicht mehr, ob es ein Artikel in diesem Blättchen war oder ein anderes politisches Vergehen – kurz, die in der Freien Studentenschaft tätigen Kommilitonen - sie nannten sich selbst ziemlich unbescheiden Ehrenbeamte – wurden auch einmal vor die Magnifizenz, den strengen Prorektor, zu einer Verwarnung geladen. Doch zu Karzer oder anderen Strafen kam es nicht.

Sogar Sozialarbeit wurde von der Freien Studentenschaft versucht. In der Tat bereiteten die Märchenvorlesungen vor Volksschulkindern in einer Reihe von Königsberger Volksschulen den Kindern stets jauchzendes

Vergnügen. Selbst der reichlich hochtrabende Versuch von Volksunter-
richtskursen wurde gemacht, wozu die Stadt eine Volksschule auf der
Laak zur Verfügung stellte. Zwar hätten wir jungen Dachse gewiß besser
getan, an unserer eigenen Reife zu arbeiten, als unseren Idealismus an
Volkserziehung zu versuchen, aber der Besuch der Kurse im Rechnen,
Deutsch und anderem bewies doch, daß der damalige Student im Volk als
gelehrt galt und angesehen war.

Freilich war die »teutsche« Langhaarperiode der Achtundvierziger
längst überwunden, die Studenten fügten sich der Gesellschaftsordnung
und freie Finken wie Farbenstudenten bemühten sich, anständig und gesittet aufzutreten und dem guten Ruf des Hochschülers nicht zu schaden.

Wenn die »Finken« sich zu bilden bestrebt waren, so wollten die Farbenstudenten in fröhlichem Kreise Gleichgesinnter in ihren Verbindungs-
häusern die in den Schulen meist eingeengte persönliche Freiheit genie-
ßen bei Kneipkomment, Bier, Scherz, dem erst 1859 von zwei auswärtigen Studenten eingeführten Skatspiel und beim Singen der Kommers-
buchlieder, denen übrigens kein Geringerer als der Balladendichter Bör-
ries von Münchhausen einen schönen Nachruf schrieb, als sie von den
Nazis verboten wurden.

Es gab in Königsberg 40 Corporationen, darunter vier Corps, vier Burschenschaften, vier Turnerschaften, drei Landsmannschaften, zwei katholische, eine evangelische und eine jüdische schlagende Verbindung,
den Verein Deutscher Studenten und wissenschaftliche sowie Sport und
Gesang betreibende Verbindungen. Den Albertus, die goldene Ansteck-
nadel mit dem Bild des herzoglichen Stifters, einst das Fanal der Studenten des Vormärz, trugen nur noch die Burschenschaften Gothia und Teu-
tonia in kleinem Format an der Mütze.

Die verschiedene Lebensauffassung von Finken und Farbenstudenten
schloß indessen nicht den freundschaftlichen Verkehr beider Studenten-
gattungen aus. So blieben auch mein Schulkamerad auf Prima, Studien-
genosse und treuester Freund Fritz Prang und ich innig verbunden, obgleich er, der schon auf der Schule ein hervorragender Turner gewesen,
bei der Königsberger Turnerschaft Markomannia aktiv geworden war.
Die Corps waren Fritz zu »feudal« und zu teuer; er tadelte ihren Alkohol-
mißbrauch, aber für die Mensur war der frische heitere lebensfrohe Freund
sehr; die Mensur stärkt den Mut und hebt das Selbstbewußtsein, meinte

er. So war er, nachdem er bei seiner erster Bestimmungsmensur gegen einen zu starken Gegner tüchtig gezeichnet worden war, bald einer der besten Fechter, seine Linkshand war allgemein gefürchtet.

Mich lud er als flotter Bursch einmal zu einer Mensur nach Kalthof ein – ich glaube, es war im »Sprind«. Ich, stets bereit, alles kennenzulernen, sagte gerne zu, verfolgte den »Paukcomment« mit Interesse, blieb aber bei meiner Ansicht. Ob mein guter Fritz ganz heimlich bei sich gedacht hatte, mir könnte am Ende beim Zusehen des fließenden Blutes übel werden und ein kleines Hohngelächter für mich abfallen – ich weiß es nicht. Oder dachte er, mich durch das keinesfalls unwürdige Schauspiel doch noch zu sich herüberzuziehen?

Mensuren waren übrigens von Staats wegen verboten; jedoch kümmerten sich weder die Verbindungen, noch der Staat um die offenen Übertretungen dieses Verbots; in einer Zeit, da in Ehrensachen das Duell gang und gäbe und Offizieren und Beamten Pflicht war, war das nur folgerichtig.

Auch ich hatte es zu einem Fechter gebracht, wenn auch nur auf dem Fechtboden, jedoch nicht im Schläger-, sondern im Säbelfechten, für alle Fälle, falls es doch einmal zu einer »Contrahage« kommen sollte; diese wurde mit Säbeln ausgefochten. Der langjährige akademische Fechtmeister Grüneklee mit dem Barbarossabart, damals ein Fünfziger (+ 1936), war auch mein Fechtlehrer. Er teilte wuchtige Hiebe aus, aber für meine Paraden fand er doch ein kleines Lob.

Der Fechtboden befand sich in der Palästra, einer Gründung des Arztes Dr. Friedrich Lange, der als Chirurg am Deutschen Krankenhaus in New York durch seine Tüchtigkeit - er führte in Amerika die Asepsis ein - reich geworden war. Er war Königsberger Burschenschafter »Gothe« gewesen und sah, daß den Farbenstudenten der Zug zum großen Ganzen fehlte. Darum stiftete er – anläßlich des 350jährigen Universitätsjubiläums - 800000 Mark zu einem großen Gebäude in der 3. Fließstraße, das allen Studenten gemeinsam als Unterkunft, Versammlungs- und Eßlokal, besonders aber zur Ausbildung jeglichen Sportes dienen sollte. So etwas gab es in der ganzen Welt noch nicht; es war eine wahrhaft soziale Tat des Arztes aus Lonkorrek in Westpreußen für die damals 165 000 Einwohner zählende Stadt am Pregel. Am Tage der Grundsteinlegung, dem 27. Juli 1894, sprach der Stifter die Worte: »Im Dienste des Guten und Schönen zur Entwickelung gesunder Kraft« und gab seinem Werk den Namen »Palästra Albertina«.

Großartig waren für jene Zeit, in der Sport zu Gunsten geistiger Erziehung noch kaum gepflegt wurde, das Hallenbad, der Fechtboden, der Turnsaal, die Tennisplätze im Garten, die Kegelbahn und die Räume für Geselligkeit. Dennoch trat das nicht ein, was Lange gewollt hatte: Jede Farbenverbindung und die Freien Studenten blieben für sich, eine Gemeinsamkeit kam nicht zustande. So zogen in die Räume, sie zu nutzen, die Seminare mit ihren Bibliotheken ein. Die Eröffnung fand am 22. Oktober 1898 statt, Kurator der Stiftung wurde der um sie dann hochverdiente Professor Bezzenberger.

Das erste Fachgebäude des jungen Mediziners wurde das alte rote Haus auf der Oberlaak, die Anatomie. In der damaligen empfindsamen Zeit mochte ein junger Medizinstudent, der erstmals zum Präpariersaal ging, sich wohl fragen: wird mir das Herumschneiden an den Leichen auch kein unüberwindliches Grauen einflößen, so daß ich gar umsatteln muß? Wenn ich meine eigenen Empfindungen wiedergeben darf, so erschienen mir die nach Karbol riechenden Leichname, die auf den langen Präpariertischen aufgereiht lagen, gar nicht als gewesene Menschen - es waren sachliche Gegenstände, eine Auffassung, die durch die Anweisungen des Prosektors und seiner Assistenten, wie man sich da, zunächst beim Abpräparieren der Oberhaut, zu betätigen habe, unterstrichen wurden. Daß einer beim Anblick dieser Menschenhülsen in Ohnmacht gefallen ist, habe ich nie erlebt, wohl aber, daß hin und wieder einer doch vor so viel Realität umsattelte, und einmal ließ sich eine vorsichtig-zielstrebige Mula vorher von mir in die Leichenkammer der Anatomie führen.

Ordinarius der Anatomie war seit 1885 Professor Dr. Ludwig Stieda, ein Balte aus Dorpat und russische Exzellenz, der unbeschadet seiner wissenschaftlichen Verdienste ein echtes Original war. Schwarzbärtig und untersetzt, im ewig gleichen ärmellosen Kaisermantel, den breitrandigen wettergeprüften Hut tief in den fleischigen Nacken gestülpt, durcheilte er die Straße. Als Original bewährte er sich auch im Kolleg, und der Prüfling mußte zum Beispiel wissen, daß das Hinterhauptloch beim Skelett so groß war, daß eine mittlere Kartoffel hindurchging. Auch war er ein wütender Gegner des seit 1908 gestatteten Frauenstudiums, und die Studentinnen hatten es nicht leicht, sich vor seinen gar nicht zarten Witzen und Anspielungen zu hüten.

106

Der Hörsaal war viel zu klein, steil amphitheatralisch gebaut und hatte enge Bänke. Auf ihnen saßen in buntem Wechsel deutsche Farbenstudenten, Finken und russische Studenten beider Geschlechter, denn Königsberg war bei den russischen Juden in Kowno, Wilna, Grodno als Universität hochbeliebt, weil sie im Zarenreich wohl mehr Schwierigkeiten hatten und die deutsche Wissenschaft auf Spitzenhöhe stand.

Neben Stieda wirkte als ewiger Extraordinarius und Prosektor Professor Dr. Richard Zander, auch ein Original, doch wesentlich liebenswerter als sein Chef; er war klein, hatte einen blondgrauen Vollbart und trug eine Stahlbrille, durch die gütige blaue Augen blitzten. Er hatte, wie Bismarck, eine hohe piepsende Stimme, war aber immer hilfreich und liebte es, seinen Studenten menschlich nahe zu kommen. Er war auch Dozent an der Kunstakademie und ein Förderer der Volksgesundheit der Jugendlichen. Im Ostseebad Rauschen besaß er über dem waldumsäumten Mühlenteich eine kleine Villa. Der Königsberger Schriftsteller Martin Borrmann hat dem gutherzigen Mann in seinem Roman »Trampedank« ein freundliches Denkmal gesetzt.

Die Anatomie lag im »Klinikerviertel«, das durch die Wagnerstraße - benannt nach dem verdienten Königsberger Chirurgen Albrecht Wagner, nicht nach Richard Wagner, der nämlich nicht hier, sondern Steindamm 111 wohnte - erreicht wurde. Hier lagen in der Drummstraße Medizinische und Frauenklinik, gegenüber das Chemische Institut; in der Copernicusstraße Pathologisches, Pharmakologisches und Physiologisches Institut, in der Langen Reihe standen Chirurgische und Augenklinik. Erst nach dem Ersten Weltkrieg entstand ein neues Klinikviertel zwischen Volkspark und Pillauer Landstraße: Kinderklinik, Psychiatrische Klinik, Dermatologische und Zahnklinik.

Unter den Professoren der vorklinischen Semester war seit 1896 Professor Heinrich Klinger, Direktor des Chemischen Instituts, der, wie sein berühmter Bruder, der Bildhauer und Maler Max Klinger, etwas Genialisches hatte. Doch liebte er die Ruhe und den Rotspon wohl zu sehr, um diese Veranlagung wirksam werden zu lassen. Und Professor Maximilian Braun, der Zoologe der Albertina, war seit 1890 Direktor des Instituts und des Zoologischen Museums gegenüber der Sternwarte, das 1820 aus dem Naturalienkabinett des Kaufherrn Saturgus hervorgegangen war. Es hatte sich in dessen Landhaus am Neuen Graben befunden und Immanuel

Kant, 1766 sein Kustos, hatte dort bei Betrachtung eines im Bernstein eingeschlossenen Insekts die nachdenklichen Worte gesprochen: »Wenn du aus deiner Lebenszeit erzählen könntest – wieviel mehr wüßten wir dann!« Neben seinen Verdiensten als Forscher und Lehrer hat sich Professor Dr. Braun auch verdient gemacht durch die Verwirklichung der schon von Oberbürgermeister Selke angeregten Gründung des Tiergartens, der im Jahre 1896 auf dem Gelände der Gewerbeausstellung entstand.

Herrlich lag im hügeligen Gelände der Königsberger Botanische Garten mit dem Botanischen Institut, einem kleinen Weiher und alten seltenen Bäumen. Er war nicht als wissenschaftlicher Garten angelegt, sondern vorher der Garten des Geheimen Kriegsrats Johann Georg Scheffner gewesen, der ihn dem König 1809 angeboten hatte, als der später in Sizilien ermordete Professor Schweigger vonWilhelm von Humboldt zum Direktor des Botanischen Instituts berufen worden war. In diesem Garten haben Fritz und ich manche Freistunde zwischen den Kollegs gesessen, geschabbert und zum Physicum im Schatten der riesigen alten Kastanie gelernt. Aber nicht nur hier, sondern auch in den anderen Anlagen Königsbergs, die in jenen Jahren nach und nach in Maraunenhof, am Zwillingsteich, an den Glacis, in der Hufenbachschlucht, am Veilchenberg dank der Rührigkeit Oberbürgermeister Körtes entstanden, sind wir lernend und uns überhörend umhergewandert und stärkten uns dann wohl auch einmal im Milchhäuschen in Luisenwahl an Schmand mit Glumse oder an einer Berliner Weißen mit Schuß.

Zum Physicum aber meldeten wir uns dreist und gottesfürchtig mit zwei anderen als erste Gruppe; wir kalkulierten, die Professoren würden im Anfang des Examinandenansturms noch nachsichtiger sein und wir hätten es um so eher hinter uns. Wir hatten uns nicht verspekuliert. Nach glücklich bestandenem Physicum feierten wir natürlich im Blutgericht, und als wir aus dem kühlen Keller emporstiegen, ging es uns in der prallen Sonne des Schloßhofes wie weiland dem preußischen Kultusminister Mühler, der 1861 die neue Universität dem Rektor, Kronprinz Friedrich Wilhelm, übergeben hatte: »Grad' aus dem Wirtshaus komm' ich heraus – Straße wie wunderlich siehst du mir aus.« So war der erste Abschnitt des Studiums geschafft.

Die Frage taucht nun auf: Wie teuer war damals eigentlich ein Medizinstudium? Dies in Zahlen auzudrücken, ist schwer; wer sich eigene

Bücher anschaffte, brauchte natürlich mehr, als der, der sie aus Bibliotheken lieh, aber Präparierbestecke, gewisse Instrumente wie Augenspiegel, Hörrohr, Perkussionshammer mußte jeder haben. Die Instituts- und Klinikgebühren und Vorlesungen waren bedeutend teurer als die der anderen Fakultäten, dazu kam das schon damals zehn Semester dauernde Studium, während Philologen nur sechs bis sieben, Juristen acht Semester im Durchschnitt studierten. So war das Studium der Medizin sicherlich das teuerste. Der Student von auswärts erhielt damals einen Wechsel von 100 bis 400 Mark.

Die Korpsstudenten brauchten viel mehr, Burschenschafter und Turnerschafter lebten bescheidener. Zum Vergleich sei bemerkt, daß damals ein Glas Bier allgemein 15 Pfennige kostete und eine bescheidene Studentenbude 17 bis 20 Mark. Doch gab es in teuren Universitätsstädten, wie etwa in München, auch Vermieterinnen, die 40 bis 50 Mark verlangten. Kleine Städte, in denen die Studenten Stadtbild und Usus beherrschten, wie Greifswald, Jena, Tübingen, Rostock, Marburg, waren billiger. Es war auch allgemeiner Brauch der Studenten, sich durch Nachhilfeunterricht in Latein bei Schülern ein Taschengeld zuzuverdienen.

Wie stand es um die Feste und Vergnügungen der Herren Studiosi? Da war in Königsberg zunächst das »Kahnchenfahren« auf dem im Grünen eingebetteten Schloßteich in der Walpurgisnacht. Es war ein wunderhübsches Schauspiel: zahllose Gondeln belebten die dunkle Fläche des Wassers mit Lampions in allen Farben; die Boote der Verbindungen wriggten vornehm dahin, die anderen ruderten bedächtig, und in leuchtenden Schlangen spiegelte sich das milde Licht der Lampions im schwarzen Wasser. Dieser Brauch wurde 1846 von dem damaligen Königsberger Corps Scottia eingeführt, vom Corps Masovia übernommen und war seit den sechziger Jahren allgemein geworden.

Studenten aber, die nicht an dem manchmal noch recht kühlen Brauch teilnahmen, promenierten, meist mit einem holden Mägdelein, unter den runden Gaslampen auf den Terrassen des Börsengartens, zu dem alle Studenten freien Zutritt hatten. Allwöchentlich fanden hier Konzerte durch die städtischen oder Militär-Kapellen statt, und die Musik klang zur Schloßteichbrücke herüber.

Einen festlichen Tag erlebte der Börsengarten, als sich 1910 hier die Teilnehmer am 82. Deutschen Naturforscher- und Ärzte-Kongreß in froher Gemeinsamkeit von den Strapazen der Vorträge in der Universität erholten, deren wichtigster die Bekanntgabe des Salvarsans durch Professor Ehrlich gewesen war.

Auch Studentenbälle gab es, wenn auch nicht mehr in dem Umfange, wie sie das 19. Jahrhundert geliebt hatte; die Farbenstudenten feierten sie untereinander mit ihren Couleurschwestern. Im Frühjahr 1913 fand in allen Sälen der noch funkelnagelneuen Stadthalle ein großes Studentenfest statt, das die Freie Studentenschaft durchführte und bei dem eine wohlgelungene Aufführung von Goethes »Jahrmarktsfest zu Plundersweilern« den Höhepunkt bildete; zahlreiche Studenten schritten im Kostüm der Zeit in diesem figurenreichen Scherzspiel, das einst den Hof Karl Augusts belustigt hatte, über die Bretter, die die Welt bedeuten.

Ich möchte noch der Jahrhundertfeiern des 5. März 1813 gedenken, an dem in Königsberg mit dem Aufstellungsbeschluß der Landwehr die Erhebung gegen die Tyrannei Napoleons eingeleitet worden war. Zu diesem Gedenktag waren Kaiser Wilhelm und der kronprinzliche Rektor nach Königsberg gekommen, von einem Zug Soldaten in der Uniform der Landwehr von 1813 in Königsberg empfangen worden. Sie wohnten im Schloß, nahmen an der Enthüllung des Yorckdenkmals auf dem Walter-Simon-Platz teil, besuchten die Jahrhundertausstellung in der neueröffneten Kunstballe am Wrangelturm und wurden am Abend durch einen Fackelzug der Studentenschaft gefeiert. Ein Festkommers der Studenten fand in der Konzerthalle des Tiergartens statt.

Auch Bismarck ehrten die Königsberger Studenten; als 1906 der Bismarckturm auf dem Galtgarben eröffnet wurde, weihten ihn die Studenten feierlich ein und entzündeten die Pechfeuer auf den vier Ecken der Turmplattform, deren Flammen seitdem an jedem 1. April, dem Geburtstag des »Eisernen Kanzlers«, durch die Nacht lohten. War doch der Galtgarben von 1817 bis 1849 zu jedem 18. Oktober und 18. Juni, den Gedenktagen von Leipzig und Belle-Alliance, der Schauplatz studentischer Gedenk- und Freiheitsfeiern des Vormärz gewesen. Auch zum 1ojährigen Todestag Bismarcks, am 30. Juli 1908, erfolgte hierher ein feierlicher Gedenkausflug der Studenten in vollem Wichs.

Es war in meinem dritten Semester, als ich zum ersten Male ärztlich tätig wurde und schmunzelnd das erste Honorar von einem blankenTaler einstrich. Mein Opfer war mein Vater, der von mir einen Zahn gezogen wünschte. Er gab mir die richtige Zange in die Hand, erklärte dem blutigen Ignoranten, daß die Backen der Zange kräftig an den Zahnseiten einzudrücken, nach außen, nach innen zu luxieren und dann zu ziehen sei. Er hielt bewundernswert still. Mit leisem Herzklopfen tat ich also und zog - ruck—war der Zahn heraus, ohne daß mein armer Vater auch nur gemuckt hätte!

Das sorglose Studentenleben nahm jäh ein Ende – der Weltkrieg kam nach einer 43jährigen Friedenszeit über uns. Die akademische Jugend der Albertina meldete sich geschlossen als Kriegsfreiwillige, auch die jüdischen Studenten, und zwar nicht bloß die der farbentragenden und schlagenden Verbindung Friburgia. So standen im Wintersemester 1915/16 von 1208 Studierenden 890 im Felde. Fritz, der kraftvolle Turner, trat beim Königsberger Fuß-Artillerie-Regiment 1 ein, ich beim Feldartillerie-Regiment 37, dessen Rekrutendepot von Insterburg nach Königsberg verlegt worden war. Ich lernte im Haberberger Grund die Feldkanone richten und, daß das Pferd ein wildes Tier sei, das nicht immer so wolle wie der Reiter.

Bald saß ich als Mediziner neben Fritz in der Sanitätsschule des Festungshauptlazaretts, und als Feldunterärzte kamen wir Candidati medicinae ins Feld. Fritz ist nicht mehr heimgekommen, er ruht in einem Soldatenfriedhof in Belgien; eine in der Luft nicht krepierende deutsche Fliegerabwehrgranate fiel mitten in die Ärzte des Feldlazaretts, riß ihm beide Beine ab, und so wurde dieser frische gute Junge und liebe Freund ein Opfer des Allzerstörers Krieg. - Von 1300 Königsberger Studenten im Heeresdienst fielen 300.

Als ich als 15. Semester mein Studium in Königsberg wieder aufnahm, fanden die draußen Gereiften viel jüngere vor: Deshalb galt es jetzt, das Studium mit Dampf zu vollenden. Von meinen klinischen Lehrern kann ich bekennen: sie waren alle tüchtig wie Kirschner, der Chirurg, und Matthes, der Internist; von hoher Warte über der Materie stehend unterrichtete nur einer: der Augenarzt Professor Birch-Hirschfeld, dessen Vorlesungen überaus anregend waren. Ich besitze von ihm noch zwei sehr schöne ungedruckte Gedichtchen. Das sorgenfreie unbeschwerte Studentenleben aber war endgültig vorbei - der Brotstudent war geboren.

Friedrich Simon
Porträt eines Vaters

Im Jahre 1885 suchte die Korporation der Kaufmannschaft zu Königsberg/Pr. einen Sekretär. Es bewarb sich Fritz Simon, derzeit Journalist und beschäftigt als politischer Redakteur bei der Lübecker Eisenbahn-Zeitung. Die Lübecker Eisenbahn-Zeitung hatte nichts mit der Eisenbahn zu tun, sondern der Titel sollte ein Synonym für schnelle Berichterstattung darstellen. Inhaber und Herausgeber dieser Zeitung war ein Herr Ed. Seine Tochter Ida machte das Feuilleton. Sie heiratete einen Herrn Boy, nannte sich dann Ida Boy-Ed, und mancher der alten Generation wird sich noch an sie als beliebte Romanschriftstellerin erinnern. Mein Vater berichtete von besonders guter kollegialer Zusammenarbeit mit ihr. Mein Vater erhielt die Stellung und zog mit seiner jungen Frau, einer Lübeckerin, nach Königsberg. Was das junge Ehepaar dabei empfunden haben mag, weiß ich nicht, aber in den Jahren meiner Schulzeit vor dem Ersten Weltkrieg fühlten sie sich dort zu Hause und hatten nicht den Wunsch, irgendwo anders zu leben.

Aus dem Sekretär der Korporation der Kaufmannschaft wurde später ein Syndikus, und kurz vor oder während des Ersten Weltkrieges wandelte sich die Korporation der Kaufmannschaft in eine Industrie- und Handelskammer um, deren Hauptgeschäftsführer mein Vater bis zum Jahre 1921 war. 36 Jahre lang hat er die Geschäfte der Handelskammer geführt. So ist es begreiflich, daß er später einmal als einer der Brennpunkte des wirtschaftlichen Geschehens der Provinz Ostpreußen bezeichnet wurde. Er hat viele Präsidenten überdauert. Der letzte Präsident während der Amtszeit meines Vaters war Kommerzienrat Heumann. Mit ihm verband ihn ein besonders freundschaftliches Verhältnis. Die Bedeutung der Handelskammern war wohl damals größer als heute. Es gab noch nicht die entsprechenden Parallel-Organisationen der Wirtschaft, wie zum Beispiel den Bundesverband der Industrie, den Außenhandels-Verband und ähnliches mehr, oder sie hatten noch nicht die Bedeutung wie heute. So liefen also automatisch die Fäden des wirtschaftspolitischen Geschehens bei den Handelskammern zusammen.

Das Büro der Korporation der Kaufmannschaft, später der Handelskammer, lag in der Börse, einem schönen repräsentativen Backsteinbau an der Grünen Brücke am Pregel. Im großen Börsensaal fand täglich die Produktenbörse statt. Er diente aber auch des öfteren als Repräsentationsraum für politische oder gesellschaftliche Veranstaltungen. Es gab viel Platz in dem Büro der Handelskammer. Die Räume waren sicherlich viereinhalb Meter hoch und wurden durch riesige Kachelöfen beheizt; sie hatten hohe Fenster mit Samtportieren und schwere eichene Türen.

Offensichtlich hatte mein Vater seine Arbeit gut organisiert. Nachdem er etwa 25 Jahre im Amt war und mehrere Hilfsarbeiter oder Kollegen bekommen hatte, stand er auf dem Standpunkt, daß der Chef einer gut organisierten Behörde seine Arbeit in dreieinhalb Stunden erledigt haben müsse. So fuhr er denn von Maraunenhof kurz vor halb 10 Uhr von zu Hause fort und war von 10 bis halb 2 Uhr im Büro. Pünktlich um 2 Uhr war er zum Mittagessen da. Der Nachmittag stand für Nebenbeschäftigungen zur Verfügung. Zweimal in der Woche hielt er Vorlesungen in der Handelshochschule; einmal wöchentlich ging er zur Stadtverordnetenversammlung, der er etwa acht Jahre lang angehört hat. Die Sitzungen des Vorstandes der Handelskammer fanden vierzehntägig statt, und zwar am Nachmittag, aber ich besinne mich, daß mein Vater an manchen Nachmittagen oft ganz frei hatte. Der Beruf meines Vaters und seine wohl nie ganz erlahmende journalistische Neigung haben es mit sich gebracht, daß er außer für Fachartikel ab und zu auch in allgemeinen politischen Angelegenheiten zur Feder griff. Anläßlich des Todes von Bismarck, den er noch persönlich in Friedrichsruh interviewt hatte, hat er den Leitartikel geschrieben. Ein Exemplar der betreffenden Zeitung wurde zu Hause aufbewahrt.

Zu den Aufgaben der Korporation der Kaufmannschaft und später der Handelskammer gehörte unter anderem auch die Unterhaltung des Eisbrecherdienstes, der die Fahrrinne von Königsberg bis zum Seehafen Pillau – den sogenannten Seekanal – im Winter offenhalten mußte. Mein Vater war überhaupt ein großer Freund des Kanalbaus. Er hat sich maßgeblich für den Bau des sogenannten masurischen Kanals eingesetzt, und eines seiner ständigen Anliegen war die Vertiefung der Fahrrinne des Seekanals, um hochseegehende Schiffe bis nach Königsberg zu bringen.

Königsberg vor dem Ersten Weltkrieg mit etwa einer Viertelmillion Einwohnern war eine typische preußische Provinzhauptstadt. Industrie und Handel waren zwar für damalige Begriffe beträchtlich, für die Sozialstruktur aber nicht entscheidend. Den Charakter der Stadt bestimmten Beamte und Offiziere. Zur Garnison gehörten sieben Regimenter und ein Pionierbataillon, dazu das Generalkommando des 1. Armeekorps. Der zivile Sektor umfaßte alles an Behörden, was es in einer preußischen Provinz nun einmal geben mußte. Oberpräsident, Landeshauptrnann, Regierungspräsident, Oberlandesgericht und dazu die Universität, die Handelshochschule und eine Kunstakademie. Infolgedessen gab es eine breite, vielseitig interessierte Oberschicht mit entsprechenden kulturellen Ansprüchen. Auch der Bedarf an höheren Schulen war groß. Es gab vor dem Ersten Weltkrieg sechs Gymnasien.

Anfang des 20. Jahrhunderts wurden die Festungswälle allmählich abgetragen, die Stadt konnte sich nunmehr ungehindert nach allen Richtungen ausdehnen. Meine Eltern bauten im Jahre 1909 ein Haus und entschieden sich für Maraunenhof. Man drängte aus der Innenstadt ins Freie und nahm hierfür hohe finanzielle Belastungen in Kauf. Das lag im Zug der Zeit. Mein Vater verdiente zwar in seiner Position recht ordentlich, aber zum Ansammeln von Reichtümern reichte es nicht. Ein solches Landhaus – man nannte es damals Villa – mit etwa 1500 qm Garten kostete zu der Zeit zwischen 50 und 100000 Mark. Maraunenhof wurde von einer sogenannten Terraingesellschaft entwickelt, und es entstand dort innerhalb von zehn Jahren eine schöne Villenkolonie mit breiten Straßen und großen Grünanlagen. Sie zog sich um den Oberteich herum, der der Landschaft die Struktur gab.

Das übliche Beförderungsmittel war die Straßenbahn. Die Linie 8 verband Maraunenhof mit dem Münzplatz in Königsberg, einem beliebten Treffpunkt für jung und alt. Für die jüngere Generation kam das Fahrrad hinzu. Die meisten Maraunenhöfer kannten einander, und die Fahrt in der Straßenbahn war die beste Gelegenheit für Verabredungen und einen nachbarlichen Schwatz. Im Privatbesitz gab es vor dem Ersten Weltkrieg praktisch noch kaum Autos. Der Lebensstil war nach heutigen Begriffen einfach. Großzügig war man nur in bezug auf Wohnraum, und was man reichlich hatte, war Bedienung. Die ostpreußischen Mädchen waren treu und zuverlässig. Wir hatten stets zwei Mädchen, die Köchin und das Stuben-

mädchen, und es wurde wenig gewechselt. Meine Mutter konnte gut kochen, überließ aber nach und nach mehr und mehr die eigentliche Koch-
arbeit der Köchin. Ich erinnere mich noch mit Vergnügen an die großen
Braten, die es regelmäßig zum Sonntag gab. Ich meine, sie wogen oft 10
bis 14 Pfund, reichten lange, und außerdem hatten wir zum Wochenende
oftmals Gäste. Wein wurde nur zu feierlichen Gelegenheiten getrunken.
Es gab Bier, Tee und Kaffee. Die Fleischerrechnung war ein erheblicher
Posten im Haushaltsgeld meiner Mutter. Sie stöhnte oft darüber. Man
sieht, auch damals war Fleisch im Verhältnis zum Lebenshaltungsindex
teuer.

Einen breiten Raum im gesellschaftlichen Leben meiner Eltern nahm
die Loge ein. Mein Vater gehörte der Loge »Zu den 3 Kronen« an. Er war
einige Jahre lang Redner der Loge und stellvertretender »Meister«. Die
Loge hatte ein schönes Haus mit einem großen Terrassengarten, der sich
bis zum Schloßteich erstreckte. Für die Damen war das Logenkränzchen,
das reihum tagte, wichtig. Der Bekanntenkreis meiner Eltern hatte sich
im Laufe der Zeit etwas verändert. Ursprünglich waren es im wesentlichen Geschäftsleute; nachdem wir nach Maraunenhof gezogen waren,
kamen die Nachbarn hinzu, unter anderen auch einige höhere Offiziere,
die meinem Vater altersmäßig nahestanden. Ich muß zum Lob dieses Standes betonen, daß es nach meiner Beobachtung durchweg hochkultivierte,
gebildete und belesene Menschen waren. Von einer Einseitigkeit ihrer
Auffassung kann zumindest bei den Persönlichkeiten, die bei uns ver-
kehrten, nicht die Rede sein.

Zu einer Villenkolonie gehörten Hunde. Selbstverständlich liefen sie
frei herum. Autos gab es ja nicht, und freilaufende Hunde tun sich selten
etwas. Selbstverständlich benutzten sie auch die Grünflächen, wie es sich
für ordentliche Hunde gehört. In der Anfangszeit wurden Hunde mehrfach »aufgeschrieben« und Strafprotokolle in Höhe von 3 Mark an die
Hundebesitzer verschickt. Das ärgerte meinen Vater, er schrieb an den
Polizeipräsidenten persönlich in der bei ihm üblichen leicht sarkastischen
Weise, Hunde hätten wichtige erzieherische Aufgaben für Kinder, und
freilaufende Hunde gehörten in einem Villenvorort zum Landschaftsbild.
Der Polizeipräsident antwortete prompt in der damals noch üblichen for-
mellen Form, daß er sich gestatte, »Ew. Hochwohlgeboren« mitzuteilen,

115

daß er die Angelegenheit geprüft und die Beschwerde für berechtigt gefunden habe. Infolgedessen habe er Anweisung gegeben, die Hunde nicht mehr aufzuschreiben.

Wer es sich leisten konnte, schickte seine Kinder auf die höhere Schule. Der Normaltyp war das humanistische Gymnasium. Für die nördlichen Stadtteile und den Vorort Maraunenhof war das Wilhelm-Gymnasium auf dem Hintertragheim zuständig. Das war ein gelber Klinkerbau aus der Zeit der 70er Jahre des vorigen Jahrhunderts, recht geräumig mit über 4 Meter hohen Klassenzimmern und einem großen Schulhof, an den sich der sogenannte Schulgarten anschloß, der bis zum Schloßteich herunterreichte. Die Aula des Gymnasiums enthielt Wandgemälde von Steffeck und Neide, Szenen und Ereignisse aus der Geschichte des Deutschen Ritterordens und des Preußischen Staates darstellend. Die Bilder waren künstlerisch wertvoll. Sie sind im Großen Brockhaus 1908 und im Lexikon der Bildenden Künste von Thieme-Becker erwähnt. Leiter der Schule war zu meiner Zeit Geheimrat Ernst Wagner, ein hochkultivierter Pädagoge, der eine natürliche Autorität ausstrahlte. Der Geist der Schule war in erster Linie geprägt von dem Ziel einer echten humanistischen Erziehung. Selbstverständlich war man national und monarchistisch, aber ich möchte doch sagen, daß bei allen eine liberale Grundhaltung vorherrschte. Die Schule stand in dem Ruf, bevorzugt von den Söhnen des Landadels besucht zu werden. Das mag sein, aber ich habe nie festgestellt, daß es irgendwelche Bevorzugungen aufgrund des Standes oder des Ranges der Eltern in der Schule gegeben hätte. Im Gegenteil, als einer dieser Schüler irgendein mathematisches Problem durchaus nicht begreifen wollte, brach Studienrat P. in den Ruf aus: »Nein, Sie sind einfach zu dumm, werden Sie doch Offizier oder hüten Sie die Schweine Ihres Herrn Vaters.« Entsprechend dem Geist der Schule war auch der Geist der Lehrerschaft. Korrektheit, überdurchschnittliches Wissen und pädagogische Eignung konnte man bei jedem der Lehrer als selbstverständlich voraussetzen. In den preußischen Schulen wurde viel gelernt. Ab Quarta waren 30 Wochenstunden der Normalfahrplan. Die alten Sprachen bildeten den Kern des Unterrichts. Es wurde aber auch eine Menge Mathematik gelehrt. Im Deutschunterricht bevorzugte man die Klassiker. Die offizielle Lektüre endete etwa bei Hebbel und Storm. Es wurde aber vorausgesetzt, daß sich die Schüler von sich aus mit den Erscheinungen

Die Wallfahrtskirche Heiligelinde

der neueren Literatur bekannt machten. Daß Unterrichtsstunden ausfielen, kam äußerst selten vor. Alles in allem hat uns die Schule eine anständige und solide Bildung vermittelt. Wenn die modernen Sprachen etwas zu kurz kamen, so lag das daran, daß man auch in 30 Stunden pro Woche nicht alles lernen kann.

Das Leben in Maraunenhof war für uns Kinder das reinste Vergnügen. Meine beiden älteren Brüder waren schon aus dem Haus, so daß ich als Nachkömmling allein das Feld beherrschte. Meine Eltern waren Kindern gegenüber sehr großzügig. Viele Schulkameraden und Nachbarskinder fanden sich zum Spielen, oder wie man sonst die Freizeitgestaltung in diesem Alter bezeichnen mag, zusammen. Der Garten stand uns zur Verfügung, ebenso der erste Stock des Hauses. Meine Eltern waren offensichtlich lärmunempfindlich, oder man hatte damals bessere Nerven als heutzutage. Irgendwelchen Einschränkungen unterlag unser Spieltrieb nicht. Selbstverständlich konnte auch die Straße – für Schlagball, Fußball – mit einbezogen werden. Es gab ja keinen Autoverkehr, und so war sie - wie man heute sagen würde - praktisch eine Spielstraße. Ich kann mich auch nicht daran erinnern, daß die Anwohner sich jemals über den Lärm beklagt hätten. Im Sommer spielte das Schwimmen im Oberteich eine große Rolle. Es gab drei Badeanstalten, Pasternak, Totenhöfer und die etwas exklusivere Militär-Badeanstalt. Dort mußte man ein Jahresabonnement lösen. Selbstverständlich konnten wir alle mit zehn Jahren schwimmen. Auch das Kahnfahren gehörte zu den sommerlichen Vergnügen. Der lange, aber schöne Winter in Ostpreußen machte das Schlittschuhlaufen zum Königsberger Nationalsport. Wenn der Oberteich zugefroren war und es keinen Schnee gab, konnten wir manches Mal sogar per Schlittschuh den größten Teil des Schulweges zurücklegen. Der eigentliche Schlittschuhbetrieb spielte sich aber auf dem Schloßteich ab. Dort spielte öfters auch eine Militärkapelle zum beliebten Paarlauf. Der Klub der Schlittschuhläufer erweckt wohl bei allen Königsbergern der älteren Generation freundliche Erinnerungen. Als wir etwas älter waren, durften wir auch oft zu mehreren an die See fahren. Ich erinnere mich an herrliche Wanderungen am Strand und Touren an der schönen Samlandküste. Die schöne sorglose Zeit endete jäh am 1. August 1914.

Zu Beginn des Ersten Weltkrieges war Königsberg einige Wochen lang durch die Russen bedroht. Etwa 60 Prozent der Bevölkerung wurden evakuiert. Die Klassen schrumpften. Nach dem Rückzug der Russen aus Ostpreußen im Spätherbst 1914 füllte sich die Schule wieder, und der Unterricht lief während der ganzen Kriegszeit in den gewohnten Gleisen weiter, obwohl die meisten jüngeren Lehrer einberufen waren und die meisten älteren Schüler sich freiwillig gemeldet hatten. Im Jahre 1917 kam es erstmals im Rahmen des Schülerhilfsdienstes zum Arbeitseinsatz bei der Ernte. Wir zogen, etwa fünfzehn Obersekundaner, auf das Gut Raudischken zu Frau von Below und haben dort sechs Wochen lang Kartoffeln und Rüben geerntet. Im Sommer 1918 kam es dann zu einem längeren Einsatz, der sich bei mir auf einem Gut in Mecklenburg fast über fünf Monate erstreckte. So weiß ich wenigstens, wie es auf dem Lande zugeht und was zwölf Stunden Erntearbeit pro Tag an Anstrengung bedeuten.

Für meinen Vater brachte der Krieg neue Pflichten. Zu Beginn hatte niemand mit einem langen Krieg gerechnet. Infolgedessen waren die Begriffe Umstellung auf die Kriegswirtschaft und Bewirtschaftung völlig unbekannt. Mit der Schaffung der sogenannten Reichsstellen in Berlin zur Erfassung aller für die Ernährung und für die Kriegführung wichtigen Güter wurden neue Organisationen aus dem Boden gestampft. Diese Organisationen mußten sich ihrerseits nun wieder auf die Selbstverwaltungskörper der Wirtschaft stützen. Das waren die Handels- und Landwirtschaftskammern. Die Reisen meines Vaters nach Berlin häuften sich. Die Stimmung wurde ernster.

Daß der Krieg verloren war, hat man bei uns in Ostpreußen erst im Herbst 1918 eingesehen. Die Kapitulation und die mit dem Waffenstillstand verbundenen Bedingungen trafen uns schwer. Mein Vater, der sicherlich ein weit überdurchschnittlich geschultes politisches Urteil besaß, hat wohl mehr als mancher andere die Konsequenzen, die sich für Ostpreußen ergaben, vorausgesehen. Ich erinnere mich, daß er zu mir sagte: »Dies ist ein nationales Unglück; ich weiß nicht, ob du schon alt genug bist, um das in vollem Umfange zu verstehen«. Ich war damals sechzehn Jahre alt. Die Ungewißheit um das Schicksal der Provinz in der Zeit zwischen Waffenstillstand und Friedensvertrag, die sich im Gebiet des Baltikums entwickelnden Kämpfe zwischen Rotarmisten und den nach Selbständigkeit strebenden baltischen Staaten und die Bedrohung der ostpreußischen Grenze führten zur Aufstellung des ostpreußischen freiwilligen Grenzschutzcorps. Es war eine legale Organisation, die mit Billigung der Berliner Regierung geschaffen wurde. Ich bin mit der Hälfte der Prima in das Grenzschutzcorps eingetreten, und es spricht für die tapfere Haltung unserer Eltern, daß sie den Siebzehn- und Achtzehnjährigen ihren Segen zu diesem Schritt erteilten, obwohl fast alle Familien den Tod von Angehörigen im Krieg zu beklagen hatten.

Wir gingen zum Artillerie-Regiment Nr. 16, haben dann noch sechs Monate eine vollständige militärische Ausbildung in einem relativ gut disziplinierten Verband erhalten. Zu größeren Kampfhandlungen ist es nicht mehr gekommen. Das Grenzschutzcorps hat mitgewirkt bei der Befreiung Königsbergs von einer illegalen Herrschaft roter Matrosen. Einige Truppenteile waren noch an Kampfhandlungen im Baltikum beteiligt. Zweifellos hat aber das Grenzschutzcorps dazu beigetragen, Ruhe und Ordnung und ein gewisses Selbstvertrauen aufrechtzuerhalten.

Als der Versailler Friedensvertrag im Sommer 1919 unterzeichnet wurde, kündigten wir mit einmonatlicher Frist, wie es vorgesehen war - wir waren ja eine freiwillige Truppe -, zum großen Bedauern unserer Offiziere, aber wir waren vernünftig genug, einzusehen, daß die Zeit des Soldatspielens vorüber und die politische Entscheidung gefallen war. Wir gingen also zurück in die Oberprima, nicht zu unserer eigenen Freude und auch nicht zur Freude unserer Lehrer. Sechs Monate Soldatenleben, ungeregelte Verhältnisse und Schuldisziplin sind schwer miteinander in Einklang zu bringen. Die Schule fand – wie man heute sagen würde – eine pragmatische Lösung. In der im Regelfall ohnehin in zwei Abteilungen unterteilten Oberprima steckte man uns Grenzschutzangehörige alle in eine Klasse. Wir haben dann nicht ohne kleinere Querelen noch ein gutes halbes Jahr die Schulbank gedrückt, und Lehrer und Schüler waren, glaube ich, froh, als wir glücklich das Abiturium in der Tasche hatten.

Die im Versailler Vertrag vorgesehene Trennung der Provinz Ostpreußen vom Reich durch den sogenannten Korridor brachte meinem Vater in den letzten Jahren seines Berufslebens nochmals schwere, für die Provinz lebenswichtige Aufgaben. Überlegungen waren anzustellen, ob eine isolierte Provinz zur Erhaltung ihrer wirtschaftlichen Leistungskraft und damit ihres Deutschtums im Zollverband mit dem Deutschen Reich bleiben könne. Der Gedanke wurde schnell wieder fallengelassen. Es ging dann in erster Linie darum, den Transitverkehr durch den Korridor nach

Ostpreußen völkerrechtlich zu sichern und reibungslos durchzuführen. Hierüber fanden Verhandlungen einer ostpreußischen Delegation mit Polen zunächst in Paris und später in Warschau statt. Die Rolle, die mein Vater hierbei als Wirtschaftssachverständiger gespielt hat, wird von Fritz Gause in seinem Buch »Königsberg in Preußen. Die Geschichte einer europäischen Stadt« besonders lobend hervorgehoben.

Der reibungslose Transitverkehr war sicherlich einer der entscheidenden Gründe, daß die engen wirtschaftlichen und kulturellen Verbindungen zwischen der Provinz Ostpreußen und dem Reich völlig intakt blieben. Entscheidend war damals der Eisenbahnverkehr – der Kraftwagenverkehr spielte noch keine Rolle, und der Seeverkehr war ohnedies unbehindert. Die Schnellzüge fuhren ohne Halt durch den Korridor. Als Reisender bemerkte man es also kaum, daß man durch einen fremden Staat fuhr. Die Landschaft war ja die gleiche.

Der verlorene Krieg änderte manche Berufspläne. Ich wollte Seeoffizier werden wie einer meiner Brüder. Dieser Berufswunsch ließ sich nun aber nicht mehr erfüllen. Auf Anraten meines Vaters entschloß ich mich, Kaufmann zu werden, wobei das Wort »Kaufmann« im weitesten Sinne seiner Bedeutung auszulegen ist. Man konnte Nationalökonomie auf der Universität studieren oder die Handelshochschule besuchen, in der man sich diejenigen Kenntnisse aneignen konnte, die man heute als Betriebswirtschaftslehre bezeichnen würde. Obwohl die Handelshochschule mit auf Initiative meines Vaters entstanden war, hielt er auf Distanz zur Theorie und praktische Kenntnisse für unabdingbar notwendig. Ich trat also zunächst für zwei Jahre als Lehrling bei einer bedeutenden Getreide-Im- und Exportfirma ein. Nachdem ich mich durch die Anfangsmonate hindurchgekämpft hatte, fand ich es eigentlich recht amüsant. Es gab dort eine muntere Gesellschaft von Lehrlingen und Volontären, angefangen von einem Rittmeister a. D. bis zu Schülern, die gerade das Einjährige gebaut hatten. Das Büro lag in der Nähe der Börse, und ich rückte so auch räumlich der Residenz meines Vaters wieder näher. Sobald man die kaufmännischen Grundkenntnisse erworben hatte, lernte man das Leben auf den Speichern und in den Lagerhäusern, die Verladung und Spedition der Ware und auch die Börsenusancen des Getreidehandels kennen. Als älterer Lehrling durfte man mittags mit zur Produktenbörse gehen, um die Praxis des Handels kennenzulernen. Getreide wurde im Regelfall nach

Warenproben gehandelt. Stimmte die endgültige Lieferung mit der Warenprobe nicht überein, dann beanstandete sie der Käufer wegen nichtstimmender Qualität. 99 Prozent dieser Differenzen wurden durch sogenannte freundschaftliche Arbitrage an der Börse geregelt mit einem neutralen Kaufmann als Obergutachter, und zwar meistens innerhalb von 5 bis 10 Minuten. In wenigen schwierigeren Fällen trat ein Schiedsgericht in Aktion, Klagen waren nicht üblich und sind wohl auch äußerst selten vorgekommen. Im Büro bildeten sich neue Freundschaften. Manche hielten ein Leben lang.

Mein Vater beendete 1922 seine Berufsarbeit. Die Universität Königsberg verlieh ihm den Dr. phil. h. c., denn eine eigene nationalökonomische Fakultät mit Promotionsrecht gab es damals noch nicht. In dem Diplom heißt es »wegen seiner Verdienste um Industrie und Handel während eines Menschenalters, seiner Verdienste um die Handelshochschule und als geistiger Führer im deutschen Osten«. Einen deutschen Osten gibt es nicht mehr. Wir mögen daraus ersehen, was wir und was Deutschland verloren haben – leider nicht ohne eigene Schuld.

In den letzten Jahren seines Berufslebens erhielt mein Vater noch eine zusätzliche politische Aufgabe. Die Verfassung der Weimarer Republik sah vor, daß im Reichsrat neben den Stimmen der einzelnen Bundesstaaten auch jede einzelne preußische Provinz einen Vertreter mit einer selbständigen Stimme erhielt. Diese Bevollmächtigten zum Reichsrat zuzüglich eines Stellvertreters wurden vom Provinziallandtag gewählt. Bevollmächtigter von Ostpreußen war Freiherr von Gayl, der den Deutsch-Nationalen angehörte. Stellvertreter war mein Vater als Vertreter der Deutschen Volkspartei. Im Provinziallandtag herrschte eine solche Koalition, während bei den Wahlen zum ersten deutschen Reichstag sich die Stimmen der Rechten und der Linken in Ostpreußen etwa die Waage hielten.

Anfang der dreißiger Jahre zog mein Vater - seit Ende des Krieges Witwer – nach Köln. Dort lebte sein ältester Sohn. Er starb dort Anfang 1938 kurz vor Vollendung seines 84. Lebensjahres. So sind ihm der Zweite Weltkrieg und der endgültige Verlust Ostpreußens erspart worden, einer preußischen Stammprovinz, deren Wohlergehen seine Lebensarbeit gewidmet war.

Martin Borrmann

Hinter den Kulissen des Neuen Schauspielhauses

Es ist bekannt, daß das Erinnerungsvermögen, wenn es einem Menschen bis ins hohe Alter erhalten bleibt, zwar seinen glücklich-unglücklichen Besitzer im Stich läßt, wenn er etwa angeben soll, ob er vor zwei Stunden seine Medizin eingenommen habe oder nicht. Dafür rücken ihm dann Ereignisse, große und kleine, die fünfzig, sechzig, ja siebzig Jahre zurückliegen, mit verblüffender Deutlichkeit bis in die geringsten Einzelheiten vor das innere Auge.

So sehe ich mich zum Beispiel als Schüler der Sekunda in den Weihnachtstagen die Weißgerberstraße zur Schloßteichbrücke eilen und plötzlich vor einem Plakat haltmachen, das in einem Fenster des Restaurants Bellevue hing. Es warb mit Versen, besser gesagt Reimereien, für eine neuartige Kabarett-Darbietung am Silvesterabend, und diese Verse kann ich noch jetzt mühelos aus dem Gedächtnis vortragen:

> »Heissa, springen und auch singen
> könnt ihr seh'n und hör'n den Hirsch,
> und der Förster geht als erster auf die Pirsch.
> Fräulein Richter trägt die Dichter
> allerneu'ster Sorte vor,
> und die Scheuren die noch neu'ren
> voll Humor!«

Was fiel mir an diesen schalen Versen auf? Die hier genannten Künstler waren mir wohlbekannt, aber daß sie jetzt paarweise zwei rivalisierenden Theatern zugehörten, ließ mich erstaunen. Königsberg hatte, lassen wir einmal das Operettentheater beiseite, bisher nur sein Stadttheater besessen, das sowohl die Oper als auch das Schauspiel beherbergt hatte.

Es war ein Theater mit großer Tradition; die Oper konnte als Prunkstück auf den jungen Richard Wagner als ihren Aushilfskapellmeister hinweisen (1836) und mehr noch auf die Tatsache, daß sie 1876 der Oper »Carmen« nach dem Pariser Durchfall mit der hiesigen Erstaufführung den Weg in die Welt geebnet hatte. Im Schauspiel hatten alle großen Mimen der Vergangenheit gastiert, von Ludwig Devrient über die Meininger bis zu Matkowsky. In der Gegenwart besaß es unter den Direktoren Varena und seinem Nachfolger Berg-Ehlert ein sehr gutes Ensemble: Ich sah dort den jungen Emil Jannings und Agnes Straub in Sudermanns »Heimat«, dann die bildschöne Anita Schertoff und die vorhin erwähnte Lisbeth Richter in »Minna von Barnhelm«. Nur machten die riesige Bühne, der gewaltige Zuschauerraum, der weite Orchestergraben zwischen Rampe und Publikum jede intime Wirkung moderner Stücke, die ja in Zimmern und nicht in Schlössern und auf Schlachtfeldern spielten, zunichte.

Nun hatte Dr. Karl Bredow eine GmbH gegründet, mit dem Ziel, den Königsbergern eine Bühne für Kammerspiele und moderne Schauspielerei zu errichten. Dem Architekten Walter Kuckuck war auf schmalstem Raum in der an sich schon schmalen Roßgärter Passage ein kleines Meisterwerk gelungen. Es wurde »Neues Schauspielhaus« genannt, und noch heute spüre ich den wunderbaren Eindruck beim erstmaligen Betreten des Raumes, dieses kleinen Zuschauerraumes ohne Logen und ohne roten Samt. Es gab »Gawan« von Eduard Stucken und ich war sechzehn Jahre alt.

Am nächsten Tag lief ich bei Tauwetter zu Bon's Leihbücherei, lieh mir das gedruckte Drama und begann es schon zu lesen, während ich durch den Matsch der Münzstraße nach Hause stapfte. Wir schrieben das Jahr 1910. Eduard Stukken gehörte mit Ernst Hardt, Hugo von Hofmannsthal, Herbert Eulenberg und dem Belgier Maeterlinck zu den Führern der neuromantischen Richtung, die gerade den Realismus abzulösen begann, wie dieser seinerseits den Dramen der Dekadenz und der Fin-de-siècle-Literatur ein Ende bereitet hatte. Max Reinhardt in Berlin führte jetzt den ganzen König-Artus-Zyklus von Stucken sowie »Belinde« von Eulenberg auf. Das alles wußte freilich der vor Begeisterung allem Irdischen entrückte Sekundaner nicht. Aber der erste Leiter des Neuen Schauspielhauses, Direktor Josef Geissel, wußte es sehr genau. Er spielte nach, was in der fernen Hauptstadt der Bühnenzauberer Reinhardt auf dem Repertoire hatte: die Neuromantiker, »Jedermann« von Hofmannsthal und dann rückwärts im Querschnitt die Modernen von Gerhart Hauptmann, George Bernard Shaw bis zu Björnson und Tolstoi. Das soll durchaus keinen Vorwurf für Josef Geissel und seine künstlerische Arbeit bedeuten; im Gegenteil. War Königsberg zwar dank seiner Universität immer geistig rege und auf künstlerischem Gebiet im Bereich der Musik sogar fortschrittlich gesonnen, so war es vom modernen Geist der ersten zehn Jahre des neuen Jahrhunderts ziemlich unberührt geblieben. Nun lernte es gewissermaßen im Nachholkurs durch Josef Geissels Bühne den neuen Geist und den zeitgenössischen literarischen Stil kennen. Der stets gefüllte Zuschauerraum des Hauses bewies Empfänglichkeit und Dankbarkeit seiner Bürger. Bismarck hat einmal privat gesagt, im Falle des Weltunterganges würde er schnell nach Pommern reisen, weil sich dort alle Ereignisse und Entwicklungen erst fünfzig Jahre später vollzögen. Im Blick auf die kulturelle Entwicklung Königsbergs in den letzten Jahren hätte der große Ironiker, wenn er noch gelebt hätte, dieses Wort nicht mehr aussprechen dürfen.

Ehe ich nun von meinem ersten Debüt (im Ganzen waren es drei) hinter den Kulissen des Neuen Schauspielhauses erzähle, möchte ich noch schnell an einige Mitglieder des Ensembles jener glücklichen Jahre erinnern. Auch was die Spielschar betrifft, war Max Reinhardt Vorbild gewesen. Statt Alexander Moissi hatte Direktor Geissel den die Silben gleichfalls musikalisch dehnenden Bernd Aldor verpflichtet, statt Else Heims die wundervolle Könnerin Helene Rosner, für Tilla Durieux bei uns etwa Ilka Challon, für den Riesen Diegelmann und den schmalen Gülstorf die uns schon bekannt gewordenen Komiker Benno Forster und Fritz Hirsch (beide unvergeßlich als alter und junger Gubbo im »Kaufmann von Venedig«), auch Schülerinnen der Reinhardtschule, Renner und von Ruckteschel und andere; außerhalb dieser Reihe den kultivierten Fritz Gildemeister und den vorzüglichen Väterspieler Dubios-Reymond. Über allen stand die Altmeisterin Leonie Peppler. Sie war eine gütige Mütterspielerin und auch selber Mutter.

Ihr Sohn, der junge Hans Peppler, wurde unter der späteren Direktion Rosenheims vom Publikum wie von Kollegen - ein seltener Fall! - gleicherweise geliebt. Hans Peppler ging dann nach Berlin, wo ihm seine Darstellung des Zola in der »Affäre Dreyfus« einen sensationellen Erfolg einbrachte. Er sagte uns einmal, daß er in Berlin oft an die schönen Nächte im Bühnenclub der Königsberger Stadthalle zurückdenke, die er aber habe beenden müssen, als seine Frau ihn mit Zwillingen beschenkt hatte.

In der dritten Spielzeit unter Geissel erlebte Königsberg die nicht geringe Sensation, daß ein Sohn unserer Stadt, der, man bedenke dazu, einen allseits beliebten Generalarzt zum Vater hatte, als jugendlicher Held ans Neue Schauspielhaus verpflichtet wurde. Er hieß Günther Bobrick, und ich lernte ihn hinter den Kulissen kennen - durch eine List, die aber nicht ihm, sondern einer Dame galt.

Mein berufliches Ziel war, Mediziner oder Komponist zu werden. Im Friedrichskolleg spielte ich zu den Morgenandachten, in der Kapelle der »Barmherzigkeit« für die Schwestern und Kranken zu den sonntäglichen Gottesdiensten die Orgel. Ich vertrat aber auch schon Musikdirektor Fiebach in der Altroßgärter Kirche bei Trauungen. Da ich hierfür kein Honorar von dem Kontrapunktiker erhielt, schlug ich ihm eine Entlohnung besonderer Art vor. Ich hatte herausbekommen, daß ihm auch die Bühnenmusik im Neuen Schauspielhaus unterstand. In »Belinde« und in »Viel Lärm um nichts« erklang, wo es angebracht war, leise Orgelmusik. Ich bat Direktor Fiebach, mir das Spiel auf der Theaterorgel doch ebenfalls, natürlich wieder honorarfrei, zu überlassen. Hoffentlich handele es sich bei der Orgel um kein allzu kompliziertes Instrument. Er antwortete, ähnlich der Pythia in Delphi: »Sie werden schon damit zurechtkommen.« Er ging also darauf ein! Mein lieber Vater, der auch ein weiser Vater war, erlaubte es, wohl in der Hoffnung, daß mich der Betrieb hinter den Kulissen von meiner plötzlichen Theaterleidenschaft heilen würde. Zum Teil traf das auch zu. Das norwegische Sommersonnenlicht, das in Björnsons erschütterndem Drama »Über unsere Kraft« so nordisch-frisch durch die Fenster geströmt war – so hatten wir es im Zuschauerraum empfunden -, entpuppte sich in Wirklichkeit als eine helle gestützte Versatzwand, die von einem gleißenden Scheinwerfer angeleuchtet wurde. Und was die Orgel betraf, die uns Hörer so feierlich gerührt hatte, so war sie in Wirklichkeit ein Harmonium, an dem nur noch der Schultergurt fehlte, um von bessergestellten Bettlern auf der Straße als Ersatz für den Leierkasten benützt zu werden. Um dem Instrument überhaupt Töne zu entlocken, mußte ich auf die völlig ausgelatschten Trittbretter wie ein Rennfahrer vor dem Endspurt treten, dabei aber getragene feierliche Musik produzieren. Nun, schließlich kam ich, wie Direktor Fiebachs Orakel angedeutet, damit zurecht und spielte auf den Wink des Inspizienten pünktlich die verlangte Trauermusik zu Shakespeares Lustspiel. Mein geheimes Ziel erreichte ich jedenfalls.

Da mich der Inspizient jetzt kannte, trieb ich mich auch bei musikfreien Vorstellungen, von ihm unbeargwöhnt, hinter den Kulissen herum. Und eines Tages war es dann soweit. Leicht hüpfend kam sie aus den Garderoberäumen die Treppe herunter, sie, die über alle Maßen Verehrte, im Kostüm der kleinen Louison - die sie im »Eingebildeten Kranken« darstellte. Weil sie bis zu ihrem Auftritt noch etwas Zeit hatte, futterte sie Konfekt. Ich machte mich mit ihr als neuer Musikus bekannt, und sie sprach nicht nur mit mir, sondern bot mir aus der soeben aufgerissenen Bonbonniere eine Praline an. O Primanerglück!

Erst nach zwölf Jahren stand ich wieder hinter den Kulissen des Neuen Schauspielhauses, und nicht nur das, sondern auch auf der Bühne selbst, um mich zusammen mit Gerhard Bohlmann für den Applaus des Publikums zu bedanken. Wir hatten gemeinsam einen Schwank verfaßt, der »Chaos bei Tinkauzers« hieß und worin es auch chaotisch zuging. Es ist eigentümlich, aber nicht unangenehm, vor einem vollen Haus zu stehen, das Beifall spendet. Völlig unbekannte Menschen drängen sich an die Rampe heran, klatschen und lächeln einem zu, als hätte man ihnen soeben ein Geschenk mit Blumen überreicht. Aber wehe, wehe über die Stunden vor der Premiere! Als der Vorhang aufging und der erste Lacher kam, den ich, schon theatererfahren, ängstlich erwartet hatte, flüsterte mir Bohlmann erschreckt ins Ohr: »Oh Gott, Martin, die lachen uns aus!« Warum hatte Dr. Fritz Jessner, der seit einem Jahr Direktor des Neuen Schauspielhauses geworden war, unser Stück angenommen? Es besaß eine Bombenrolle, die Rolle eines vornehmen literarischen Hochstaplers, und das neu engagierte Mitglied Wolf Beneckendorff wollte diese gerne spielen, um sich damit in Königsberg einzuführen.

Aus dem Primaner, Harmoniumspieler und Pralinenlutscher war inzwischen ein Schriftsteller und Journalist geworden. Ich schrieb für die hiesigen Blätter und dann für die »Frankfurter Zeitung«, die mich als Reiseberichter nach Indonesien geschickt hatte. Was aber war in den Jahren dazwischen in Königsberg am Neuen Schauspielhaus geschehen? Wegen meines Studiums und Sanitätsdienstes hatte ich von der glorreichen Epoche der kleinen Bühne unter Leopold Jessner, dem späteren Chef des Preußischen Staatstheaters, kaum etwas mitbekommen. Aber wenigstens hatte ich aus Jessners Gerhart-Hauptmann-Zyklus an einem Vormittag die vielleicht schönste seiner Inszenierungen, »Hanneles Himmelfahrt«, mit der »Unvollendeten« von Schubert als Vorspiel, mit Fritz Jessner, dem Neffen Leopolds, als Lehrer Gottwald und mit Lucie Mannheim in der Hauptrolle erlebt. Über das Naturtalent und das Wesen dieser Schauspielerin ließe sich vieles sagen. Hier lag sie da, unschuldig, ein reines und gläubiges, sterbendes Kind. Daß Leopold Jessner die Siebzehnjährige in der gleichen Spielzeit auch die Lulu in Wedekinds »Erdgeist« spielen ließ, erweckte bei uns Befremden und Entsetzen. Doch vor kurzem las ich in den Erinnerungen von Tilly Wedekind, daß nicht die Königsberger Kritiker, sondern daß Leopold Jessner recht gehabt hatte. Der Dichter wollte die Lulu durchaus nicht als berechnenden Vamp dargestellt haben, sondern als ganz junges Mädchen, als Naturwesen, das zwangsmäßig Unheil stiftete.

Nach Leopold Jessner wurde 1919 Richard Rosenheim Direktor der Bühne in der Roßgärter Passage. Unter ihm begann man das Neue Schauspielhaus als gleichwertig neben die Münchener und Hamburger Kammerspiele zu stellen. Es galt als Empfehlung, dort engagiert gewesen zu sein. Ich nenne hier aus dem Gedächtnis ein paar Namen: unser Charakterspieler und Held Josef Gielen wurde Direktor an der Wiener Hofburg. Als Sprungbrett ins Reich diente die kleine Bühne für Wolff von Gordon, Friedrich Brandenburg, Ida Ehre und Wolfgang Langhoff. Gerhard T. Buchholz, Rosenheims Bühnenbildner, der es verstand, auf dem Nudelbrett dieser Bühne sogar Tempel für unsere Illusionen zu formen, ging nach Wiesbaden ans Staatstheater.

Es klingt fast unglaubhaft, was diese Bühne in den zwanziger Jahren, die alles andere als golden waren, geleistet hat. Rosenheim ließ während der Hochinflation, wenn der tägliche Dollarkurs notiert wurde, die Proben unterbrechen und den Schauspielern Teile der Gagen auszahlen, womit die unten wartenden Frauen zum Einkaufen liefen. Trotz so finsterer Zeitnöte bekamen die Königsberger Woche für Woche eine Premiere vorgesetzt. Es gab zahlreiche Uraufführungen der damals modernen expressionistischen Stücke, es gab auch von Alfred Brust den großartigen Einakter »Ost-Rom«, daneben Werke von Georg Kaiser, Sternheim und eine

129

Aufführung von Sudermanns »Raschoffs« mit Paul Wegener in der neuen Schlußfassung.

Ich kann diesen Bericht in Stichworten nicht schließen, ohne einer feinen und lieben, im Zweiten Weltkrieg umgekommenen Schauspielerin zu gedenken: Sie hieß Grete Holz-Walleck.

Als ich im Jahr 1929 in dem großen Haus am Hansaring meine Stellung als Dramaturg antrat, stand zur Begrüßung in meinem Zimmer eine leere Burgunderflasche. Ihr Etikett war seltsam: die Marke hieß »Chaos bei Tinkauzers«. Der Requisiteur Demant, der mich von der Uraufführung gut kannte, hatte sie mir zum Empfang auf den Schreibtisch gestellt. Ein Requisiteur hat für vieles zu sorgen. Unter anderem mußte Demant sogar kochen, als wir »Journey's End« spielten und die englischen Soldaten im Unterstand mit ham and eggs versorgt werden mußten. Der liebliche Duft zog mich oft in sein mit Waffen und Geräten aller Art vollgestopftes Zimmer. Hier darf ich wohl auf alle unsichtbaren, aber unentbehrlichen Helfer hinter der Bühne hinweisen, ohne die es keine Theatervorstellung geben würde. Da war Paul Krumm, der Herr über die Beleuchtung hoch oben auf seiner Kommandobrücke, da waren der Bühnenmeister Kirscheck, die Handwerker, insbesondere die Tischler, die Bühnenarbeiter für den Umbau, auch die Kostümschneider. Vor allem aber die Inspizienten, die für alle Auftritte, Volksgemurmel hinter der Bühne und dergleichen, verantwortlich waren. Der populärste unter ihnen war bei uns der alte Grispien, der Bruder des Reichstagsabgeordneten. Als es bei der Hauptprobe zum »Hamlet« mit einem Auftritt nicht klappte und der Intendant ihn vom Zuschauerraum aus tadelte, kam der Alte an die Rampe und rief hinunter: »Herr Doktor, da kann ich ja gleich ins Nirwana gehen.«

Zu Anfang meiner Tätigkeit wollte ich das ebenfalls. Ich war vierunddreißig Jahre alt und stets mein eigener Herr gewesen. An einem Sonnabend, einem wunderschönen Spätsommertag, hatte mich der Redakteur Kurt E. Fischer zu einer Fahrt nach Cranz aufgefordert. Abends zu Hause lag die Nachricht vor, ich möchte, so spät es immer wäre, noch in Dr. Jessners Wohnung kommen. Drei elegante Herren waren anwesend, dazu Dr. Fritz Jessner, der Hausherr, und ein etwas undurchschaubarer ungarischer Schäferhund. Alle sprachen über die soeben stattgefundene Premiere, sonst »blieb man ganz allgemein«. Ich merkte, daß mein Ausflug zum Meer und dieser späte Abend irgendwie zusammenhingen und ich begutachtet werden sollte. Aber zu welchem Ende? Das erfuhr ich am Montag vormittag im Büro des Schauspielhauses (das ich aber für mich weiterhin immer das Neue Schauspielhaus nannte). Und am Tag darauf saß ich bereits in meiner neuen Stellung als angestellter Dramaturg traurig vor Herrn Demants leerer Burgunderflasche.

Was hat ein Dramaturg eigentlich zu tun ? »Nicht stören« lautet der alte Theaterwitz. Ich beschäftigte mich daher zunächst auch mit Arbeiten »weitab vom Betrieb«, mit dem Lesen und Beurteilen von Stücken. Aber bald resignierte ich. Unser Volk schien sehr schreibfreudig zu sein. 1200 Manuskripte gingen in der ersten Spielzeit im Büro ein, später sank die Zahl bis auf 700. Mein nationalsozialistischer Nachfolger hatte nur noch einen Eingang von 200 Stücken in der Spielzeit, dafür aber auch die Freude, daß 90 Prozent davon »Karl den Sachsenschlächter« und »Schlageter« zum Thema hatten. Höfliche Absagen der abgelehnten Stücke fielen mir nicht schwer, es sei denn bei eitlen Prominenten. Hier half nur ein Eiertanz in der Sprache eines chinesischen Redakteurs, der einem Abgewiesenen mitteilte, sein Artikel sei so schön, daß er sein Blatt damit ruinierte, weil alle übrigen Beiträge dagegen absinken würden.

Mir oblagen auch Notizen über kommende Premieren und Gastspiele und zu Weihnachten Inserate in Versen für die kommenden Kindermärchen, desgleichen die Einfälle für den mir gräßlichen bunten Abend zu Silvester. Worin bestand sonst noch meine Aufgabe? Natürlich in der Redaktion der Theaterhefte, die monatlich erschienen, Fotos unserer Darsteller brachten - wobei es leicht zu Benachteiligungen einzelner kommen konnte – und literarische Beziehung auf das Premierenstück nahmen, die aber auch, wenn Platz hierfür war freies Feuilleton bringen durften.

In gewissen Abständen hatte ich auch an den Sonntagvormittagen Matineen abzuhalten; sie bestanden aus einem Vortrag, der bei mir nie allzu lange dauerte, und Rezitationen unserer Schauspieler aus den Werken der Gefeierten. Das bedeutete Arbeit, aber ohne innere Beschwernis. Dagegen belastete es mich sehr stark, wenn ich über Verstorbene, die mir nahe gestanden hatten, sprechen mußte. Eine Gedenkfeier galt einmal dem so vielseitig begabten Dichter Walter Harich, dessen Lustspiel wir in der vergangenen Spielzeit uraufgeführt hatten, eine andere dem lieben Doktor Lichtenstein, unserem Theaterarzt, der jedem seiner Patienten persönliche Anteilnahme entgegengebracht hatte. Eine andere, glücklicherweise nur einmal im Jahr notwendige Arbeit, war die Gestaltung des bunten Abends zu Silvester. In drei Tagen, zwischen Weihnachtsmärchen, zwei Weihnachtspremieren und einer neuen Aufführung im kommenden Jahr, mußte ein halbwegs anständiges Programm geliefert werden. Mir mußten die Ideen einfallen. Meine beste, weil sie Aktualität hatte, betraf einen fingierten Bericht Thomas Manns über seinen Aufenthalt in Nidden, geschrieben in echtem Thomas Mann-Stil, vorgetragen von einem fürs Kabarett sehr begabten Darsteller in Maske und Kleidung des Dichters. Meine Matinee über die Aufführung des zweiten Teiles von Faust mußte ich viermal wiederholen.

Diese Inszenierung von Faust II war wohl die Krönung der Arbeit Fritz Jessners in acht Königsberger Spielzeiten. Ich sehe uns noch im großen Konferenzzimmer sitzen: Renate Worringer und Klaus Jedszeck, die beiden Hilfsdramaturgen, und mich am Schreibtisch, dem Intendanten gegenüber, während Freund Kalbfuss, der Bühnenbildner, auf dem Fensterbrett hockte und grübelte, wie er die zu den Szenen nötigen Projektionen malen müsse, um sie perspektivisch richtig auf den neuen riesigen Rundhorizont zu bekommen. Meine Bearbeitung versuchte, durch größte Kürzungen im einzelnen dem Publikum die Aufführbarkeit des Riesenwerkes zu beweisen, ohne eine Szene wegzulassen. Das gelang auch. Aber in der dreiteiligen Walpurgisnacht tauschte ich die Abschnitte und setzte den ersten an die letzte Stelle, um so den Nichtklassikern unter den Hörern den Übergang zum großen Helena-Auftritt zu erleichtern. Sehr böse war mir hierüber der Germanist an der Universität. Jessner jedoch hielt zu mir und teilte mit, daß er bereits über die Drucklegung dieser Bearbeitung verhandele. Ach, es kam alles anders. Goethe hatte sich im Elysium von mir abgewendet und für Professor Hankamer entschieden. Jessner mußte nach der Schweiz und dann nach New York emigrieren, und mir verbrannte in Berlin das einzige eingestrichene Exemplar, das es gab!

Eine freundliche Erinnerung sind mir die Autofahrten mit Jessner, besonders die eine in Hochsommerglut zum Sackheimer Tor hinaus. nach dem Gut Köwe, wo Paul Wegener seine Ferien verbrachte. Hier außerhalb des Theaters, obgleich es doch auch wieder zugleich eine Dienstfahrt war, kam Jessners Temperament so richtig zur Entfaltung: Freude,

Lustigkeit, Anständigkeit offenbarten sich, höchstseltene Eigenschaften im verderblichen Beruf der Intendanten.

Neben Max Brod, dessen Schauspiel »Lord Byron kommt aus der Mode« wir uraufgeführt hatten, war in der ersten Spielzeit Luigi Pirandello unser berühmtester Autor. Sein seltsam betiteltes Werk »Heut abend wird aus dem Stegreif gespielt« wurde im Januar 1930 uraufgeführt unter Hans Carl Müllers Spielleitung, der durchaus nicht aus dem Stegreif spielen ließ. Es wurde ein großer Erfolg! Ich hatte die Ehre, zusammen mit dem Ehepaar Wynecken den weltberühmten Autor durch die verschneite Innenstadt zu führen, immer mißtrauisch umkreist von seinem Impresario. Am Dom vor Kants Grabmal schuf er zunächst um den Dichter eine Bannmeile des Respekts, so daß sich der lebende Maestro und der tote Alleszermalmer allein gegenüberstanden. Trotz der grimmigen Kälte stand Pirandello entblößten Hauptes in geistigem Austausch vor dem Ebenbürtigen - für den Fotografen. Wie anders verlief die Begleitung Paul Wegeners nach einem Gastspiel, zu der ich auch beordert war. Es wurde eine richtige Nachfeier, die bei Freunden begann, im Münz-Palast fortgesetzt wurde und, nachdem man dort schloß, im Central-Hotel, wo Wegener wohnte, endete - allerdings erst am nächsten Vormittag um 9 Uhr, als schon die Koffer in seinen Reisebus geschleppt wurden. Er mußte abends in Danzig spielen.

Auf die Gefahr hin, für nostalgisch zu gelten, möchte ich doch ein paar Schauspieler aus den Jahren 1929 bis 1933 zur freundlich-wehmütigen Erinnerung nennen. Da sind Hertha Wolff und Franz Pfaudler, der beste »trockene Schleicher« in Reinhardts Salzburger »Faust«-Inszenierung. Da sind die menschlich warmherzige, damenhaft-, aber wenn nötig auch volkstümlich-schöne Ursula Schnetzler und der jugendliche Liebhaber Fritz Albert Liévin, aus dem der englische Filmstar Albert Lieven wurde. An Charme war er nur noch mit unserem älteren Bonvivant Rudolf Essek zu vergleichen. Dann sind da die lieben Künstler und Menschen Friedrich Maurer und Paul Schuch sowie die klugen Chargenspieler Troxbömker und Max Weber, der im »Hamlet« als erster Totengräber so grausig komisch war. Sodann nenne ich Walther Süssenguth, großartig in Billingers »Rauhnacht« und als Macbeth mit Lilly Kann als Lady Macbeth; und Claus Clausen, der als Prinz von Homburg noch zu unserer Zeit ans Deutsche Theater geholt wurde – über diesen allen aber das unvergeßliche Krieger- und Liebespaar Gerda Müller und Hanns Jungbauer.

Wir waren fast alle von der Theaterarbeit so überfordert, daß wir uns um das Alltagsgeschehen und vor allem um die deutsche Politik nur nebenbei kümmern konnten. Ich las in den Zeitungen lediglich, was mich interessierte, Theaterkritiken und literarische Berichte. So waren wir um so erschrockener und entsetzter über Hitlers Machtergreifung, über Fritz Jessners und über unseres Oberbürgermeisters Lohmeyer Entlassung, über die Kündigung und das Hausverbot unserer jüdischen Darsteller und über die Ernennung Kurt Hoffmanns zum neuen Intendanten. Als unser Oberspielleiter Hans Carl Müller diese Nachricht hörte, legte er sich lang auf den Konferenztisch, als Zeichen seiner Stellungnahme. Kurt Hoffmann war bei strengster Regie ein glänzender Schauspieler, sonst aber ein völlig disziplinloser Komödiant, man konnte sogar sagen, die Personifizierung der Disziplinlosigkeit. Schon nach einer Spielzeit hatte er bei seinen Gönnern abgewirtschaftet, wurde entlassen und verließ Königsberg.

Wer irgendwie konnte, kündigte und machte sich schon jetzt davon. Von diesen allen nahm ich am Vorabend des 1. Mai auf dem neuen Königsberger Bahnhof Abschied. Aus allen Fenstern eines D-Zug-Wagens streckten sich mir Hände entgegen. Viele von diesen Kollegen besuchten mich noch nach Jahrzehnten in Berlin - so Albert Lieven noch einen Monat vor seinem Tod.

Mit Renate Worringer ordnete ich noch die während der letzten Saison eingegangenen Manuskripte. Das dauerte eine ganze Weile. Während dieser Zeit mußte Franz Pfaudler, der einen Vertrag für die Nachspielzeit hatte, Abend für Abend in einem Berliner Schwank durchgehend auf der Bühne stehen. Er verging uns fast unter den Händen, weil er, zu allen seinen Sorgen persönlicher Art, auch noch Vegetarier war.

Nun war das Schwerste zu überstehen, mein Abschied von Jessner. Vieles in seiner Wohnung zeigte an, daß er auch schon im Aufbruch war. Trotzdem blieb ich auf Aufforderung von Frau Lucie Jessner. Mein gewesener Chef sprach von den verflossenen acht Jahren, von seinem Programm, von seiner Tendenz, Klassiker und Zeitgenössisches, wenn es nicht penetrant war, zu gleichen Teilen zu spielen, überhaupt von seiner Absicht auszugleichen, auch bei den feindlichen Theaterorganisationen. Er stand auf, holte ein Foto von sich und schenkte es mir. Das Bild machte mir nur die übliche Freude, aber die Widmung darauf schuf etwas Bindendes, das auch heute, fast dreißig Jahre nach seinem Tod in Amerika, immer noch hält.

Martin Braun
Ein ostpreußischer Pfarrer erzählt

Es ist schon lange her und liegt in weiter Ferne, was ich erzählen will:
von dem kleinen Dorf im Osten, von den Häusern und Höfen der Bauern
und Landarbeiter und vom Schloß des Grafen, von Wald, See und Park.

Nur ein guter Tag D-Zug-Fahrt, dann könnte man dort sein. Aber es
liegt viel weiter als eine Tagesreise weg, viel ferner als tausend Tage, so
daß es kaum zu finden ist. Und wenn Sie's suchen und davon reden, dann
wird so viel und so laut geklagt und angeklagt - und dann ist es nicht
mehr so, wie es einmal war. Im lauten Lärm des Tages werden wir nicht
wiederfinden, was wir verloren haben. Doch wenn in der Stille irgendwo
dunkle Wälder rauschen und hinter Buchenstämmen ein klarer See auf-
leuchtet, wenn im Frühjahr der Wind über den Acker geht, daß der Erdboden im Nebel dampft, wenn es in der Luft leise klirrt, als wenn Glas
zerbrechen würde, weil am Himmel die wilden Schwäne ziehen, und wenn
im Frost beschneite Tannen stehen, die ihre Zweige unter der Schneelast
tief auf den Waldweg neigen, dann steigt es aus dem Vergangenen und
Gewesenen wieder auf.

Da sind das Schloß und der Park mit seinen alten Bäumen, die weiße
Brücke über den See, da sind die grauen und roten Dächer der Höfe und
Insthäuser, unter denen die Bauern und Landarbeiter mit fleißigen Frau-
en und vielen Kindern ihr grobes Brot essen, und die Ställe, in denen die
Pferde wiehern und das Vieh brüllt. Da ist der Dorfteich, in dem das En-
tenvolk schnattert und die Jungen und kleinen Mädchen mit nackten Füß-
chen im Wasser plantschen. In den Bauerngärten leuchtet der rote Mohn
zwischen blauen und weißen Lupinen, die Linden blühen, und im Garten
des alten Kantors summen die Bienen. Das war noch eine heile Welt.
Jedenfalls hielten wir sie für heil, als ich in dieses Land vor mehr als
fünfundvierzig Jahren als junger Pfarrer kam: Groß-Wolfsdorf-Dönhoff-
städt im Kreis Rastenburg.

Ich erinnere mich an den Tag, an dem ich zum ersten Mal dort auftrat bei dem Schloßherrn und Kirchenpatron Albrecht Graf zu Stolberg-Wernigerode zur Vorstellung und Probepredigt. Der Kutscher Wustrak steht mit Pferd und Wagen am Bahnhof. Was ist so ein gräflicher Leibkutscher für eine beachtliche Persönlichkeit! Er spricht nicht mit jedem x-beliebigen, und für so ein junges Pfarrerchen hat er nur einen kargen, gönnerhaften Blick. Er fährt ja sonst auch ganz andere, gewichtigere Leute, hat in jungen Jahren Bismarck und den Kaiser, vor kurzem noch den alten Hindenburg und den Kronprinzen gefahren. Am Sonntag fährt er seinen Grafen »Viere-lang« zur Kirche, an großen Fest- und Feiertagen in gelbseidenen Kniehosen, im schwarzen Rock und mit Zylinder. Ja, wenn es denn sein muß, fährt er auch mal einen jungen Pfarrer nach Dönhoffstädt, durch die breite, blühende Kastanienallee. An deren Ende grüßt das Dönhoffstädter Schloß.

Am Vorabend meiner Probepredigt ist auf dem Schloß Empfang mit Abendessen, wozu die Nachbarschaft von den Gütern ringsumher eingeladen wird. Man will dabei wohl den jungen Pfarramtsbewerber ein bißchen unter die Lupe nehmen. Ich werde den einzelnen Gästen vorgestellt, darunter auch dem Patronatsältesten, dem alten Herrn Macketanz auf Pomnik. Er ist ehemaliger kaiserlicher Kavallerieoffizier und wird überall »der alte Herr Rittmeister« genannt. Er gibt mir die Hand und sagt: »Sie heißen Braun? Im Offizierskasino der Litauischen Dragoner in Tilsit hängt das Bild eines Braun, der als Wachtmeister im Kriege 1870/71 das Eiserne Kreuz Erster Klasse bekam und der später Mitglied der Remontekommission gewesen ist. Sind Sie mit diesem Braun irgendwie verwandt?« Ich mache eine Verbeugung und antworte: »Herr Rittmeister, das ist mein Großvater.« Da nimmt mich einer der jungen Grafen beiseite und flüstert mir scherzend zu: »Herr Pfarrer, für den Herrn Rittmeister brauchen Sie die Probepredigt nicht mehr zu halten; von ihm sind Sie gewählt.« - Ja, so war das damals in Ostpreußen: ein tüchtiger Soldat galt viel, und ein tapferes »Husarenstück« des Ahnen konnte der Predigtkunst des Enkels Nachdruck verleihen.

Aber ich will nicht von mir erzählen, sondern von den Menschen in Dorf, Schloß und Gut. Das erste, noch kleine Schloß hat ein Graf Wolfsdorf gebaut, der mit den Ordensrittern ins Land kam. Dieser Wolfsdorf gab der Siedlung ihren Namen. Er baute auch die erste kleine Kirche ins

Werder. Ihm folgten die Grafen Rauter, deren letzter im Jahre 1586 bei der Pest fünfzehn Kinder verlor. Die einzige überlebende Tochter pflanzte zum Gedenken an ihre Errettung auf die Bastion des Schlosses eine Eiche, die bis in unsere Zeit hinein ihre Äste weit zum Himmel hob.

Das Gr. Wolfsdorfsche Schloß, ein Renaissance- oder Frühbarockbau, wurde vom Blitz zerstört und 1711 abgebrochen. Das Schloß, das unsere Zeit kennt und das heute noch im polnischen Teil Ostpreußens als landwirtschaftliche Schule benutzt wird, ist in den Jahren 1710 bis 1716 vom Architekten des Berliner Zeughauses, Jean de Bodt, unter dem Grafen Bogislaw Friedrich Dönhoff erbaut worden. Wie einst der Ritterorden bei der Belehnung mit Gütern den Rittern die Auflage erteilte, kleine steinerne Herrenhäuser zu bauen, so verlangte König Friedrich I. vom Adel Ostpreußens den Bau von repräsentativen Schlössern, wozu der König die Baumeister bestimmte und entsandte.

Schloß Dönhoffstädt ist ein weitausladender Barockbau, dem Volksmund nach in Beziehung zum Jahr, seinen Monaten, Wochen und Tagen gebaut, das heißt mit 12 Kaminen nach den Monaten, mit 52 Räumen nach den Wochen und mit 365 Fenstern nach den Tagen des Jahres. Wo mögen die Familienbilder geblieben sein, die im Ahnensaal, in schweren Rahmen vor der purpurnen Seidenwand, aus der Vergangenheit in die Zeit schauten? Da ist der erste Wolfsdorf mit Harnisch und Schwert, die Rüstung glänzt in der Sonne, als ritte der hohe Herr heute noch im Morgenlicht über die Nogat. Da ist das Bild des Bauherrn Bogislaw Dönhoff mit seiner Gemahlin, einer Gräfin Lehndorff.

Da ist der Alte mit der Rotweinnase, seinen Namen weiß ich heute nicht mehr, er hat eine schwarze Klappe über dem rechten Auge. Was mußte er auch als Achtzigjähriger mit seinem Nachbarn, der auch schon an die Siebzig war, eine Wette austragen, daß er es im Sprung noch über den breiten Marmortisch schaffe? Und dabei schlug er sich das wilde Feuerauge aus. Köstlich auch das Gemälde der alten Gräfin in Spitzenhäubchen und dunklem Samt, die neben dem aufgeschlagenen Gebetbuch den Krug mit Bier stehen hat, zur Stärkung bei der Morgenandacht.

Wenn die Sonne durch die hohen Fenster in den Ahnensaal scheint, dann ist es so, als streichle sie der schönen Gräfin Angelika Dohna die schlanken, zarten Hände. Dem jungen Grafen, der als Offizier in den Freiheitskriegen fiel, legt sie ein goldenes Band um die schwarzen Locken...

Geschichte der Geschlechter, die durch das Schloß gingen. Die Sonne geht durch die Hallen und hohen Säulen und wirft ihren Schein auf die Buchen, Erlen und Eichen im Park; die fangen das Leuchten in Zweigen und Blättern auf. Sie sind so alt, die Bäume, und stehen wohl heute noch dort. Was wissen die zu sagen von Zeiten und Menschen, die kommen und gehen?

Der letzte Schloßherr auf Dönhoffstädt war kein Original wie Graf Carol, auch kein ostelbischer Junker wie der alte Januschauer, er war ein feinsinniger, kluger und belesener, dem öffentlichen Leben und einer fortschrittlichen Politik zugewandter Edelmann. Graf Stolberg gehörte nicht zu den damals »Deutschnationalen«, also nicht zu den alten Konservativen, sondern er war nationalliberaler Volksparteiler, als solcher Mitglied des Reichstages. Er las Friedrich Naumann und korrespondierte mit Rathenau und Stresemann. Schon in den zwanziger Jahren teilte er eigenen Grund und Boden auf, siedelte dort treue, bewährte Gutsarbeiter an und schuf ihnen so eigenes Heim und eigenen Besitz.

Wir lebten in Gut und Dorf wie eine große Familie. Das Wort von der Mitbestimmung kannten unsere Gutsleute noch nicht, aber wenn der Graf in der Kämmererstube oder im Gasthaus unter seinen Arbeitern saß, dann fragte er sie und sie fragten ihn; sie besprachen oft, was zu tun und zu lassen sei, und trieben das Werk gemeinsam. Oft standen die Gutsarbeiter schon in der zweiten oder dritten Generation im gleichen Dienst; sie waren in ihrem Häuschen, mit ihrem Garten und Ackerland, mit ihrem Vieh, Federvieh und Deputat damals zufriedene, geborgene und wohl auch glückliche Menschen.

Ich traf vor ein paar Jahren einen Siebzigjährigen, der einmal bei uns junger Gespannführer gewesen ist und mit seinen Pferden manchen Akker umgepflügt und manches Fuder Getreide in die Scheunen gefahren hat. »Ja«, sagte der, »so war das damals bei uns. Wenn in unseren Häusern eine unserer Frauen in den Wocken lag und ihre Stunde kam, dann war unsere Frau Gräfin da und beugte sich über die Kissen und half, wenn das Kleine zur Welt kam. Und wenn einer der Alten auf dem Sterbebett lag, dann kam der Herr vom Schloß, nahm von ihm Abschied, hielt seine Hand und dankte ihm für alles, was er auf den Feldern und im Wald, bei den Herden und Pferden, in Saat und Ernte getan und geholfen hat.«

Wenn die Ernte eingebracht war, dann luden Gräfin und Graf zum Erntefest aufs Schloß ein, und alle, alle kamen vom Gut und von den Vorwerken, aus dem Dorf und aus den Bauernschaften. Dann zogen wir, eine Musikkapelle aus der Kreisstadt voraus, über die breite Allee die Schloßfreiheit hoch. Der Herr Güterdirektor auf dem Fuchshengst Zobel voran; es folgte der Herr Kantor mit allen Schulkindern; dann kamen die Leute aus den einzelnen Vorwerken mit ihren geschmückten Erntewagen, beladen mit den Früchten, die dort geerntet wurden – Roggen, Weizen oder Zuckerrüben; und das Vorwerk Angelika führte einen mit Erika geschmückten Wagen mit, auf den viele junge Lämmer geladen waren, denn auf dem Vorwerk Angelika wurde die große Schafherde des Gutes gehalten. Die Erntewagen fuhren vor dem Schloß vor, und die jungen Gespannführer halfen den Mädchen mit den Erntekronen vom hohen Wagen herunter, wobei sie die Marjellchen länger in der Luft baumeln ließen, als es nach menschlicher Berechnung nötig gewesen wäre. Das alles war lange vor jener Zeit, in der diese Feste von Partei- und Staatswegen befohlen und organisiert wurden. Die Binderinnen sagten ihre Erntesprüche auf, der Herr Güterdirektor rief das »Vivat-Hoch« auf den Grafen und die Frau Gräfin, und dann zog alles ins Schloß ein zu Kaffee und Kuchen und frohem Umtrunk; alle Beamten und die Dienerschaft, alle Arbeiter und Handwerker mit Frauen und Kindern, bis zu den allerkleinsten, die von der Gräfin und ihren Helferinnen mit Fladen, dick mit Streusel drauf, und mit Kakao gefüttert wurden. Auch der Tanz fehlte nicht, den der Kämmerer Godowski mit der Frau Gräfin eröffnete.

Da sehe ich im Saal die achtzigjährige Mariechen aus dem Hospital, die es sich nicht nehmen läßt, Jahr für Jahr das Fest mitzufeiern. Ich sehe das alte Weiblein vor der Gutsherrschaft stehen – ach nein, stehen kann sie ja nicht mehr so recht, sie hängt in ihren Krücken -, und mit ihrem brüchigen Stimmchen singt sie alljährlich ihr Sololied »Herr, deine Güte reicht so weit, so weit die Wolken gehen«. Es ist uns in all den Jahren nie so recht klar geworden, ob sie mit dem Herrn ihren Grafen oder den anderen Höheren meint, den Herrn, der Himmel und Erde trägt. Aber die stehen wohl für die alte Mariechen ganz dichtbeieinander, und so singt sie beiden zugleich das Lied des Vertrauens und der Dankbarkeit.

Zu unserer großen Familie in Gut und Dorf gehörten auch die Bauern ringsumher im Lande, die Perkuhns und Perbandts, die Morscheks, Platzens und Augustins. Fragte man, woher die einmal gekommen waren, dann mußte man zum alten Meister Holz gehen, der unser Schuster und Dorfphilosoph war. Wenn man sich in der Werkstatt zu ihm auf den Schemel setzte, wußte er wundersame Geschichten zu erzählen: »Die Bauern, die waren all' immer da. Wißt ihr, damals, als der Herrgott das Land verteilte, schaute er über die weite Erde und sah nach Osten, wo die Wälder sich mit ihren knorrigen Asten wie ringende Riesen verzweigten, als hätten sie sich die Felsen und Findlinge eben noch im Kampf an die Köpfe geworfen. Und er blickte über die Moore, Sümpfe und Seen, die wie Blutlachen in der verwucherten Steppe standen. Was sollte der Herrgott damit bloß anfangen? Da musterte er die Bauern, die im Himmelssaal um ein Stück Erde, um Hof und Scholle stritten. Und der liebe Gott sah einen hinten in der Ecke, ganz still, verschlossen und hager, aber mit Schultern wie ein Stier, mit Händen wie die Pflugschar und mit Augen, die nach innen brennen. ›Komm her, Herkus Perkuhn‹, hat da der Herrgott gesagt, ›siehst du dort drüben zwischen Moor und See das wüste Land? Ich bin da nicht ganz fertig geworden. Geh, Herkus Perkuhn, mach's weiter. Das ist deins!‹ - Und Herkus Perkuhn sah hoch, seine Augen brannten auf, als wenn ein Stern fällt, die beiden Fäuste zuckten, und er sagte bloß: ›Herr, ich will‹, und ging schweigend an seine Arbeit. Er wußte, und alle, die nach ihm kamen, wußten es und waren stolz darauf: Wir machen Gottes Werk weiter...« Ja, so war das damals, so hat es der Meister Holz uns erzählt.

Ich wünschte, ihr hättet einen der alten Bauern begleiten können, wenn er im Frühjahr aufs Feld ging, die Saat zu streuen, damals noch mit dem Sälaken vor der Brust, den kleinen Sohn oder den Enkel neben sich. Der Alte stand mit dem Jungen am Feldrain einen Augenblick still, nahm den Hut ab und sprach: »Im Namen des Vaters und des Sohnes und des Heiligen Geistes.« Dann griff er ins weiße Laken vor der Brust, und der Junge machte es dem Vater oder Großvater nach; sie gingen mit festem Schritt über ihr Feld und warfen die Saat. Säen und ernten war ihnen noch ein heiliges Geschäft.

Einer von diesen Bauern war der Gottlieb Augustin. Er war Mitglied des Gemeindekirchenrats und fehlte bei keiner Sitzung. Von großen Reden hielt er nichts, aber er half mit Rat und Tat und sprach nur, wenn es nötig war. Nun stand in unsrer Dorfkirche ein altes, von dem Bildhauer

Krusius geschnitztes Bildwerk von Moses und Aaron mit den beiden Gesetzestafeln der Zehn Gebote. Als die Nazis auch bei uns sich wichtig taten, stellten ein paar Anhänger der Partei den Antrag: Die Judenbilder müssen raus aus der Kirche! - Im Kirchenrat gab's darüber eine Beratung. Da stand der alte Augustin langsam und schwerfällig auf, es wurde still in der Amtsstube des Pfarrers. Er zeigte mit der Hand zum Fenster hinaus über die Gärten, über das Dorf, über die Höfe und Felder. Stokkend und leise – aber wir hörten es alle - sprach er vor sich hin: »Ich bin der Herr, dein Gott, du sollst nicht and're Götter haben neben mir ... du sollst den Feiertag heiligen ... Vater und Mutter ehren ... nicht falsch Zeugnis reden wider deinen Nächsten. . .« Alle Zehn Gebote sagte er her! Dann sah er uns an: »Werft sie nicht raus! Rührt sie nicht an, die Zehn Gebote! Ihr rührt an der Erde, aus der unser Brot wächst! Ihr rührt an Hof und Heimat und am Leben unserer Kinder.« Gottlieb Augustin wußte nicht, daß er ahnungsvoll wie einer der alten Propheten sprach; es waren für ihn schon zu viele Worte. Er setzte sich still hin. Moses und Aaron und die Tafeln mit den Zehn Geboten blieben in der Kirche.

Einige Wochen vor seinem Tode habe ich den alten Bauern auf seinem Hof besucht. Ich traf ihn im Lehnstuhl sitzend auf der Veranda seines Hauses. Die Tochter, der Sohn und Emil, der Hofjunge, hatten ihn auf seinen Wunsch hinausgeführt. Er saß da, die Hände wie zum Feierabend ineinandergelegt, das weiße Haupt in die Kissen gelehnt, und er schaute mit den Augen, die immer noch klar und blau leuchteten, über Hof und Stall und Scheune. Er wollte alles noch einmal sehen, alles nochmal bei Namen nennen, was sein Werk und Leben war. Er richtete sich ein wenig auf und winkte mit der Hand: »Nun macht die Stalltür auf! Laßt die Pferde und das Vieh nochmal raus!« Da öffnet der Junge die Tore der Ställe, und die schwarzweißen Kühe mit ihren Kälbchen trotten über den Hof zur Tränke. Michael führt die Pferde raus führt sie an dem alten Vater vorüber, die Pferde tänzeln, recken den Hals, wiehern. Es ist, als ob der alte Mann sich aus seinem Lehnstuhl aufrichten will, er streckt die Hand aus, als wolle er alles noch einmal umfassen, er bewegt die Lippen und sagt vor sich hin: »Ich dank' euch schön – ich dank' euch schön.«

Die heile Welt ist zerbrochen, und was wir besaßen, ist nicht mehr. Aber ich habe die Alten, soweit ich sie wiederfand in den Jahren danach, nie klagen hören. Als ich meinen Patron nach Krieg und Gefangenschaft in einer engen Flüchtlingsstube wiedertraf und wir vom Vergangenen sprachen, erinnerte er mich: »Wissen Sie 's noch, wenn ich Sie zu Hause im Pfarrhaus besuchte, dann sagte ich oft: ›Lassen Sie uns im kleinen Balkonzimmer sitzen, da ist es so gemütlich; große, weite Räume habe ich im Schloß genug.‹ Sehen Sie sich um« – und er wies auf den einen armseligen Raum, in dem wir saßen -, »der liebe Gott erfüllt einem jeden Wunsch. Jetzt hab' ich auch ein kleines Zimmer.« Das war nicht zynische Bitternis, das war die Gelassenheit und Demut eines großen Herzens. Und der Bauer Morschek, der in der Heimat blieb, als die Russen kamen, und dort Untergang und Sterben miterlebte, der schrieb später in einem Brief: »Man kann Kummer und Angst nicht mit der Runge erschlagen. Alle Sorge kriecht ins Herz, und man schlägt sich nur das eigene Herz tot. Wer nach dem Leid schlägt, der schlägt nach Gottes Hand. Wer Gottes Hand verliert, der wird den Weg nicht finden!«

Zum Schluß will ich von der Kirchenvisitation erzählen. Eine lustige Geschichte, aber ihr werdet bald merken, daß dahinter etwas sehr Ernstes steckt. Bei solch einer Visitation, bei der unser Superintendent die Gemeinde besuchte, mußte der junge Pfarrer in der Kirche mit den Kindern der Gemeinde ein katechetisches Gespräch führen. Diesmal hatte uns der Superintendent die Aufgabe gestellt, die Geschichte von Abraham zu besprechen, wie ihm Gott den Befehl erteilt: Gehe aus deinem Vaterland und aus deiner Freundschaft und aus deines Vaters Haus in ein Land, das ich dir zeigen will.

Da stehen nun all die Jungen und Mädchen dichtgedrängt um den Altar und hören mit gespitzten Ohren und offenen Mäulchen zu. Das verstehen die Landkinder gut, wie schwer es gewesen sein muß, von Hof und Feldern, von Scheune und Stall Abschied zu nehmen und in die Fremde zu ziehen. Aber wenn Gott das so befiehlt, dann muß Abraham vertrauen und gehorchen. Nun reden sie alle durcheinander, wie das wohl gewesen sein mag, als sie auf dem Hof bei Abraham den Leiterwagen lang machten und alles aufluden, was man mitnehmen muß, die Betten und die Truhe und vom Hausrat dies und jenes und was zum Essen; das Kälbchen und die bunte Kuh werden hinten an den Wagen angebunden, und die »Braunen« werden angespannt. Dann steigt Sarah auf den Wagen, Abraham nimmt die Leine und sagt »Hü«, die Räder knarren, und sie fahren durch das Tor einen neuen, fremden Weg, weil Gott es so befohlen hat ...

»Hört mal«, sagt der Pfarrer zum Abschluß, »jetzt blättert alle in euerm Gesangbuch und sucht nach einem Lied, das zu dieser Geschichte paßt. Und wenn ihr ein rechtes, passendes Lied nennen könnt, beweist ihr allen hier in der Kirche, daß ihr die Geschichte fein verstanden habt.«

Nun beginnt ein eifriges Blättern. Aber ganz vorn der kleine Erwin Grossmann scheint nicht lange zu überlegen. Er reckt den Arm hoch und knallt mit den Fingern dem Pfarrer unter der Nase herum: »Herr Pfoarr, ich häbb em all - ich häbb em all.« - »Man ruhig«, sagt der Pfarrer, »die anderen wollen 's auch finden.« Und da manche es sich gar zu sauer werden lassen, hilft der Pfarrer ein wenig nach. »Denkt mal, Abraham befiehlt dem Herrgott ganz seinen Weg . . .«, oder, ». . . er läßt seine Hände nehmen und sich führen . . .« Langsam hebt sich ein Finger nach dem anderen. Erwin Grossmann aber ruft immer fingerknallend dazwischen: »Ich häbb em all—ich häbb em all.« - »Gut«, sagt der Pfarrer, »nun wollen wir hören, was ihr gefunden habt, und Erwin darf 's als Erster sagen.« Da wirft der kleine Kerl sich in die Brust und in unverfälschter Heimatsprache ruft er's laut und allen vernehmlich in die Kirche hinein: »Wäem Gjott will räechte Gjunst erweisen, däm schickt er in die weite Wält . . .«

Ein fröhliches Gelächter schallte durch die ganze Gemeinde; der kleine Erwin und der junge Pfarrer standen da wie zwei begossene Pudel. Aber da erhob sich der alte Herr Superintendent, zog den kleinen Jungen links und den jungen Pfarrer rechts zu sich heran und sagte: »Laßt sie nur lachen. Ihr beide habt das sehr fein gemacht. Das Lied von Gottes Gunst paßt hier sehr gut. Denn >Gunst<, das ist ja das gleiche Wort, das in der Bibel immer >Gnade< heißt. Da draußen, wenn man wie Abraham in die Fremde zieht, braucht man Gottes Gunst und Gnade. Da wird es Abraham erfahren, auch ihr werdet es erfahren, wenn ihr hinaus müßt in das große weite Leben, was es um Gnade und Gunst des Himmels ist.« - Der Herr Kantor auf der Orgelbank ließ leise die Melodie anklingen, und nun sang die ganze Gemeinde in der Kirche »Wem Gott will rechte Gunst erweisen, den schickt er in die weite Welt.«

Das war im Jahre 1929. Wir ahnten damals nicht, daß fünfzehn Jahre später die Geschichte der Visitation unsere Geschichte werden sollte. Da hieß es auch über uns: »Gehe aus deinem Vaterland und aus deiner Freundschaft und aus deines Vaters Haus ...«, und die Gutsleute und Bauern machten ihre Wagen lang, luden manches Stück ihrer Habe auf, spannten an und fuhren mit knarrenden Rädern zum letzten Mal durch ihr Hoftor. Ich weiß nicht, wer damals, nur mit einem Stock in der Hand, dem Treck der Gr. Wolfsdorf-Dönhoffstädter voranging. Er soll da im Schneesturm und Feuer gesagt haben: »Nun sind unsre Hände leer. Aber nur mit leeren Händen kann man die Hände der andren fassen, die neben uns müde werden.« -

In dem Land, das wir verlassen haben, leben heute andere Menschen. Die sind auch einmal aus ihrer Heimat vertrieben worden. Sie wohnen jetzt in den grauen und roten Häusern im Dorf und bestellen dort den Acker. Ihre Kinder spielen am Dorfteich, und die Linden blühen für sie. Auch bis dorthin reichen unsre leeren Hände, offen zur Versöhnung.

Woldemar Rodin
Als ich die Schichau-Werft Königsberg übernahm

Am Morgen des 2. Januar 1936 näherte sich der Berliner D-Zug Königsberg, der Stadt meiner künftigen Betätigung als Leiter und Betriebsführer der »Abt. Königsberg« der »F. Schichau Elbing GmbH«. Ich verfolgte mit Interesse die vorbeiziehende verschneite Landschaft. Zwar bin ich in St.Petersburg geboren und aufgewachsen, aber mein bisheriges Dasein hatte sich an der Technischen Hochschule Berlin und auf Werften des Westens abgespielt. Ich war auch eine Reihe von Jahren als Ingenieur des Hamburger »Vulcan« in Frankreich tätig. In Ostpreußen jedoch bin ich vorher nie gewesen.

In Königsberg empfing mich Herr Lüth, der Schichauer Personalchef, brachte mich in das gut geführte und moderne Hotel Hospiz Nordbahnhof und fuhr dann mit mir zur Werft, vorbei an einer stillgelegten Bindfadenfabrik, an einem Zigeunerlager, über Wiesen und Felder, zum Gelände des ehemaligen Gutes Contienen.

Dieses Gut hatte 1907 die alte Königsberger Firma »Union-Gießerei« gekauft, um hier, auf freiem Gelände außerhalb der Stadt, ihre Gießerei, ihren Lokomotiv- und Stahlbau neu aufzubauen. Im Jahre 1916 wurde auch die von der Union-Gießerei übernommene Fechtersche Werft hierher verlegt. Im Jahre 1930 geriet die Union-Gießerei in Zahlungsschwierigkeiten und mußte ihre Tore schließen. Die Anlagen wurden vom Deutschen Reich übernommen.

Im Jahre 1929 war die in Privatbesitz befindliche Firma »F. Schichau Elbing« mit dem Zweigwerk Danzig in Zahlungsschwierigkeiten geraten. Auch in diesem Falle sprang das Deutsche Reich ein und übernahm die Betriebe. Nach der Schließung der Union-Gießerei übergab das Reich die Königsberger Anlagen an die F. Schichau Elbing, die in eine GmbH umgewandelt worden war, deren Gesellschafter verschiedene Reichsministerien waren. Schichau-Elbing bekam vom Reich die Auflage, in Königsberg mindestens 300 Mann zu beschäftigen, eine Aufgabe, der nachzukommen damals gar nicht so einfach war. Die Königsberger Anlagen wurden nun als »Abt. Königsberg der F. Schichau GmbH« weitergeführt.

Der Lokomotivbau der Union wurde nach Elbing verlegt, in den freigewordenen Hallen richtete Schichau eine Granaten- und Zünderfertigung ein und erweiterte den Stahlbau. Der Schiffbau befaßte sich mit dem Neubau von kleinen Schiffen und mit Schiffsreparaturen. Ein 500-Tonnen-Schwimmdock war vorhanden. Um den Reparaturbetrieb zu vergrößern, lieh die Kriegsmarine ein 4000-Tonnen-Schwimmdock an die »Abt.Königsberg«.

Alle Betriebsabteilungen des Königsberger Werkes wurden von Elbing aus gelenkt, auch die Konstruktionsbüros für Schiffbau und Stahlbau waren in Elbing. Die örtliche Trennung von Konstruktionsbüros und Fertigungsstätten, die Gesamtanlage des Werkes und seine maschinelle Ausstattung, die Arbeitsmethoden – alles dies entsprach nicht im entferntesten meinen Vorstellungen von einem modernen Werk und erschien mir als unüberwindliche Schwierigkeit beim Lösen der gestellten Aufgabe, dem Werk ein zeitgemäßes Gepräge zu geben und seine Wirtschaftlichkeit zu erhöhen.

Nur der Umstand, daß ich für den Abend keinen Schlafwagenplatz nach Berlin bekommen konnte, hielt mich davon ab, noch am gleichen Tage mein Amt Schichau-Elbing zur Verfügung zu stellen. Ich blieb also noch einen Tag in Königsberg, legte dann noch ein paar Tage dazu, um mir dies und jenes näher anzusehen, und dann, dann ging es mir genau so, wie vielen Beamten, Militärs und Privatangestellten, die »aus dem Reich« nach Ostpreußen versetzt worden waren: ich lernte in kurzer Zeit Land und Leute näher kennen und - lieben.

Zwischen der Union-Gießerei und Schichau-Elbing bestand eine hundertjährige Rivalität, man war gegenseitig nicht gut aufeinander zu sprechen. Deshalb nahmen mich, der ich ja nicht aus Elbing oder Danzig kam, zunächst die leitenden Herren von Königsberg freundlich auf und erleichterten meiner Frau und mir das Einleben in der neuen Umwelt. Die meisten von ihnen hat inzwischen der Tod hinweggerafft, dankbar gedenke ich jener Männer wie August Mattern, Fritz Hoffmann, Wilhelm Schäffer und mancher anderer.

Mit dem Einleben allein war es aber nicht getan, ich mußte ja so manches auslösen, veranlassen. Ich mußte vor allem meine Mitarbeiter in Büro und Betrieb näher kennen lernen. Alle waren alteingesessene Königsberger, Ostpreußen oder aus dem Westen Zugezogene, die in Königsberg längst ihre zweite Heimat gefunden hatten. Sie hatten hier die Lehre durchgemacht, hingen sehr an ihren alten Firmen, der Union-Gießerei, der Fechterschen Werft, waren kaum je im Westen des Reiches gewesen, ihrer Heimat und dem so angenehmen ostpreußischen Lebensstil treu zugetan. Sie arbeiteten emsig und stets einsatzbereit. Aber sie arbeiteten nach handwerklichen, nicht nach modernen Methoden. Hier mußte ich mit organisatorischen Maßnahmen beginnen, um sichtbare Erfolge für das Werk zu erzielen.

Befehle und Anordnungen sind gefährliche Mittel, um etwas Neues einzuführen, um aus einem eingefahrenen, aber nicht mehr zeitgemäßen Gleis herauszukommen: die Menschen müssen von der Zweckmäßigkeit der Änderungen überzeugt werden und aus eigener Überzeugung am Neuen mitarbeiten. In den folgenden Monaten kam mir dabei ein Vers von Wilhelm Busch nicht aus dem Sinn: »Das Bauen mit belebten Steinen ist eine höchst verzwickte Sache.«

Als besonders nachteilig empfand ich die hier übliche Entlohnungsform. Es wurde nach rein handwerklichen Methoden im Zeitlohn gearbeitet, die Arbeiter hatten keine Möglichkeit, durch ihre Leistung auch ihr Einkommen zu erhöhen. Dies mußte durch Einführung des Stücklohnes ermöglicht werden, der auf einem Durchdenken der Arbeit vor Arbeitsbeginn beruht und verfeinerte, industrielle Arbeitsmethoden voraussetzt.

Im Königsberger Werk waren erfahrene Arbeitsvorbereiter und Stückzeit-Kalkulatoren für den Schiffbau nicht vorhanden. Auch im Reich waren solche Männer sehr gesucht, und es wäre schier unmöglich gewesen, geeignete Kalkulatoren nach Königsberg zu verpflanzen. Sie hätten sich auf die Eigentümlichkeiten der ostpreußischen Menschen umstellen müssen, auch hätten sie die ostpreußische Lohn- und Gehaltsstruktur ungünstig beeinflußt: den niedrigeren Lebenshaltungskosten Ostpreußens entsprach auch das West-Ost-Lohngefälle.

Ich beschloß daher, einen ungewöhnlichen und auch gewagten Weg zu beschreiten. Arbeitsvorbereiter und Kalkulatoren müssen bei Meistern und Vorarbeitern und bei den Arbeitern selbst Autorität haben. Unbedingte Autorität hatten in unserem handwerklichen Betrieb die Meister. Nach zahlreichen Besprechungen habe ich die Meister der einzelnen Gewerke von ihren Meisteraufgaben entbunden und in einem Arbeitsvorbereitungs- und Kalkulationsbüro zusammengefaßt. Die bisherigen Vorarbeiter wurden zu Meistern befördert, Gesellen zu Vorarbeitern. Soweit waren alle zufriedengestellt. Es setzte nun eine systematische Schulung der früheren Meister zu Arbeitsvorbereitern ein. Der Erfolg der ganzen Maßnahme wurde bereits nach etwa einem halben Jahr sichtbar.

Die Elbinger Leitung hatte mir gegenüber ihre Sorgen darüber geäußert, daß verschiedene Stammkunden der Werft Königsberg im Laufe der letzten Jahre ihre Unzufriedenheit mit der Art der Abwicklung der Geschäfte zum Ausdruck gebracht hätten. Nachdem ich unsere Auftraggeber näher kennen gelernt hatte, wurden mir auch die Ursachen der Mißstimmung klar. Deshalb habe ich zur Vereinfachung des Verkehrs zwischen Auftraggeber und Werft für jede Kundengruppe einen federführenden Mann ernannt, der dem Schiff und den Betriebsabteilungen der Werft als solcher bekanntgegeben wurde und dessen Rechte und Pflichten neben seinen eigentlichen Aufgaben genau umrissen waren. Auf diese Weise wurde der Verkehr zwischen dem Kunden, zwischen der Schiffsbesatzung und den einzelnen Meistereien der Werft sehr eingeschränkt. Die Maßnahme hat sich als sehr förderlich erwiesen und wurde im Laufe der Jahre weiter ausgebaut.

Ende 1936, Anfang 1937 mehrte sich die Anzahl der an das Werk gestellten, immer komplexer werdenden Anforderungen; nicht nur im zivilen Sektor. sondern auch seitens der Kriegsmarine wurde der Auftragsumfang stark erweitert. Die Werft mußte die Mitarbeiterzahl entsprechend vergrößern. Dank dem verständnisvollen Entgegenkommen des Arbeitsamtes Königsberg und des Landesarbeitsamtes Ostpreußen wurden uns aus Stadt und Land zahlreiche Arbeitskräfte zugewiesen. Leider kamen sie alle aus handwerklichen Kleinbetrieben und standen den Lebensformen eines großen industriellen Werkes fassungslos gegenüber.

Noch eine andere Schwierigkeit war mit diesen Neuzugängen verknüpft: die Neuen waren wohl gelernte Metallarbeiter, sie waren aber vorwiegend Hufschmiede, Wagenschmiede oder bestenfalls auf die Instandsetzung von landwirtschaftlichen Maschinen angelernt. Mit den Eigentümlichkeiten eines Schiffes war keiner von ihnen vertraut. Da sie aber »gelernte Metallarbeiter« waren, mußten sie entsprechend dem Tarif auch als solche bezahlt werden, das heißt, sie bezogen den gleichen Lohn wie die alteingesessene erfahrene Königsberger Stammannschaft. Sie mußten in zeitraubender Weise in die einzelnen Arbeiten an Bord eingewiesen werden und konnten natürlich die für erfahrene Leute bemessenen Zeitvorgaben nicht halten. Das erweckte erhebliche Unzufriedenheit sowohl bei der Stammannschaft als auch bei den Neuen und machte uns viel Sorgen, denn schließlich kann man große Aufgaben nur mit einer zufriedenen Mannschaft lösen. Trotz meiner zahlreichen Vorstellungen bei den zuständigen Dienststellen war an der Bezahlung im Rahmen der bestehenden tariflichen Bestimmungen und des Lohnstopps nur durch systematische Umschulung etwas zu ändern. Die Ereignisse überschlugen sich aber derartig, daß uns die Zeit für eine erfolgreiche Umschulung fehlte. Wir versuchten unserer Stammannschaft durch Leistungszulagen im Rahmen des Tarifes gerecht zu werden. Für solche Leistungszulagen gab es aber keinen festen Maßstab, eine gewisse Willkür griff um sich. Das war also auch keine Lösung des so brennenden Problems.

Unsere zuständige Dienststelle für Tarife und Lohnstopp war der Reichs-Treuhänder der Arbeit Ostpreußen. Ich fand hier volles Verständnis für die im Werk entstandenen Schwierigkeiten und auch die Bereitschaft zum Suchen nach neuen Wegen. Im Tarif wurde nach Gelernten, Angelernten und Ungelernten unterschieden und bezahlt, die Leistungszulage war der Höhe nach begrenzt, aber im einzelnen nicht begründet. Wir kamen schließlich auf den Gedanken, innerhalb der drei Stufen die auszuführenden Tätigkeiten genau zu spezifizieren und dann innerhalb des bestehenden Tarifrahmens diese Tätigkeiten zu bezahlen. Die Arbeitsvorbereiter wurden beauftragt, die in ihrem Bereich anfallenden Tätigkeiten lückenlos aufzuführen, und die Kalkulatoren setzten für jede einzelne Tätigkeit die vorzugebende Zeit fest. Es entstand ein Tätigkeitskatalog. Seine Einführung lag aber außerhalb der Machtbefugnisse der ostpreußischen Behörden. Ich mußte deshalb das Arbeitsministerium in Berlin aufsuchen und unseren Vorschlag dort unterbreiten. Da ähnliche Probleme auch bei Firmen im Reich aufgetreten waren, bekam ich die Genehmigung, versuchshalber für eine gewisse Zeit die Entlohnung nach unserem Tätigkeitskatalog einzuführen.

Es zeigte sich sehr bald, daß die für uns so unpassende Starrheit der bisherigen Entlohnungsform durch Bezahlung entsprechend dem Tätigkeitskatalog im wesentlichen beseitigt wurde; eine spürbare Verbesserung der Stimmung trat ein. Das heute in der Bundesrepublik allgemein eingeführte Prinzip der Bezahlung nach Tätigkeiten ist damals in Königsberg aus der Taufe gehoben worden.

Bis 1939 war die Belegschaft der »Abt. Königsberg«, die inzwischen in »Werk Königsberg« umbenannt worden war, von 1500 Mann auf etwa 6000 Mann angewachsen, die sich hauptsächlich aus der Provinz Ostpreußen rekrutierten. Diese Menschen mußten vom Werk untergebracht und verpflegt werden. Die Einrichtung sehr weitläufiger Wohnlager und zusätzlicher Küchen wurde unumgänglich. Diese Einrichtungen erforderten viel Personal: von 100 neu zugewiesenen Arbeitskräften waren sieben Mann für Betrieb und Unterhaltung der Wohnlager erforderlich, sie fielen für die Fertigung aus. Eine besondere Verwaltungsabteilung mußte für Ordnung in den Lagern sorgen, sie beschaffte auch die notwendigen Nahrungsmittel und unterstützte eine sinnvolle Freizeitgestaltung.

Auf mein sehr nachdrückliches Drängen entschloß sich Elbing etwa 1938, die für das Werk Königsberg bisher in Elbing arbeitenden Konstruktionsbüros nach Königsberg zu verlegen, was von der gesamten Königsberger Mannschaft als eine große Erleichterung der Arbeit empfunden wurde.

Durch die starke Aufstockung der Gehalts- und Lohnempfänger wurden die eingesessenen ehemaligen Angehörigen der Union-Gießerei und der Fechterschen Werft in die Minderheit gedrängt. Ein Zusammengehörigkeitsgefühl, ein gewisser Stolz auf die Zugehörigkeit zu unserem Werk, die Treue zur Firma, alles das fehlte. Jahrzehnte sind für das Heranreifen eines solchen Geistes erforderlich, jenes Geistes, der schließlich auch die Voraussetzung für Leistung und Qualität ist. Das Problem hat mich lange sehr rege beschäftigt.

Ich beschloß schließlich, eine besondere Aktion zur Erreichung dieses Zieles anlaufen zu lassen. Ich besprach meine Absicht mit einigen mir hierfür besonders geeignet erscheinenden Mitarbeitern und fand bei ihnen offene Ohren. Die Leitung der erforderlichen Maßnahmen übernahm Wilhelm Matull, der sich mit dem ihm eigenen Eifer der Sache annahm und auch das betriebliche Vorschlagswesen auf das erfolgreichste ankurbelte. Ihm standen mehrere Helfer zur Seite wie Helmut Oesten und andere. Matull hatte immer neue Ideen, um die Menschen anzusprechen, Erfolgreiche öffentlich herauszustellen, den Ehrgeiz der einzelnen zu schüren und das Bewußtsein der Zugehörigkeit zur großen Gemeinschaft »Schichau-Königsberg« als eine persönliche Sicherheit und auch als eine Verpflichtung dem Werk gegenüber anzusehen. »Wir Schichauer« war bereits in wenigen Monaten zu einem Begriff geworden, das gesteckte Ziel war also erreicht und mußte nun naturgemäß ständig weiter vertieft und untermauert werden.

In diesem Zusammenhang gab mir noch etwas anderes zu denken: Soweit meine Zeit es nur irgend zuließ, bin ich täglich etwa zwei Stunden lang über die Schiffe, durch Werkstätten und Büros gegangen, habe dabei viele Mitarbeiter angesprochen und bin von vielen angesprochen worden. In das eigentliche Geschehen habe ich dabei niemals direkt eingegriffen, sondern stets die zuständigen Leiter zur Veranlassung des mir als notwendig Erscheinenden aufgefordert. Ich mußte mir aber von vielen Arbeitern sagen lassen, ich hätte niemals Zeit für den einzelnen. Bei den vielen tausend Werksangehörigen war dies schließlich nicht verwunderlich, denn Besprechungen, Planungen, Dienstreisen, Probefahrten und so weiter nahmen viel Zeit in Anspruch. Ich mußte schon etwas Grundsätzliches unternehmen, um mein Ansehen, meine Popularität bei meinen Mitarbeitern zu wahren.

So verkündete ich denn eines Tages auf einer turnusmäßigen Betriebsversammlung, ich wolle mich dem Vorwurf der Betriebsangebörigen, ich wäre nie für sie zu sprechen, nicht länger aussetzen; künftig wäre ich jeden Sonnabend ab 8 Uhr in meinem Zimmer ausschließlich für meine Mitarbeiter zu sprechen, und kein noch so hochgestellter Besucher würde daran etwas ändern.

Nach dieser meiner Erklärung ergoß sich über mich seitens aller betrieblichen Unterführer eine Flut von Vorwürfen: ich würde nun ihre Autorität untergraben und ein Chaos einleiten. Das Gegenteil trat ein. Jeder mir vorgetragene Wunsch, jede Beschwerde oder Frage wurden von meinem Sekretariat den zuständigen Vorgesetzten zugeleitet, keiner wurde übergangen, und es blieb auch kein vorgetragenes Anliegen unerledigt, sie wurden laufend in ein Buch eingetragen. Auch wenn der Bescheid negativ für den Antragsteller ausfiel – die Menschen hatten das

Gefühl, man beschäftigte sich mit ihnen, und sie hatten die Möglichkeit, sich mit ihrem Betriebschef auszusprechen. Der Gedanke wurde von den Unterführern aufgenommen, sie widmeten sich nun von sich aus mehr ihren Leuten, sie kamen ihnen mit mehr Aufmerksamkeit und Aufgeschlossenheit entgegen, nicht nur in betrieblichen, sondern oftmals auch in rein privaten Problemen. Meine »Sprechstunde«, anfangs von fünfzig bis sechzig Menschen besucht, schrumpfte sehr bald dank dem erweckten Interesse der Unterführer auf fünf bis acht Mann zusammen. Das Gewünschte war erreicht: nicht Mißtrauen, sondern Vertiefung des Verhältnisses und des Vertrauens zwischen Vorgesetzten und Unterstellten waren die Folge.

Im Hinblick auf die sehr zahlreichen Lagerinsassen, aber auch zur Betreuung unserer Königsberger Mitarbeiter wurden im Werk unter Leitung unseres Betriebs-Oberarztes Dr. Kröhnert umfangreiche Anlagen für Diagnostik und Therapie eingerichtet. Sie wurden mit den modernsten Geräten ausgestattet und ermöglichten Untersuchungen und besondere Behandlungen ohne viel Zeitverlust und größere Kosten. Es gab auch eine betriebseigene zahnärztliche Praxis.

Auch in einem industriellen Betrieb geht letzten Endes alle Liebe »durch den Magen«. So haben wir denn zur Sicherstellung einer guten Verpflegung eine Großküche gebaut und auf das Modernste ausgestattet. Sie war mit Abstand die größte Küche Ostpreußens. Allein von den Küchenabfällen konnten wir über 100 Schweine mästen, die der Werksverpflegung eine zusätzliche Unterlage gaben.

Um auch die materielle Ausstattung des Werkes den vergrößerten Anforderungen, besonders seitens der Kriegsmarine, anzupassen, brauchten wir vor allem Platz. Als die alte Union-Gießerei ihren wachsenden Betrieb aus der Stadtmitte nach Contienen verlagerte, hatte sie vorausschauend Erweiterungsmöglichkeiten berücksichtigt. Pregelabwärts von unserem Werk lagen endlose Wiesen. Sie wurden angekauft und gaben uns die Möglichkeit, die erforderlichen Werkserweiterungen ohne räumliche Beschränkung und ohne Zwangslösungen durchführen zu können. Eine schnurgerade Straße führte in 2,4 Kilometer Länge etwa parallel zum Pregel durch das Werk. Wasserseitig der Straße lagen 3,4 Kilometer Kais und Schiffsliege-Brücken. Sieben Schwimmdocks und ein U Boot-Hebewerk standen für Unterwasser-Reparaturen zur Verfügung. Zweckmäßig angeordnete geräumige Hallen, mit modernsten Maschinen und Hebe-

154

zeugen ausgestattet, ermöglichten die gleichzeitige Bearbeitung von siebzig bis achtzig Reparatur-Schiffen verschiedener Größen, Schlepper, Kreuzer, Torpedoboote, Frachter aller Art. Diese Anzahl von Schiffen hatten wir auch tagaus-tagein jahrelang an der Werft liegen. Wir waren zur größten Reparaturwerft des Kontinents geworden.

Die Planung dieser Anlagen, ihre hoch- und tiefbauliche Durchführung, die Auswahl der zweckmäßigsten Maschinen und Hebezeuge, die Probleme der Beheizung, der Stromversorgung, der Entwässerung, der sanitären Anlagen, der Fernmeldetechnik und vieles andere stellten mich als Ingenieur vor eine einmalige, vor eine begeisternde Aufgabe, von der auch meine treuen, stets zum Gedankenaustausch hinzugezogenen Mitarbeiter mitgerissen wurden.

Das Schwergewicht der Aufgaben von Schichau-Königsberg lag jetzt auf dem Marine-Sektor. Es war grundsätzlich andersgeartet, als das der Elbinger und Danziger Werke. Die Bearbeitung der Personalfragen und die Zurverfügungstellung der für den Ausbau erforderlichen sehr erheblichen Geldmittel und kontingentierten Werkstoffe, wie zum Beispiel Zement, Spundbohlen und so weiter, erfolgte für uns durch das Oberkommando der Kriegsmarine. Beim O.K.M. war der Leiter des Ressorts »Werften« der Geheimrat Curt Just, ein geborener Königsberger, der sehr an seiner ostpreußischen Heimat hing. Er verfolgte mit besonderem Interesse die Entwicklung des Königsberger Werkes, das ihm viel zu verdanken hat.

Um den Umweg über Schichau-Elbing zu vermeiden, beschlossen die verschiedenen an der Firma Schichau beteiligten Ministerien, das Königsberger Werk von Elbing zu lösen und in eine selbständige Firma umzuwandeln, in die »F. Schichau-Königsberg GmbH in Königsberg/Pr.«. Diese Maßnahme wurde nicht nur von uns, sondern auch von der Marine als unserem Hauptgesellschafter und von der Provinz Ostpreußen mit großer Genugtuung begrüßt, denn sie vereinfachte den Verkehr zwischen uns und allen Behörden in Berlin und in Ostpreußen. Allerdings, unsere Verantwortung für das Werk war nun erheblich vergrößert.

Nach Abschluß des Polenkrieges verlegte die Marine immer mehr Arbeiten nach Königsberg, sowohl Reparaturen und Instandhaltungen, als auch Neubauten von Minensuchbooten. In Königsberg konnten wir, weitab von den westlichen Fronten, ohne Verdunkelung in Ruhe arbeiten. Dadurch wuchs bei uns der Personalbedarf derartig an, daß er auch beim besten Willen mit deutschen Kräften nicht mehr befriedigt werden konnte. Wir bekamen im Laufe der Zeit etwas über 4000 Kriegsgefangene und ausländische Zivilarbeiter zugewiesen. Damit kamen gewaltige Personalprobleme auf uns zu. Auch diese Menschen mußten im Rahmen des Möglichen zufriedengestellt und sattgemacht werden. Wir haben dabei zwar manches getan, was uns Rügen seitens der Gestapo einbrachte, aber wir erreichten auch bei diesen Arbeitern eine durchaus befriedigende Leistung. Auch ist kein einziger Fall von Sabotage bekannt geworden. Organisatorisch mußten wir verschiedenes umstellen, denn wir durften ja Kriegsgefangene nicht in der Rüstung beschäftigen.

Von allen Ausländern waren die rund 700 Franzosen mit Abstand unsere wertvollsten Mitarbeiter. Wir haben sie entsprechend gut behandelt, sowohl in Unterkunft und Verpflegung, als auch durch Zurverfügungstellung von Material zur Freizeitgestaltung. Das zahlte sich aus: Die Franzosen machten die verantwortungsvollsten Arbeiten nur unter französischer Aufsicht und haben uns nie enttäuscht.

Auch unter den Russen haben manche Erstaunliches geleistet und eine an Kunst grenzende handwerkliche Fähigkeit an den Tag gelegt. Die Russen hatten sich ebenfalls nicht zu beklagen, auch wenn das Essen manchmal nicht gerade erstklassig ausfiel. Dank dem besonderen Verständnis seitens des Kommandeurs der Kriegsgefangenen in Ostpreußen, Oberst von Hindenburg, dem Sohn des Feldmarschalls, und auch seitens der Offiziere der Rüstungsinspektion I, vor allem des Kapt. z. S. Hermann Kohnert, wurde uns manche Hilfe zur Verbesserung des Loses dieser Russen zuteil.

Einleitend erwähnte ich, daß die aus »dem Reich« nach Ostpreußen Zugezogenen sich hier sehr schnell und ausgezeichnet einlebten. Das hatte mehrere Gründe. Die nach näherem Kennenlernen so sympathische Wesensart der Ostpreußen, ihre Treue, ihre Einsatzbereitschaft, ihre Gemütlichkeit und ihr eigenartiger Humor, ihre Offenheit und ihre ausgeprägte Liebe zur eigenen Heimat berührten jeden Zugezogenen auf das angenehmste. Die ostpreußische Landschaft mit der Stille ihrer riesigen Wald- und Seengebiete, das Haff, die Nehrung – das alles war einzigartig in Deutschland.

156

Einzigartig war aber auch das Zusammenwirken aller öffentlichen, militärischen und zivilen Stellen sowohl untereinander, als auch im Verkehr mit den in Ostpreußen ansässigen privaten Unternehmen der Industrie, des Handwerks, der Land- und Forstwirtschaft und des Handels. Bestimmte Kreise kamen in häufigen Sitzungen zusammen, und immer ist eine alle befriedigende Lösung gefunden worden. Vielleicht hat der Charakter Ostpreußens als abgeschnittene Inselprovinz dazu beigetragen, daß sich stets einer für alle, alle für einen eingesetzt haben.

In den letzten Januartagen 1945 kam das bittere, das so unsagbar grausame Ende. Wir mußten unsere Heimat, unsere Wahlheimat, das uns ans Herz gewachsene Schichau-Werk verlassen. In alle Winde verstreut wurden unsere Schichauer, Not und schwerste Schicksalsschläge erwarteten uns Flüchtlinge im Westen. Wir waren alle am Nullpunkt angelangt.

Aber die Ostpreußen sind zäh, sie haben es fertiggebracht, sich in der ihnen doch unbekannten westlichen Umwelt durch Fleiß und Arbeitswilligkeit eine neue Existenz aufzubauen. Viele alte Schichauer hat inzwischen der Tod hinweggerafft. Um so mehr freut man sich, wenn man Menschen trifft, die sagen: »Wißt ihr noch, wie schön das alles bei uns in Königsberg, bei uns auf der Schichau-Werft gewesen ist?« - Eine für immer versunkene Welt.

Kurt Forstreuter
Ich wurde Archivar

Was ist ein Archiv? Ein Archiv ist eine Sammelstelle vorwiegend amtlicher Urkunden, Briefe und Akten zur historischen Forschung. Historische Interessen müssen also bei einem Archivar vorhanden sein. Ich hatte solche Interessen schon auf der Schule, dem Realgymnasium in Tilsit. Die Vorbedingung war also gegeben.

Der Erste Weltkrieg führte mich auf den Balkan. Dann nahm ich das Studium zunächst in Königsberg auf, ging aber schon 1920 nach Berlin. Hier fand im Dezember 1923 die Promotion zum Dr. phil. statt. Unterdessen hatten sich meine Interessen etwas verschoben, mehr auf literarhistorische und philosophische Studien. Manche bedeutenden Gelehrten der Berliner Universität haben mich damals unter ihren Schülern gesehen. Entsprechend meiner erweiterten Wißbegier versuchte ich zunächst einen Eintritt in die Staatsbibliothek in Berlin. Die Bibliothek ist stets ein Königsweg zu allen Wissenschaften. Obgleich zwei Ostpreußen, J. F. Milkau und E. Kuhnert, beide hervorragende Gelehrte, damals die Spitzenstellungen der preußischen Bibliotheksverwaltung einnahmen und mich wohlwollend empfingen, gelang mein Plan nicht. Die Bibliotheken brauchten Fachleute aus den verschiedensten Fachgebieten. An Historikern und Germanisten war kein Mangel. »Arabisch hätten Sie lernen müssen«, gab man mir zu verstehen.

Darauf versuchte ich mein Heil bei der preußischen Archivverwaltung, dem Preußischen Geheimen Staatsarchiv in Dahlem. Generaldirektor Paul Kehr, ein Kenner älterer Papsturkunden, die ihn aber nur bis zum Jahre 1198 interessierten, war ein weltgewandter Mann mit guten Beziehungen zu Papst Pius XI., der selbst Bibliothekar gewesen war, und zugleich zu dem preußische Ministerpräsidenten Otto Braun. Fast überrascht war ich, als Kehr mich als Außenseiter annahm, von den Kollegen dort zunächst mit Argwohn betrachtet. Aber ich bestand im Sommer 1927 das Archivexamen (das von Kollegen damals als das schwierigste nach dem chinesischen Mandarin-Examen bezeichnet wurde) und erhielt auf meinen Wunsch eine Versetzung nach Königsberg. Kehr war durchaus westlich eingestellt und hielt Königsberg nicht gerade für den allerbesten Posten. Das muß ich bemerken, aber ohne jede Bitternis, vielmehr mit Freude. Ich kam nach Ostpreußen, meiner Heimat, und konnte mich nun vorwiegend der Geschichte Altpreußens und seiner Nachbarländer widmen. Ich hatte russisch und polnisch, für die Lektüre ausreichend, gelernt, so daß ich auch die Geschichtsschreibung der Nachbarvölker verfolgen konnte. Von der schönen und alten litauischen Sprache, die in der Umgegend von Tilsit noch stellenweise gesprochen wurde, habe ich nur notdürftig Kenntnis erhalten. Es gab wenig historische Literatur in dieser Sprache.

Es war für mich ein bewegender Augenblick, als ich am 1. Juli 1927 an der Pforte des Königsberger Staatsarchivs, dessen Verwaltung über dem bekannten Weinlokal »Blutgericht« lag, im Königsberger Schloß die Glocke zog. Der erste Eindruck war ganz »historisch«, aber für jemand, der aus dem schön und modern eingerichteten Berliner Archiv kam, nicht angenehm. Alles war eng, spartanisch einfach, altmodisch, sozusagen »preußisch« wie es manche ausdrücken würden.

Man trat zunächst in einen großen Raum, der die ganze Breite dieses Schloßflügels teilte. Es war der älteste Teil des Königsberger Schlosses, Baubeginn Ende des 13. Jahrhunderts. Ein großer Teil des Raumes wurde von einem großen Tisch eingenommen; dort saßen die »Forscher«, Studenten und andere. Die Beamten saßen an den Fenstern an kleinen Tischen, dort erhielt auch ich meinen Platz. Gotische Räume schlossen sich an, für die Unterbringung der Archivalien unpraktisch. Übersichtlicher waren die folgenden Zimmer des 16. Jahrhunderts. Aber das Archiv war bereits ganz überfüllt und mußte auch mit Räumlichkeiten jenseits des Hofes vorlieb nehmen. Die Arbeit war zeitraubend.

So ging es nicht weiter. Immer neue Akten strömten herein, nicht zuletzt wegen eines, wie man wohl sagen darf, weltgeschichtlichen Ereignisses. Revolutionen sind stets besondere Quellen für Archive. Akten, von denen sich die alten, gestürzten Behörden ungern getrennt hätten, werden von den neuen Regenten bereitwillig den Archiven zur historischen Auswertung zur Verfügung gestellt.

Schon bald nach meinem Einzug in Königsberg fanden Verhandlungen statt wegen eines fachlich brauchbaren, modernen Archivgebäudes. Schon

Kehr hatte sie begonnen. Sie wurden mit Eifer fortgesetzt durch seinen Nachfolger Albert Brackmann, der bis 1920 Professor in Königsberg und an der Geschichte Ostpreußens, besonders des Deutschen Ordens, interessiert war. Überraschend schnell entstand am damaligen Hansaring, gegenüber dem Neuen Schauspielhaus, ein modernes Gebäude. Architekt war Robert Liebenthal. Das neue Archiv wurde am 1. Oktober 1930 eröffnet und der Bau steht noch. Ich habe ihn in einem russischen Bildband gesehen, »Biblioteka« steht daran. Wer mag wohl hinter dem Fenster meines ehemaligen Dienstzimmers sitzen?

Und was mag von alten Königsberger Archivalien dort noch vorhanden sein? Die Akten waren im Zweiten Weltkrieg verschiedene Wege gegangen, nur ein Teil befand sich noch im Archivgebäude, als die deutschen Behörden im Frühjahr 1945 die Stadt verließen. Aus Sicherheitsgründen hatte man sie in kleine Orte verlagert. So habe ich damals, ehe ich 1943 wieder Soldat wurde, manche kleinen Orte und alten Schlösser in Ostpreußen kennengelernt, die jetzt zum Kranz meiner Erinnerungen gehören.

Nicht nur Bücher haben, wie man sagt, ihre besonderen Schicksale; man kann es auch von den Archiven sagen. Das Staatsarchiv Königsberg hat Glück gehabt. Es wurde im Spätsommer und Herbst 1944 nach dem Bergwerk Grasleben im Harz bei Braunschweig verlagert, wenigstens, was damals noch herauskam, und das war das Wertvollste; fast alle Bestände vor 1800 und ein wertvoller Rest bis zur Gegenwart hin.

»Ein Archiv auf Reisen« kann man vom Staatsarchiv Königsberg sagen. Welche Schicksale hat es durchgemacht? Die älteste Urkunde, von Papst Clemens III., 1191 nach Akkon (heute Akka in Israel) an das aus Jerusalem damals vertriebene Deutsche Hospital geschickt, das, 1198 in den »Deutschen Orden« umgewandelt, seinen Zug nach Preußen begann, war nach der Vertreibung aus Akkon 1291 nach Venedig gelangt. Sie kam um 1309 mit dem Hochmeister nach Marienburg, von dort um 1457 nach Königsberg, und dann 1944 nach Westdeutschland.

Ich, seit 1945 Kriegsgefangener in Jugoslawien, glaubte zunächst alles verloren. Ein verschlüsseltes Wort auf der Feldpostkarte eines Kollegen erweckte eine gewisse Hoffnung. Wie erstaunt aber war ich, als ich, als Kranker zunächst nach Berlin gekommen, auf meiner ersten, damals noch illegalen Interzonenreise im Juni 1947 das »Kaiserhaus« in Goslar betrat

160

und dort in großen, doch nicht mehr ganz unübersichtlichen Haufen die nach Westen verlagerten Teile des Staatsarchivs wiedersah. Die britische Besatzungsbehörde hatte die Akten in Grasleben entdeckt und nach Goslar transportiert. Man konnte dort, wenn man sich zurechtfand, sogar schon wissenschaftlich arbeiten. Aber die Leitung lag noch in englischer Hand. Ich mußte zurück nach Berlin, wo ich am Preußischen Staatsarchiv in Dahlem, von dem ich 1925 ausgegangen war, eine gute Stelle gefunden hatte.

Erst 1952 gaben die Engländer das Archiv in deutsche Hand. Ministerialrat Rudolf Grieser in Hannover, Leiter der Niedersächsischen Archivverwaltung, 1928 bis 1932 Archivar in Königsberg, berief mich zum 1. September 1952 als Leiter des »Staatlichen Archivlagers« nach Goslar (dieses enthält außer dem Staatsarchiv Königsberg noch andere kleine verlagerte Bestände). Und am 1. Dezember 1952 erhielt ich meine Anstellung als Niedersächsischer Archivdirektor. Sogleich wurde die Überführung der Bestände nach Göttingen beschlossen, wo sie in einem Zentrum der deutschen Wissenschaft der Erforschung zugänglicher waren.

Trotz der damals noch bestehenden Wohnungsnot gelang es, vor allem durch die Bemühungen von Dr. Grieser und des aus Königsberg verschlagenen Professors Walther Hubatsch ein zunächst nur notdürftiges, dann aber doch sich gut entwickelndes Domizil zu finden, in dem Hause Merkelstr. 3, einem Prunkbau aus dem Ende der Kaiserzeit, der sich am Kurfürstendamm in Berlin gut sehen lassen könnte. Dort saß damals eine französische Forschungsstelle, die für das ganze besetzte Deutschland zuständig war und französische Kriegsgräber suchte. Diese Stelle schränkte ihre Arbeit nach und nach ein, und so konnte das Archivlager bald fast das ganze Haus einnehmen. Rühmen muß ich das Entgegenkommen von Herrn Paul Fassinna, dem Leiter der französischen Dienststelle. Er war, selbst mit einer Deutschen verheiratet, ein Kenner und Liebhaber der deutschen, besonders der modernen Literatur.

Der Archivar ist, anders als der Bibliothekar, ein Spezialist. Das schreckte mich anfangs ab. Aber ich habe diesen Beruf lieben gelernt, nicht nur durch zahlreiche historische Arbeiten, die ich veröffentlichen konnte. Ich habe gerade als Archivar des Staatsarchivs Königsberg den ganzen Wechsel der Geschichte unserer Zeit besonders intensiv erlebt, habe erkannt, daß alles fließt und nichts beständiger ist als der Wechsel. Spreche ich von meinen Eindrücken beim Eintritt in das Archivleben, so muß ich sagen, daß der erste gewiß besonders hervorragt und unvergeßlich bleiben wird. Aber bald folgten andere Eindrücke, andere Orte, die mit dem Staatsarchiv Königsberg verbunden waren. Das sind alles Einzelstücke, kein Gesamtbild. Ich bin also mehr ein reisender Archivar gewesen und habe viele Orte gesehen, die mit meinen archivalischen Forschungen verbunden waren.

Einstweilen ist das Haus in Göttingen ein Zentrum der historischen Forschung besonders für Ostpreußen. Aber auch zahlreiche Ausländer, namentlich aus Polen und Skandinavien, sind die Marmortreppen schon hinaufgestiegen, die in den Lesesaal des Archivs führen. Nicht zuletzt ist das Archiv des Deutschen Ordens, der ja nicht nur in Preußen, sondern in ganz Deutschland, ja im ganzen Mittelmeerraum seine Besitzungen hatte, nicht nur ein preußisches, sondern ein gesamteuropäisches Archiv mit vielen Beziehungen zu allen Nachbarn.

Man darf als Historiker nicht zu weit in die Zukunft blicken. Immer wird man überrascht durch unvorhersehbare Wendungen. Das habe ich in einem langen Dienst als Archivar gelernt. Was wir erlebt haben, sollen wir in der Erinnerung festhalten. Die Erinnerungen sind treue Bilder, die uns gefolgt sind und uns begleiten werden bis an das Ende unserer Tage.

Ludwig Goldstein
Erste Wegschritte eines Journalisten

Auf drei verschiedenen Wegen bin ich zur Presse gekommen, durch uneigennützigen Rat, mit Hilfe eines Zeitungsdienstes und durch ein edles Vorbild. Das kam so: Ein Mitschüler namens Augustat erschien unmittelbar nach der Abgangsprüfung in meiner Klasse und sagte mir, der im Verlag von Haasenstein und Vogler erscheinende »Königsberger Sonntagsanzeiger« suche geeignete Mitarbeiter, die er auch einträglich honorieren könne. Da er selbst anderes vorhabe, empfehle er mir, so schnell wie möglich mit der Redaktion Verbindung aufzunehmen. Das tat ich auch und stieg mutig in eine zunächst noch ungewisse Zukunft ein.

Der Schriftleiter, auf den ich zuerst stieß, war gleichzeitig ein dilettierender Dichter, der Buchhändler Ernst Moser. Zur Probe überreichte er mir sein kürzlich gedrucktes Büchlein »Der Singer vom Lichtenstein« und stellte mir anheim, dieses Opus in seinem Blättchen zu rezensieren. Noch waren keine vierundzwanzig Stunden vergangen, als der Autor die druckfertige Besprechung in Händen hielt und der journalistische Anfänger sich gedruckt sah. Der Bund mit der Presse war geschlossen, und er währte – unter verschiedener Leitung – im »Königsberger Sonntagsanzeiger« vom Oktober 1888 bis zum Jahresbeginn 1892. So fand ich willkommene Gelegenheit, mich an einer weder anspruchs-, noch verantwortungsvollen Stelle beinahe nach Gutdünken und Gelüst einzuschreiben.

Haasenstein und Vogler war ein damals sehr bekanntes Anzeigenunternehmen. Ein Conferencier nannte einmal in einem Atemzug »Hero und Leander, Orest und Pylades, Haasenstein und Vogler«! An Anzeigen, die aufgrund anderweitiger Aufträge meistens unentgeltlich gebracht wurden, mangelte es nicht. Sonst aber war diese »Inseratenplantage« ein im Verborgenen blühendes Blättchen, das geistig wenig zu bieten hatte, weil es den Verlag auch nur wenig kosten durfte. Hier erwuchs also dem neuen Mitarbeiter die Aufgabe, »das Niveau zu heben«. Ob mir das gelang, will ich nicht beurteilen, aber diese Tätigkeit bedeutete für mich ein Stück meiner journalistischen Entwicklung.

Mit einer Aufsatzreihe »Literatur und Königsberg« eröffnete ich mein Tun, und zum ersten Mal tauchte dabei auch mein Name in der Öffentlichkeit auf. Daneben wurden »Kleine Ungezogenheiten« verzapft, ich schrieb neben Buchbesprechungen und Theaterkritiken auch Wochenplaudereien, einfach so, als ob ich dazu berufen wäre. Die Wochenplauderei empfand ich im Laufe der Zeit als »des Sängers Fluch«. Ich mochte mich so dumm anstellen, wie ich wollte, meine sämtlichen »Chefs« entdeckten in mir eine angebliche oder vermeintliche Begabung für diese Fronarbeit, bei der man sechs Tage schwitzt, um sich am siebenten doch nicht wohl zu fühlen. Einmal damit gespielt und gespaßt, wurde man das lästige Anhängsel nicht mehr los. In zahllosen Vermummungen blieb ich doch immer »der« Wochenplauderer, ob anonym oder pseudonym. Das Tollste, was ich in dieser Art »verbrach«, geschah im »Königsberger Tageblatt«, wo ich als »Hans von Sagan« in den Jahren von 1904 bis 1917 555 ausgewachsene Wochenplaudereien zur Welt brachte. Ich schrieb über den jüngsten Raubmörder oder den ältesten Hungerkünstler, über Prügel in der Schule und Pregelgestank in der Wohnung, über Ringkämpfe, Rollschuhe, Kreuzottern, Café und Schloßturmmusik, Titelsucht - auch bei Ehefrauen von Honoratioren –, über Gedankenlesen, Schmackostern, Brockensammlung, Ladendiebstähle, alte Jungfern und junge Störche, über Sudermann und Thomas Mann, den Walter-Simon-Platz, Kamele auf der Nehrung und über Aschestreuen bei Glatteis, über Schatzgräber, Trinkgelder und dergleichen mehr. Hier höre ich lieber auf, denn es wäre einfacher, aufzuzählen, worüber ich nicht geschrieben habe.

Bei der »Hartungschen Zeitung« kam ich weiter in die Wochen, als »Lugo« oder umgedreht als »Ogul«, schließlich von 1926 bis 1929 als »Sperlingsschlucker«, der noch besonders auf Geist und Witz vereidigt wurde. Ja, bis hinein in eine über solchen Verdacht wohl erhabene Mitarbeit beim »Ostmarken-Rundfunk« verfolgte mich dieser unentrinnbare Wochenwechsel, den man nur durch tägliche Arbeit einlösen konnte. Denn man soll sich nicht darüber hinwegtäuschen: es gehört immerhin einiges dazu, die ewig gähnende Plaudertasche jahraus, jahrein zu füllen! Von solcher Schmutz- und Kärrnerarbeit darf jedoch der fertigen Causerie nichts anzumerken sein!

So befand ich mich denn nach ein paar Wochen solcher Mulus-Zeit im Journalistischen auf der Suche nach einer neuen Aufgabe. Bald sollte noch ein zweiter Gold-Bronnen sprudeln. 1889 erhielt ich von einem Postsekretär i. R. Hermann Grunwald die Aufforderung, an seinem »Literarischen Büro« mitzuarbeiten. »Mitarbeiten« – Labsal im Ohr eines jungen Anfängers! Und wie sah die Realität aus? Man hatte sich die Aufgabe gestellt, »durch Verbindung mit den angesehensten und unterrichtetsten Schriftstellern und Journalisten am Orte... sowohl die hiesigen Zeitungen als auch diejenigen der Provinz über alle Vorgänge in Königsberg auf das Prompteste und Gewissenhafteste zu bedienen«. In der Praxis sah das so aus, daß alle Arten von Gelegenheitsgedichten, Rundgesänge, Festlieder, Weihesprüche, Texte zu lebenden Bildern, Hochzeitszeitungen, Reden, Toasts und Ehrenschriften »rasch und sauber« angefertigt werden mußten. Für die Presse lieferte man Berichte, Königsberger Nachrichten, teilweise sogar Aufsätze. Dieser Mittlerdienst hatte den Vorzug, daß die Arbeiten vervielfältigt mehreren Blättern zugleich angeboten werden konnten. So arbeitete man daheim emsig vor sich hin, gleichviel ob das Königsberger Siechenhaus, ein in den Pregel gefallenes Pferd oder die Hochzeit Fräulein Amanda Truxenbrodts mit Herrn Verkäufer Willy Schibsdat zu besingen war. Dafür erhielt man überraschend viel Geld!

Grunwalds Nachfolger wurde seine bisherige »rechte Hand«, Victor Schloss. Dieser bezeugte seine Anhänglichkeit an das »Literarische Büro« sogar darin, daß er die erste Unterkunft in der Passage 5, 2 Treppen hoch, bis zu seinem Ende beibehielt. In solchen Niederungen der Zeitungsschreiberei läuft ein Anfänger leicht Gefahr, zu versimpeln, zu versauern oder zu versumpfen. Mich bewahrte vor solchem Schicksal ein Vorbild, das ich nie aus den Augen verlor: »Ein jeglicher muß seinen Helden wählen, dem er die Wege zum Olymp hinauf sich nacharbeitet...« Mein »Vorarbeiter« in solchem Sinne war der Feuilletonredakteur und Schauspielkritiker der »Königsberger Hartungschen Zeitung« Emil Krause.

Dieser Mann hat nicht nur in der Geschichte seiner Zeitung eine bedeutende Rolle gespielt, er kann geradezu als Geschmackserzieher für eine ganze Königsberger Generation gelten. Er war ebensosehr eine Zierde seines Berufsstandes als auch eine Potenz im Geistesleben unserer Vaterstadt. Alexander Wyneken, der genialische Chef der »Königsberger Allgemeinen Zeitung«, der bei allen deren Massenerfolgen doch eine dauernde Unruhe darüber empfand, daß er auf diesem einen Gebiet der anscheinend unbesiegbaren »Hartungschen« keinen ebenbürtigen Rezensenten gegenüberzustellen vermochte, erklärte anläßlich des Krause-Jubiläums im Jahre 1896: »Krause ist unzweifelhaft einer der feinsten und gediegensten Theaterkritiker im gesamten deutschen Zeitungswesen!« Und ein solches »Eingeständnis«, öffentlich ausgesprochen, wollte schon etwas heißen!

In sachlicher Hinsicht wich ich nicht selten von meinem Vorbild Emil Krause ab - in der Wertung seiner Person gab es kein Weichen und Wanken. Ich habe einmal von meiner fast schicksalhaften Verbundenheit mit dem Hause Hartung gesprochen. Tatsächlich hat mich mein Leben lang eine enge Beziehung zur »Hartungschen Zeitung« begleitet. Diese »prästabilierte Harmonie« begann schon, wenn ein Scherz erlaubt ist, vor meiner Geburt. Denn ich bin in dem altertümlichen Haus »Zur goldenen Axt« zur Welt gekommen, das ungefähr ein Jahrhundert früher Gottlieb Leberecht Hartung erstanden hatte, um es im Erdgeschoß für seine Buchhandlung, aus der schließlich Gräfe und Unzer hervorging, und in den Prunkräumen des Hauptstocks als Wohnung herzurichten. Meine Kindheit verbrachte ich dann bis zum Flüggewerden in einem Hause, das in Reichweite der Hartungschen Druckerei lag und Zeuge vieler dortigen Vorgänge wurde. So sah man zum Beispiel die großen Papierrollen von »fläm'schen«, mit Messingschmuck behangenen Pferden auf Rollwagen heranschleppen. Dann wanderten die Hausdiener, auf dem Rücken die mit Riemen übergeschnallten Zeitungspacken »vorne reingelegt« den Mühlenberg zur Post hinauf. Es verstand sich von selbst, daß wir, die nächsten Nachbarn, auch aus Überzeugung stets nur die »Hartungsche« hielten und dort auch allein Anzeigen aufgaben wie übrigens damals die halbe Bürgerschaft. Am Spätnachmittag wurde die Zeitung geholt. Im Sommer trollte ich selbst, in der Hand eine Ausfüllkarte mit dem Vordruck sämtlicher kommender Zeitungsnummern, zur niedrigen Glastüre im Keller bei Hartungs, wo hinter einem Schiebefenster ein Verlagsangestellter, etwa der brummige Herr Bodendorff, saß und die erfolgte Abholung mit einem Blaustrich durch die betreffende Ziffer bescheinigte. Das war so regelmäßig wie beim Bäcker Segadlo die warmen Semmeln, bei der Tante Fischer die warmen Würstchen und bei Schermach die Schokolade Nr. 3, »fünf Pfund für 6 Mark, das sechste Pfund zu«.

Aus jener vorfrühlingshaften Zeit, da ich oft an einem Fenster des väterlichen Geschäfts mit einem Baukasten oder mit Zinnsoldaten beschäf-

166

tigt war, stammt auch meine erste Bekanntschaft mit Emil Krause. Um die Mittagszeit kam drüben auf dem Bürgersteig ein kleinerer, ziemlich nach der Mode gekleideter Herr vorüber. Der Vater verfehlte nicht, mir zu erklären, daß dies der »Rezensent Krause« sei, vor dem er, ich weiß nicht weshalb, einen heillosen Respekt hatte. Es dauerte auch gar nicht lange, da begann ich seine Theaterbesprechungen zu lesen, fand sie herrlich und hätte es mir nie einfallen lassen, daß ich mir je ein Wort daraus anders wünschen würde! Als es dann doch später dazu kam, wurde mir die Bedeutung des Goetheschen Verses im Tiefsten klar: »Was man ist, das ist man anderen schuldig!«

Es war aber nun keineswegs so, daß ich mich allein auf des Älteren Freundschaft verlassen und sie als Vorspann für mein eigenes Vorwärtskommen mißbraucht hätte. Vielmehr machte ich eines Tages im Frühjahr 1889 dem damaligen Hauptschriftleiter der »Königsberger Hartungschen Zeitung«, Ferdinand Michels, einen Antrittsbesuch und überreichte ihm einen Aufsatz »Aus den Annalen der Guillotine«, der auch Aufnahme fand und die Verbindung mit seinem Blatt knüpfte. Ferdinand Michels war in den Bürostunden nicht immer leicht zu fassen. Entweder saß da neben seinem Arbeitstisch, offenbar in fesselndem sachlichem oder freundschaftlichem Gespräch, der Kursmakler Friedmann, während der Redakteur unbeirrt Zeitungen oder Korrekturfahnen überflog, oder er war, wie der Fachausdruck im Hause lautete, »ein bißchen weggegangen«. Drüben nämlich, an dem vorspringenden Eckhaus der Altstädtischen Langgasse, befand sich die kleine Weinkneipe von Cäsar Martens - wie so ehedem Königsberger Weinkneipen waren, mehr auf ostpreußischen Maitrank als auf Ungegypste und Ungesüßte eingestellt. Dort unterhielt Michels sein »großes Hauptquartier< und machte sich dadurch verdient, daß er als gebürtiger Rheinländer den Inhaber beim Einkauf von Mosel- und Rheinweinen zu beraten verstand. Michels war nicht nur ein aufrechter Demokrat, nicht nur der Inbegriff eines repräsentablen Vereinsvorsitzenden, unwiderstehlicher Versammlungsredner und quellfrischer Journalist, sondern auch ein »süffiger« Mann, der denn auch gelegentlich des Guten zuviel tat. So war ich einmal Zeuge, wie er als Ordner des Männerturnvereins bei einem Sommerfest im Hufenpark genötigt wurde, in sehr vorgerückter Frühstücksstunde das Wort zu ergreifen. Er ergriff es auch, ließ es aber bald wieder los. Im Vertrauen darauf, daß der Rebensaft das

Feuer der Beredsamkeit nicht löscht, sondern meist noch höher anfacht, begann er tapfer, blieb aber, wie Goethe bei der Eröffnung des Ilmenauer Bergwerks, stecken, ohne wie dieser nach einer Pause andächtigen Schweigens den abgerissenen Faden wieder aufzunehmen; vielmehr ließ er einen anderen ein Verlegenheitshoch ausbringen und schlug sich selber in die damals noch reichlich vorhandenen Büsche des späteren Zoos.

Bereits im September des gleichen Jahres findet sich in meinem »Hauptbuch« der schön geschriebene Vermerk »Vorschuß 30 Mark«; er läßt durchaus auf eine engere Beziehung beider Teile schließen. Die erstüberreichte Guillotine hatte in der Tat noch eine große Nachfolgeschaft. So gab mir gleich darauf die Wiedereinführung des »Cul de Paris« Anlaß zu einer tiefgreifenden Plauderei über die Mode als »mächtigste Göttin«. Das »Tiefgreifende« ging so weit, daß ich in den Redaktionen wegen der Länge meiner Beiträge bald gefürchtet war.

Die erste ernstere Heimarbeit waren die im August und September 1894 erschienenen »Beiträge zur Geschichte des Königsberger Droschkenfuhrwesens«. Brannte kein anderer Gegenstand auf den Fingern, so wurde der Kalender weidlich nach Jubiläen abgesucht. So fand ich nach und nach Gelegenheit, mich in Opitz von Boberfeld, Paul Flemming, Karl Immermann und andere zu versenken - meistens Dichter, von denen man nicht viel mehr wußte, als daß sie geboren und gestorben waren, die man sich nun aber neu eroberte. Jacob Grimm wurde meine erste große Liebe und Goethe die zweite und dann bleibende. Unter dem Titel »60 Jahre nach Goethes Tode, Betrachtungen zur zeitgenössischen Literatur« legte ich dem Weimaraner meine Huldigungen zu Füßen.

Noch zeitgemäßer war ein anderes Jagen. Anläßlich des »Leipziger Realistenprozesses« im Sommer 1890 behandelte ich in der »Hartungschen« das Thema »Literatur und Staatsanwalt«, genauer, wie die deutsche Literatur noch Denk- und Schreibfreiheit habe, wie weit man in den Mitteln zum Ausdruck künstlerischer Ideen gehen dürfe.

Nach damaliger Literatensitte war es förmlich Dienst, die Spätabende und Nächte im Café zu verbringen. Man las dort in den aufgestapelten Zeitungen, besonders Kritiken wie auch Angebote und Nachfragen, hielt so eine Art Börse ab, unterhielt und zankte sich auch mit einer Leidenschaft, als ob das Wohl des Landes davon abhinge. Störende Cafémusik gab es noch nicht. Um 2 Uhr früh sah man zum ersten Mal nach der Uhr und beschloß, bald nach Hause zu gehen, trank aber vorsichtshalber noch die zweite Tasse Kaffee des Abends, zwischen drei bis sechs Glas Wasser, die Herr Meindl, der Wiener Ober, seinen treuesten Stammgästen unaufgefordert spendete. Spätestens um 3 Uhr, wenn schon der Morgen graute, begab man sich dann auf den Heimweg.

Nicht bloß die Zeitungsschreiberei, auch andere Dinge sorgten dafür, daß die Erwerbung des Dr. phil. lange auf sich warten ließ. Da Geldnot mir andauernd zu schaffen machte, suchte ich nach weiteren Erwerbsquellen. Sie boten sich von Mai bis September 1895 in Gestalt des Pressebüros der »Nord-Ostdeutschen Gewerbe-Ausstellung«. Die ersten Anregungen zu diesem für Königsberg so förderlichen Unternehmen war vom »Polytechnischen und Gewerbe-Verein« ausgegangen. Sein Vorstand glaubte, das Jubeljahr seines 50jährigen Bestehens nicht würdiger auszeichnen zu können als durch eine große Schau. Im April 1894 trat der Hauptausschuß – Sack, Blockmann, Lassar-Cohn und andere – zusammen, und im nächsten Frühjahr feierte man bereits auf dem fast fertigen Ausstellungsplatz. Wo eben noch der Wind über Furchen und Stoppeln geweht hatte, entwuchs dem Boden eine phantastische bunte Zweckstadt aus Holz im Geschmack jener Zeit mit einer Fülle von unruhigen Aufbauten, Türmchen, Kuppeln, Balkonen und sonstigen Zieraten. Mittelpunkt für alle Bestrebungen, die der Erweckung und Belebung öffentlichen Interesses dienen konnten, war das Pressebüro. Ich schrieb hier unaufhörlich Briefe oder Aufsätze für Tages- und Fachblätter, sammelte das Erschienene in dicken Herbarien und betreute einen eigenen Zeitungsdienst. Schloß man am Nachmittag seinen Laden, so durfte man sich draußen ungewohnten Trubels erfreuen und ließ sich auf der Rennbahn von den Klängen der Theaterkapelle beschwingen. Jeden Tag schob sich eine kleine Völkerwanderung zu den Hufen hinaus. Das Schönste war, daß der festliche Schauplatz dieses Wettstreits der Stadt für dauernd erhalten blieb. Dank der Freigebigkeit des jubilierenden Vereins, dank der Unternehmungslust des Zahnarztes Claass, entstand der Tiergarten, der bis auf unsere Tage breite Volksschichten erfreut hat.

Das Jahr 1896 brachte eine entscheidende Wendung in meinem Leben. Hatte ich bis dahin der Presse nur den kleinen Finger gereicht, so nahm sie jetzt die ganze Hand, war ich bis dahin nur Mitarbeiter, so wurde und blieb ich fortan Schriftleiter. Überraschenderweise kam nämlich ein Briefchen von Otto Wellner, dem Feuilletonredakteur der »Königsberger Allgemeinen Zeitung«, der mich in die Zentralhalle zur Entgegennahme einer wichtigen Mitteilung beschied. Dort erfuhr ich, daß kein Geringerer als Alexander Wyneken, der mit jedem Monat bedeutsamer werdende Chef der »Allgemeinen«, mich seiner Redaktion einzuverleiben wünschte. Zunächst zur Probe und Ausbildung, dann bei beiderseitigem Gefallen für immer. Wyneken hatte das nicht unbegründete Gefühl, daß seinem Blatt eine fesselnde Schauspielkritik fehle. Wir einigten uns auf ein Probejahr. Nicht lange, und in meinem Hauptbuch fand sich wieder das wohlklingende Wörtchen »Vorschuß«. Bald kündigte die »Allgemeine« eine lokale Wochenschau aus meiner Feder an. Wieder berichtete ich über die neuesten Errungenschaften, wie zum Beispiel über Teddybären und Seehundchen in dem soeben eröffneten Tiergarten, über das Hoeftmannschen Zander-Institut auf dem Hintertragheim, über die neuen Dampfspritzen und Gamshornleitern der Feuerwehr, mit der ich Tag und Nacht bei größeren Bränden ausrückte. Mit tastenden Worten wagte ich auch ein werbendes Wort über die Heilsarmee, deren Straßenmusik und Hallelujahüte vorerst nur Spott erregten. Eine Zeitlang war ich Gast in ihrem Versammlungslokal, wo dereinst Tanzmeister Stoige der Jugend die ersten Polkaschritte beigebracht hatte und nun zerknirschte Sünder zur Bußbank wankten. Mit genauen Berichten über die Eröffnung der neuen Synagoge am Lindenmarkt lieferte ich einen Beitrag zur Kulturgeschichte. Die Rasse als Höllensehranke war damals noch nicht aufgerichtet, vielmehr rechnete man es sich zur Ehre und Pflicht an, einander nach Verdienst und Leistung und nicht nach der Herkunft der Großmütter zu behandeln. Bürgermeister Brinkmann sprach die Worte, »daß an Ihrem Feste die gesamte Königsberger Bürgerschaft freudigen Anteil nimmt. Denn gehobenen Hauptes und Ihrer Zustimmung sicher, darf ich es wohl aussprechen: hier in Königsberg leben die Bekenner aller Religionen und aller Konfessionen in Frieden und Eintracht neben- und miteinander«.

Die Hauptsache meiner Berichterstattung aber blieb das Theater. Darüber rückte mein Probeentscheid näher. Wyneken ließ keinen Zweifel, daß er mich gerne behalten wollte, und machte mir den Vorschlag, mich auf drei Jahre als Feuilletonredakteur und ersten Schauspielkritiker, mit zweimal in der Woche Nachtdienst, zu verpflichten. Das Gehalt sollte 3000 Mark, steigend bis 3600 Mark betragen, dazu zweimalige Sonder-

170

gaben und Pensionsberechtigung. War es da nicht verrückt, ein solches Angebot auszuschlagen? Wyneken war Kavalier vom Scheitel bis zur Sohle, aber er war auch ein gestrenger Herr, der sich um jede Kleinigkeit im Betrieb kümmerte. Mein Traum aber war es, an einer parteilosen unabhängigen Zeitung tätig zu sein. Freiheit schien mir nur die »Hartungsche« zu bieten, und so landete ich - für ein langes Leben - dann bei dieser Zeitung, einer der ältesten deutschen Zeitungen überhaupt.

Johannes Mittelstädt
Sojabohne und Seidenraupenzucht

Als kurz vor Weihnachten 1972 in Berlin Johannes Mittelstädt fast neunundachtzigjährig seine Augen für immer schloß, war mit ihm ein Mann dahingegangen, der nicht nur als Nestor der ostpreußischen Journalisten einen achtbaren Ruf errungen hatte, sondern auch eine vielseitig gebildete, in seinen Interessen und Hobbys überaus weitreichende Persönlichkeit Königsbergs war und weit darüber hinaus Aufmerksamkeit und Anerkennung gefunden hat. Diesen aufrechten Mann hatte ich seit frühen Königsberger Tagen gut gekannt und habe ihm auch manche Hinweise und Ratschläge für die Berufstätigkeit des Redakteurs zu verdanken. Wir standen miteinander im Briefwechsel, und so war es nur natürlich, daß ich versucht habe, Johannes Mittelstädt zur Niederschrift seines Lebensweges zu bewegen. Der gebürtige Berliner, seit 1906 Wahl-Ostpreuße, ist meiner Bitte auch nachgekommen. So seien denn zunächst seine eigenen Aufzeichnungen wiedergegeben, in denen rasch das Profil einer originellen Persönlichkeit und eines reich begabten Schriftleiters deutlich wird. Johannes Mittelstädt erzählt:

»1884 wurde ich in Berlin als Kind uckermärkischer Eltern geboren. Nachdem ich dort das Luisen- und das Lessing-Gymnasium frequentiert hatte, erlernte ich bei der international bekannten Buchhandlung Asher und Co. ›Unter den Linden‹ den Sortimentsbuchhandel. Meine Lehrherren wollten mich der ihnen seit langem geschäftlich verbundenen Firma Francke in Bern empfehlen, aber ich entschied mich für Königsberg. Wie das damals aus Unkenntnis so üblich war, fragten mich Bekannte und Freunde: ›Was wollen Sie denn in Ostpreußen, wo sich die Wölfe gute Nacht sagen?‹ Mich hatte dorthin mein Freund Max Geisenheyner gelockt, der Redaktionsstenograph bei der ›Königsberger Hartungschen Zeitung‹ war und sich später als Redakteur und Theaterkritiker der ›Frankfurter Zeitung‹ sowie durch seine Berichte von Bord des Luftschiffes ›Graf Zeppelin‹ einen Namen gemacht hat.

Am letzten Septembertag des Jahres 1906 reiste ich also von Berlin-Charlottenburg, natürlich 3. Klasse, nach Königsberg, wo mich Geisenheyner am Ostbahnhof erwartete. Mit der Straßenbahn fuhren wir - mein Gepäck bestand aus einem Koffer und einer Hutschachtel! - bis zur Poststraße, und dann fand ich im Hause Nikolaistraße 6 bei einer Schuhmacherfamilie Obdach. Die Miete betrug 20 Mark im Monat ›inclusive‹ Morgenkaffee nebst einem Butterbrötchen und Beheizung im Winter. Zusätzlich zahlte ich noch 15 Mark für ›Stullen mit Wurst‹, die ich ins Geschäft mitnahm.

Am darauffolgenden Sonntag stellte ich mich, und zwar in Gehrock und Zylinder, bei einem der Chefs der in ganz Europa bekannten Buchhandlung Gräfe und Unzer vor. Es handelte sich um Herrn Paetsch, der mich in die Prinzipien seines Unternehmens einweihte, wobei mir auffiel, daß ein Privatverkehr unter seinen Angestellten nicht erwünscht schien, was später für mich noch von Bedeutung werden sollte. Mein Gehalt betrug anfänglich 110 Mark. Am Montag pünktlich um 8 Uhr begann mein Dienst; Herr Paetsch stellte mich zwanzig Damen und Herren, darunter fünf Lehrlingen, vor und dann begann die Arbeit. Der Geschäftsbetrieb war gleich von Anfang an recht lebhaft, da zum Semester- und Schulbeginn viele Einkäufe getätigt wurden. Der Dienst reichte von 8 Uhr früh bis 8 Uhr abends, auch am Sonnabend; nur der Sonntag war frei. Die Mittagspause währte von 12 bis 2 Uhr; dabei traf ich mich mit meinem Freund Geisenheyner in den Rheinischen Weinstuben am Münchenhof, wo man für 90 Pfennige ein gutes Mittagessen bekam und nichts dazu zu trinken brauchte.

Die Buchhandlung Gräfe und Unzer hatte eine außerordentlich günstige Lage mitten in der Stadt, der Universität am Paradeplatz, den man damals auch noch Königsgarten nannte, gegenüber. Studenten wurden besonders gut behandelt, weil sie auf ihren Ausweis hin einen Kredit zum Kauf von Büchern für das Studium, aber auch anderer Literatur eingeräumt bekamen, der naturgemäß gute und anhängliche Kunden aus ihnen machte, so daß selbst ein schon zwei Jahre in Amt und Würden tätiger Oberlehrer - verheiratet und zwei Kinder – noch abzahlen konnte. Auch zu zahlreichen Lehrern der verschiedensten Unterrichtsanstalten bestand ein ausgezeichnetes Verhältnis.

Der Laden selbst war nicht besonders repräsentativ. Dekorativ war das Schild über dem Eingang mit dem Preußischen Schwarzen Adler aus Holz, das auch beim völligen Umbau nach dem Kauf des Nachbargrundstücks und der Erweiterung zum ›Haus der Bücher‹ übernommen wurde. Vom Keller über die Zwischenetage, einem langen Gang bis zur Theaterstraße hin – alles unmittelbar neben dem Café Bauer – und mancherlei Treppchen und Stufen bot sich den Angestellten, die von einer Abteilung zur anderen laufen mußten, reichlich Gelegenheit zu sportlicher Betätigung. Dazu kamen die Leitern zu mehr oder minder hohen Regalen. Eine Art kultureller Mittelpunkt des Betriebes im Parterre war dicht neben der Kasse an einem Pfeiler ein etwa 40 mal 60 Zentimeter großes Bild eines Malers Becker von Kant, an dessen Geburtstag auch einige Museumsstücke, zum Beispiel eine Tabakdose, auf einem Tisch im Geschäft ausgestellt zu werden pflegten.

Schon nach einem Vierteljahr bekam ich Gehaltszulage, allerdings nur 10 Mark, also auf 120 Mark brutto pro Monat, und zwar nach der Inventur am Jahreswechsel, nach der ich neben dem Dienst im Laden die Remittenden und Disponenden zu bearbeiten hatte. Im Laufe meiner Tätigkeit bei Gräfe und Unzer stieg mein Monatsgehalt auf 140 Mark. Die weiblichen Angestellten wurden erheblich geringer bezahlt, zum Beispiel bekam eine achtzehnjährige Kontoristin, die drei Jahre im Einzelhandel im Büro – bei Silberstein am Münzplatz – gelernt hatte, ganze 20 Mark im Monat. Die Damen wurden dafür aber wie rohe Eier behandelt, und bei Streitigkeiten wurde eher der männliche Angestellte entlassen als die streitbare Dame. Das Betriebsklima war nicht schlecht, zumal beide Chefs allen Bildungsbestrebungen des Personals sehr aufgeschlossen gegenüberstanden. Zum Beispiel konnte man abends vor Geschäftsschluß den Betrieb verlassen, wenn man Theater- oder Konzertkarten hatte oder Vorträge besuchen wollte.

Beide Chefs, Otto Paetsch und Hugo Pollakowsky, stammten aus Rastenburg, und zwar aus Apothekerkreisen. Paetsch war im ganzen Reich bekannt und wirkte unter anderem im Vorstand des Börsenvereins der Buchhändler zu Leipzig. Anläßlich einer Jahrhundertfeier für Kant wurde er Ehrenbürger der Albertina zum Dank dafür, daß er für eine Spende der deutschen Buchhändler an die Bibliothek der Universität geworben hatte. Beide Chefs gehörten dem Deutsch-Österreichischen Alpenverein an, dessen Geschäftsstelle sich in der Firma befand; sie verlebten ihren Urlaub gern in den Alpen. Paetsch war Österreichischer Konsul. Pollakowsky war der Mittelpunkt des unmittelbaren Geschäftsbetriebes und gewann mit seinem großen Wissen als wandelnder Katalog und mit seinem besonders gepflegten Äußeren wie seiner sprichwörtlichen Höflichkeit und Liebenswürdigkeit der Firma zahlreiche aufrichtige Freunde.

Vom 1. Oktober 1907 ab wohnte ich im Hause Neuer Markt 1, dessen Front zum Anger lag, zusammen mit meinem Freund Geisenheyner und meinem Bruder Fritz in zwei Zimmern, für die wir 50 Mark bezahlten, wieder mit Frühstück. Ich trennte mich im Guten am 15. Oktober 1908 von Gräfe und Unzer, da ich Journalist werden wollte, verließ Königsberg noch am gleichen Tag, um eine Stelle als Volontär bei der ›Tübinger Chronik‹ anzutreten. Später wurde ich Redakteur bei der ›Stuttgarter Morgenpost‹. Von dort kam ich wieder nach Königsberg – wo ich dann bis zum letzten Weltkrieg blieb – und trat am 20. Dezember 1909 bei der ›Königsberger Hartungschen Zeitung‹, zunächst als Telefonstenograf und Berichterstatter, ein.

Ich habe es nie bereut, nach Königsberg gegangen zu sein. An den Ostpreußen gefiel mir gleich besonders gut die Frische und Natürlichkeit der Frauen und Kinder. Ich habe ja auch eine Ostpreußin geheiratet, und zwar die Tochter des Königlichen Hafenlotsen Eduard Reicke, zunächst in Pillau und dann in Königsberg. Wir lernten uns bei Gräfe und Unzer kennen. Bei der Inventur am Jahresschluß, ein Vierteljahr nach meinem Dienstantritt, gab es im Laufe des Tages immerhin einige Pausen, in denen, wenn die Chefs nicht da waren, ein bißchen getanzt wurde. Dabei fiel mir Lena Reicke besonders auf. Im Hinblick auf das Verbot persönlicher Beziehungen zwischen dem Personal, das mir Herr Paetsch bei meinem Antrittsbesuch zu verstehen gab, blieben unsere Freundschaft und Zuneigung streng unter uns. Dachten wir wenigstens! Als ich schon mein Zeugnis in der Tasche und mich verabschiedet hatte, fragte eine ›liebe‹ Kollegin meiner jetzigen Frau Herrn Paetsch, ob er abends wieder zum Ostbahnhof gehe. Das tat er öfter, um den wichtigen Bestellbrief für Leipzig, das ja das Zentrum des deutschen Buchhandels war, persönlich in den Briefkasten des D-Zuges nach Berlin zu werfen. Herr Paetsch bejahte die Frage. Daraufhin meinte die Kollegin, er werde dann ja auch neben Herrn Mittelstädt, der den Zug benutzen wollte, wohl Fräulein Reicke zu sehen bekommen. ›Warum Fräulein Reicke?‹ - ›Na, haben Sie gar nichts gemerkt? Die sind doch heimlich verlobt‹. Herr Paetsch fuhr oder wanderte also auch an diesem Abend, wie immer mit Zylinder, zum Ostbahnhof und wurde am D-Zug nach Berlin Zeuge eines ergreifenden Abschieds seines bisherigen Gehilfen Johannes Mittelstädt von Lena Reicke. Von Gräfe und Unzer wurde Lena Reicke am nächsten Tage fristlos entlassen. Sie fand aber sofort bei Professor Hoeftmann eine höher bezahlte Stellung. Erst 1910 konnten wir uns offiziell verloben. Am 11. Oktober 1911 haben wir dann geheiratet, so daß wir im Jahr 1971 unsere diamantene Hochzeit feiern konnten.«

Johannes Mittelstädt ist jahrelang durch die harte Schule der Redaktionstätigkeit bei einer so altbewährten Zeitung wie der »Hartungschen« gegangen. Bald hatte er sich einen Namen als Schriftleiter für den Handelsteil gemacht. Nach dem Ersten Weltkrieg wurde er dann der erste Pressechef der 1920 errichteten Deutschen Ostmesse in Königsberg. Bald übernahm er auch beim »Königsberger Tageblatt«, einem im gleichen Verlag erscheinenden Volksblatt mit hoher Auflage, die Redaktion des Gartenbauteils. Damit war Mittelstädt in seinem eigensten Element. Wie sich das für einen Mann seines Wirkungsbereiches gehörte, war er führendes Mitglied in zahlreichen Vereinen, und besonders hat er sich der Entwicklung des Kleingartenwesens angenommen. Im Zusammenhang damit widmete er sich einem Hobby, dessentwegen er lebenslang manch gutmütigen Spott einstecken mußte, zunächst der Seidenraupenzucht und dann der Anpflanzung der Sojabohne. Jahrelang als »gutmütiger Narr« belächelt, erlebte er es nach vierzehn Jahren, daß die Bedeutung der Seidenraupenzucht anerkannt wurde: Johannes Mittelstädt wurde Präsident des gesamten deutschen Seidenbaus. Auch nach dem Zweiten Weltkrieg – als Flüchtling nach schweren Schicksalsschlägen in Mitteldeutschland gelandet – konnte er seine Arbeit in Gestalt von Anpflanzungen der Maulbeere als Futterpflanze für die Seidenraupe fortsetzen und wandte sich auch - im Zusammenhang mit der Notsituation bei Bekleidung und Ernährung - der Förderung der Kleintierzucht zu. Bald galt er als unumstrittener Fachmann.

Unter Mittelstädts Ägide als Schriftsteller fällt auch die Begründung von Blättern, die einen guten Ruf bekamen. Dazu zählten »Das Grüne

Ostpreußen« als Beilage zum »Königsberger Tageblatt«, ferner »Der Osteuropamarkt«, die Vorarbeit bei der Schaffung des »Osteuropa-Institutes« und die Mitarbeit beim Statistischen Reichsamt. Kein Wunder, daß Mittelstädt schließlich zum Chef vom Dienst und stellvertretenden Hauptschriftleiter beim »Königsberger Tageblatt« aufrückte. Sowohl im Vorstand der ostpreußischen Presse wie auch als eigentlicher Organisator des Königsberger Kleingartenverbandes mit 22 Vereinen und des Provinzialverbandes mit 54 Verbänden ist er der eigentliche Geburtshelfer des Kleingartenwesens und damit der Beziehungen vieler sogenannter »kleiner Leute« zur Natur geworden. Mit zu seinen schönsten Leistungen zählt aber seine harmonische Zusammenarbeit mit Gartenbaudirektor Schneider, wobei es gelang, die vielen Schrebergärten Königsbergs in den aus den ehemaligen Festungsanlagen gebildeten Grüngürtel einzubeziehen. Schließlich unterhielt er im Vorort Klein-Amalienau (am »Pissorick-Graben«) einen Versuchsgarten, auf dem er interessante Experimente unternahm. Das waren nicht nur botanische und biologische Versuche, für die sich die Albertus-Universität interessierte, sondern auch Experimente mit sogenannten »Urmineralien«, die er aus dem Neuwieder Becken des Rheinlandes bezog. Endlich holte er aus der fernen Mandschurei Pflanzen wie zum Beispiel Koaliang, die Rhizinusbohne und dann verstärkt die Sojabohne, von der er frühreife Sorten erfolgreich heranzog.

Welch respektabler Lebensweg einer Persönlichkeit, die als kleiner Buchhändler und Zeitungsstenograf angefangen hatte und zu einem höchst achtbaren Ruf als Redakteur und erst recht in vielen »Nebenberufen« zu humoriger, bald auch ernsthafter großer Anerkennung gelangt ist! (Wilhelm Matull)

Carl von Lorck
Walter von Sanden und Klein-Guja

Eine Tagesfahrt zum Nachbargut Klein-Guja zu Walter und Edith von Sanden gehörte für mich zu den schönsten Erlebnissen im Kreis Angerburg.

Es gibt Menschen, die durch die Ausstrahlung ihres Wesens einen alltäglichen Vorfall bedeutsam machen. Oft sind es belanglose Dinge, die lebendig bleiben, weil sich der Mensch und das Menschliche in ihnen deutlich offenbaren. So war es bei Walter von Sanden.

Einige persönliche Erlebnisse mit ihm will ich erzählen, weil sie die Eigenart seines seltenen Charakters kennzeichnen. Es werden hier nur der Mensch und nichts anderes als das Menschliche geschildert, zugleich weil es typisch ostpreußisch im besten Sinne war. Als Nachbarn im Kreis Angerburg waren wir vielfach in Guja und Sandens bei uns im Seehof. Sanden übte auf seinen Gütern Klein-Guja und Launingken eine herzliche Gastfreiheit aus.

Von einem ersten Besuche ist mir die erstaunliche Sache mit der Dunkelkammer unvergeßlich. Das erste Buch mit dem Titel »Guja« war erschienen und wurde ein unerwarteter Erfolg. Der Kopf der scheltenden Lachmöwe auf dem Umschlag prägte sich ein und das exotisch klingende Wort Guja. Der Name stammte von dem Spanier, der im 17. Jahrhundert am Deime-Memel-Kanal gebaut hatte. Jüngst hatte auch ein Naturforscherkongreß in Oxford die einzigartigen Naturaufnahmen Sandens, wie die brütenden Haubentaucher, die Rohrdommel in Schreckstellung und Wildschwäne auf dem Nest, mit einem Preis ausgezeichnet.

Sanden empfing uns. Aber wo und wie! Die Überraschung war echt Sanden. Als wir nördlich der Marschallsheide an den Wald von Guja kamen, tauchte vor unserem Wagen sein Fahrer auf und stoppte uns. Der Waldweg war schmal, hatte Schlaglöcher und tiefen Lehm. Der Mann hatte den Auftrag, uns zu begrüßen und uns bis zum Hof Guja zu fahren, weil er allein den schwierigen Weg kannte. Oftmals stand auch Sanden selbst an der Waldkante, um uns fürsorglich und sicher zu seinem Hause zu lotsen.

Klein-Guja liegt hoch über dem Nordenburger See, dem durch Sandens Bücher berühmt gewordenen See der sieben Inseln, kurz dem Guja-See. Der Blick geht unendlich weit über die stille Seelandschaft. Das weiße Haus liegt hoch, den Hang hinab erstreckt sich ein großartiger Terrassengarten. Die Aussicht ist so, daß keine Aufnahme sie wiedergeben kann. Der See liegt in der Ferne, und die ganze herrliche Weite öffnet sich über dem blinkenden Wasserspiegel vor den erstaunten und beglückten Augen.

Das alte weiße Haus von Guja sieht aus wie hundert andere Herrenhäuser Ostpreußens, schlicht, einfach, klar und zurückhaltend bescheiden. Es ist im Typ Neudeck gebaut mit beiderseits in der Mitte einem Dreifenstergiebel und liegt direkt am Wirtschaftshof. Klein-Guja war – und ist es noch heute, sicheren Nachrichten zufolge - im Inneren ein Museum. Vitrinen voller Steinzeit-Funde, Faustkeile, Steinbelle, Hämmer, Lanzen- und Pfeilspitzen schmückten die Räume. Dazu eine der seltensten Sammlungen ausgestopfter Kleinvögel, Rallen, Strandläufer, Zwergtaucher. Die Bibliothek gab vom geistigen Kulturbereich des Hauses eine umfassende Übersicht, ganz zu schweigen von den vielen Büchern, deren Verfasser der Hausherr selbst war. Er publizierte von der Fachwelt anerkannte tierpsychologische Beobachtungen feinsinnigster Art. Er hatte im Wald von Guja die erste und einzige lebende Birkenmaus, ein Relikt der Eiszeit Nordeuropas entdeckt (»Alles um eine Maus«).

Auf dem Fußboden in Guja ringelte sich den Besuchern ein enormer Aal entgegen, schreckenerregend in meisterhafter Lebensnähe aus Bronze, ein Riesenkarpfen stand auf den Brust- und Bauchflossen, Arbeiten aus der Bildhauerwerkstatt von Edith von Sanden. Ihre Ölbilder und Aquarelle von Vögeln und Fischen leuchteten an den Wänden. Ingo, der Fischotter als Hausgenosse, war damals noch nicht erworben. Er ist Gegenstand eines der meisterhaftesten Bücher von Walter von Sanden, das auch in Englisch in London erscheinen sollte.

Meine Frau Anni erzählte, daß die Schrötterschen Baronessen aus Wohnsdorff Walter von Sanden und seine Brüder von Kind an kannten. In früher Erinnerung war er ein stiller, verträumter, im Umgang mit Marjellchen verlegener Junge im Matrosenanzug, der stets mit einer grünen

Botanisiertrommel herumlief, deren Trageriemen sich immer mit seinem blauen Matrosenkragen verheddderte, aus der aber zum Vergnügen und Schrecken der Mädel lebende Insekten und Kleintiere wie Eidechsen hervorkamen.

Wie war nun die Sache mit Sandens Dunkelkammer? Ich war selbst von früh auf mit dem Handwerk des Fotografierens, einer recht schwierigen Angelegenheit, bemüht gewesen. So fragte ich Sanden nach seiner Dunkelkammer, in der die in der ganzen Welt bewunderten meisterhaften Aufnahmen entwickelt und abgezogen worden waren.

»Meine Dunkelkammer ist hier!« Sanden öffnete einen engen Verschlag, nicht geräumiger als ein Schrank. Es war darin kaum Platz, um ein Brettchen als Tisch und einen Hocker aufzunehmen. Wo das Licht sei, fragte ich sachlich interessiert und dachte an die Vierfachschaltlampen, mit denen jedes kleinste Institut, das auf sich hielt, ausgerüstet war, Rot, Orange, Dunkelgrün für farbempfindliche Platten, und Mattglasscheibe, um Negative zu prüfen. Sanden: »Dazu nehme ich meine Taschenlampe und lege ein rotes Tuch darüber. Sehen Sie, dieses hier.« Auf meine Zweifel antwortete er: »Das reicht aus.« Eine schlichte Einfachheit, die mich entwaffnete. Die kleine Lampe zog er aus der Tasche. Sie stammte aus dem Jahr 1920 und diente später, viel später, im Westen der gleichen Aufgabe, in Hüde in Hannover, in dem kleinen Haus am Dümmer See, wo Sanden die letzten Lebensjahre verbrachte.

Als ich den erschütternden Einblick in Sandens Arbeitsweise in Guja erhielt, stand unversehens eine ganze Weltanschauung vor mir. Das pompöse Zeitalter der hochgezüchteten Technik war versunken. Nichts galten die Apparaturen, die raffinierte Feinmechanik mit immer mehr gesteigerten Schikanen, wie der Volksmund so treffend sagt, nichts all das teure, übertriebene, fast nicht mehr menschliche Werkzeug. Maßgeblich blieb allein der Mensch, sein Können, seine Geschicklichkeit, seine Geduld, sein waches Aufmerken, alle die seltenen Fähigkeiten, die den Jäger, den Fischer, den Naturbeobachter und den großen Forscher ausmachen.

Zunächst wurde mit dem Zweispänner eine Rundfahrt über die Felder, an das Flüßchen und ans Ufer des Sees unternommen. Dergleichen Rundfahrten sind in Ostpreußen mit jedem Güterbesuch verbunden. Bei der Abfahrt sahen und bewunderten wir im Gehöft die neuen sehr geräumigen, massiven Insthäuser und Leutewohnungen, die er seinen Mitarbei-

180

tern gebaut hatte. Sanden: »Ich gebe ihnen, damit sie sich an die Elektro-
herde gewöhnen, für die ersten drei Jahre freien Strom.« Er hat die Frist
späterhin laufend verlängert. Nichts spricht so beredt für Sanden wie die
patriarchalische Fürsorge für seine Leute, mit denen er Tag für Tag auf
dem Felde stand.

Bei der Weiterfahrt wurde in der Feldflur ein Sinnbild für den Vorrang
der Tiere in Guja sichtbar: die Pyramide von Kleereutern, auf deren Gip-
fel die Störche ein Nest gebaut hatten. Sie durften nicht gestört werden.
Als Kleereuter gebraucht wurden, ließ Sanden neue machen. Das Brüten
der schönen großen Vögel ging vor. Das Bild hätte auf jedem Guja-Buch
als Sinnbild stehen können.

Während der Rundfahrt erlebten wir ein landwirtschaftliches Mißge-
schick, das jeder Viehzüchter kennt. Es ist im August fällig. Ein urhafter
Wandertrieb ergreift die Rinder. Wir trafen auf eine Gruppe disputieren-
der Leute, den Oberschweizer, seine Gehilfen, einen Kämmerer. Beim
Näherkommen erwies sich der Anlaß. Die Hälfte eines gut stehenden
Rübenackers war verwüstet. Die Kuhherde war im Morgengrauen ausgebrochen und hatte sich in den Rüben gütlich getan. Nach Art der Rinder
hatten sie zehnmal mehr umgeworfen und verwüstet als gefressen. Ziemlich unfroh standen Kämmerer und Schweizer bei der Unglücksstelle. Sie
klagten Sanden ihren Ärger und ihr Leid, die doch eigentlich sein Ärger
und sein Verlust waren. Er sah sich, vom Wagen gestiegen, den Umfang
des Schadens an. Dann faßte er seine Meinung über den Unfall in die
Worte: »Die Rüben, die sie heut gefressen und ruiniert haben, kriegen sie
im Winter weniger.«

Das wurde mit so viel Ergebenheit in das Unglück und mit so viel Gelassenheit gesagt, daß der Unwillen über die Verwüstung gebannt war. Es
kommt darauf an, wer etwas sagt und wie er es sagt. Sanden verstand die
Kunst, sich mit seinen Leuten zu besprechen, meisterhaft, wir hörten es.
In seiner Art machte er es mit seinen Leuten auf den beiden großen Wirt-
schaften, in Guja und Launingken, die er ohne Beamte nur mit zwei Stock-
kämmerern allein leitete, wie in einer Interessen- und Arbeitsgemeinschaft.
Die mit ihm auf dem Gut lebenden Menschen behandelte er als seine
verantwortlichen Mitarbeiter und Freunde, wie es seit Generationen auf
den meisten Gütern in Ostpreußen gewesen ist. Sandens schönstes Buch
vom Leben auf dem Lande, das Werk »Das gute Land«, ist für diese Le-
bensform klassisch. Es ist ein Dokument von höchstem Range.

Eine durchaus echt Sandensche Tat war auch seine Handlungsweise bei der Trennung von den Birkenmäusen. Als wir gegen Ende des Krieges zum letzten Male in Guja waren, konnte Sanden uns nicht weniger als acht lebende Birkenmäuse in seinem Terrarium zeigen, die lustig von Grassamen, wohlbemerkt Wildgras, darin lebten.

Viele Jahre später, nach der Flucht, trafen wir uns in Westdeutschland wieder. Ich erspare mir die Schilderung, welch schmerzliches und zugleich frohes Wiedersehen wir in seinem kleinen Haus in Hüde am Dümmersee erlebten. Ich konnte dabei nicht umhin zu fragen, was aus den acht Birkenmäusen geworden sei. Ich entsann mich der dringenden Bitte eines Museumsdirektors, wenigstens den Schädel, eines anderen, den Pelz der ersten Birkenmaus zu erhalten, falls das kleine Tier, das so viel Aufregung in der Wissenschaft verursacht hatte, sein Leben beenden sollte.

Auf meine Frage blickte mich Sanden in seiner versonnenen Art und Weise an. Er war im Umgang wie auch in seinen Büchern von einer herben Zurückhaltung. Aber dann pflegte, nach einem besinnlichen Schweigen, ein lächelnder Ausspruch zu folgen, der den Kern traf. Das gütige, besonnte Lächeln schließt die Bemerkung ab, endgültig, als Zeichen einer vollkommen ausgewogenen Persönlichkeit. Es gibt kein überzeugenderes, mehr Vertrauen erweckendes Verhalten als diese stille Selbstverständlichkeit. Sanden antwortete auf meine Frage nach den acht Birkenmäusen: »Ich habe sie freigelassen. Im Wald von Guja, wo wir sie gefangen hatten. Kurz bevor wir auf die Flucht gehen mußten.« Als ich wagte, bescheidene wissenschaftliche Nützlichkeitserwägungen gegen die sensationelle Tatsache der Freilassung zu erwähnen, antwortete er nur: »Da gehörten sie hin.«

Er konnte seine tiefe und grundechte Naturliebe nicht ernster bekunden als durch das Freilassen der Birkenmäuse im Wald von Guja. Walter von Sanden war so zu Haus in der Wirklichkeit der Natur, in dem großen Lebensstrom der Naturvorgänge, daß sein Wissen um die Zusammenhänge zu einer Philosophie von höchster Liebe zur Schöpfung geworden ist.

Die Person Walter von Sandens auf Guja verkörpert einen von den seltenen Menschen, deren Namen, sobald sie ausgesprochen werden, die weite Perspektive ihrer Heimat aufrufen. Bei Sanden war es die Vision »einer der eigenartigsten Landschaften Europas, die harte und herrliche

Heimat des Ostens«, wie sie der große Europäer, der Schweizer Carl Jacob Burckhardt einmal charakterisiert hat. Für die vielen Tausende ihrer Leser sind die hochpoetischen Bücher Sandens ein Spiegel der unverlierbaren Heimat. In dem Kristall ihrer Kunst – denn es sind Kunstwerke eigener Art - enthalten sie, lebendig wie kaum sonstwo, die besten Reichtümer des Landes, die Menschen und ihr karges, glückliches Dasein, die Waldtiere, Vögel und Fische, die Heimlichkeiten der Wälder, der Felder, der Flüsse und des Himmelsraumes mit den Tages- und Jahreszeiten und die eines Firmamentes, das nirgends so weit, so hoch und rein ist wie dort.

Walter von Sanden war von einer auffälligen Eigenart, und er benahm sich entsprechend. Ich muß noch berichten, welch eine Groteske gelegentlich daraus entstehen konnte. Er benutzte im Kriege kaum jemals Benzin für Autofahrten. Er nahm das Fahrrad. Wie er auch auf dem Fahrrad die Flucht von Klein Guja, Kreis Angerburg, bis zu seinem Gut in Kärnten im fernen Österreich gemeinsam mit seiner Frau durchgeführt hat.

Wir hatten ihn zum Kaffee auf den Seehof eingeladen. Es war im Herbst 1944. Er radelte so zeitig von Guja fort und fuhr so schnell, daß er eine Stunde zu früh auf der Seehöfer Halbinsel eintraf. Dann sagte er sich: Ich darf die Freunde nicht in ihrer Mittagsruhe überfallen. Und wie er stets als ein bescheidener Beobachter seine Tierpsychologie betrieb und in jeder Lebenslage zu arbeiten wußte, so legte er das Fahrrad neben sich, setzte sich an einen Chausseestein, zog Papier und Stift heraus und schrieb. In seinem Kopf war ein neues Kapitel zu einem der berühmten Guja-Bücher fällig.

Nun saß er dabei gerade unweit von dem Gehöft unseres Nachbarn Brüssow. Sofort ging es wie ein Lauffeuer – was das auch immer sein mag – durch alle Telefone der Umgebung bis zur Gendarmerie in Possessern: Bei Brüssow sitzt auf der Chaussee ein unbekannter Mann. Er zeichnet und schreibt. Das kann nur ein Spion sein, hier in der Nähe des OKH und des Außenministers in Steinort. So ging es von Mund zu Mund, von Kupferdraht zu Kupferdraht. Ein Spion!

Unser Landgendarm Raffalzik aus Possessern setzte sich in den Wagen und kam zu Brüssow, nicht ohne den Unbekannten am Chausseerand zu passieren, ihn erschrocken beäugend. Und so gelangte der Alarm von

Brüssow zu meiner Frau Anni in den Seehof. Sie fragte sogleich: »Wie sieht er denn aus?« - »Lang und dünn! Ein ganz verrostetes Fahrrad!« - »Halt!« rief Anni, »das ist doch Herr von Sanden aus Guja, er kommt zu uns zum Kaffee!«

Anni hatte große Mühe, Freund Brüssow und Raffalzik zu überzeugen und von der Verhaftung des »Spions« abzuhalten. Es gelang durch ein persönliches Gespräch, das sie mit dem wackeren Raffalzik führte, der noch einmal im Auto auf dem Wege zum Seehof an dem rätselhaften Unbekannten vorbeigebraust war. Raffalzik war noch bei uns, als Sanden eintraf und wir seine Unschuld beweisen konnten. Gemeinsames fröhliches Gelächter aller Anwesenden und entsprechende Getränke beschlossen das Ereignis.

Eberhard Günter Schulz

Die Liebenswürdigkeit Kants und die Erhabenheit seiner Philosophie

Als ich im zweiten Nachkriegswinter, etwa zwei Jahre nach der Vertreibung aus Schlesien, als Sekundaner des Stader Athenäums zum ersten Mal ein Werk von Kant zu lesen begann, waren die äußeren Umstände denkbar ungünstig: Die Einzimmer-Flüchtlingswohnung ermöglichte ein störungsfreies Arbeiten nur zu Zeiten der Stromsperre beim kümmerlichen Schein zweier Hindenburg-Lichter. Und weder das Marmelade-Schulbrot noch die zeitraubende Fahrschülerexistenz bei Kälte und Sturm, vorbei an unerschwinglichen Schwarzmarktangeboten, mit dem einzigen Lichtblick der Quäker-Schulspeisung in der großen Pause bei Aussicht auf Nachschlag für die Hochgewachsenen, gaben dem Streben nach Wissen und Bildung eine befriedigende materielle Basis. Aber der Hunger des Geistes war groß, und die Grenzen der Lektüre waren nur durch Erreichbarkeit, Verständnis und Ermüdung gezogen.

Die Schrift Kants, die mir damals in die Hände fiel, verhieß schon durch ihren Titel unüberwindliche Schwierigkeiten: »Prolegomena zu einer jeden künftigen Metaphysik, die als Wissenschaft wird auftreten können.« So kam es auch. Was blieb, war der tiefe Eindruck, daß es bei erweiterten Kenntnissen und geübterem Verstande möglich sein müsse, auf die unabweisbaren Fragen nach Gott, Freiheit, Unsterblichkeit und nach den Grundlagen unserer Erkenntnis überhaupt allgemeingültige Antworten zu finden oder aber Gründe dafür anzugeben, weshalb oder inwiefern uns eine Antwort nicht möglich sei. Hier war offenbar ein Schriftsteller, der seine Bücher nicht schrieb, um Gedanken mitzuteilen, die er nun einmal hatte und an denen auch andere vermutlich Gefallen finden würden. Hier war vielmehr vom ersten Satz an das Bestreben unverkennbar, genau bestimmte Fragen zu untersuchen und zu ihrer Lösung Thesen nicht nur aufzustellen, sondern zu beweisen. Hier trat die Philosophie mit dem Anspruch auf, einer wissenschaftlichen Bearbeitung fähig zu sein. Ich habe mir durch diese Lektüre damals keine sachliche Belehrung verschaffen können, aber ein Ziel war gesteckt: Der erfolgreiche Besuch der höheren Schule mußte mich in den Stand setzen, solche Bücher, wenn auch in harter Arbeit, verstehen und beurteilen zu lernen.

Als ich dann kaum drei Jahre danach mit dem Beginn meines Studiums in Marburg Gelegenheit erhielt, die Probe aufs Exempel zu machen, war es wiederum die Begegnung mit der Philosophie Kants, jetzt vermittelt von ihren besten Kennern, Julius Ebbinghaus und Klaus Reich, die mich, ermuntert durch ein frühes Promotionsangebot, schon nach wenigen Semestern bestimmte, die Philosophie in den Mittelpunkt meines akademischen Studiums zu stellen. Doch ich will nicht die Geschichte der Anziehungskraft der Philosophie Kants auf mich erzählen. Diese Geschichte schließt natürlich Irrtümer und auch sonst subjektiv Bedingtes ein, wäre also kaum von allgemeinem Interesse. Vielmehr will ich mit wenigen Strichen zu zeichnen und in Ansätzen zu begründen versuchen, was nach meiner bis heute gewonnenen Einsicht besonders geeignet ist, die Beschäftigung mit dem Werk des »Königsbergischen Weltweisen« anziehend zu machen.

Hinter dem Werk steht die Persönlichkeit dessen, der es geschaffen hat. Daher sei die Aufmerksamkeit zunächst auf den Menschen Kant gerichtet. So wie die bisher wirksamsten Darstellungen Kants, die das Bild eines pedantischen Stubengelehrten zeichnen, bei manchen das Interesse für seine Philosophie gemindert haben, so wird mein auf den erhaltenen Briefwechsel und auf Zeugnisse von Zeitgenossen, teilweise auch schon auf neuere, korrigierende Arbeiten gestützter Versuch einer zutreffenden Charakteristik Kants vielleicht zu einer gegenteiligen Wirkung beitragen können.

Kant entstammt einer kinderreichen Königsberger Handwerkerfamilie, die in einfachen, aber auskömmlichen Verhältnissen gelebt hat. Auch sein jüngerer Bruder hat studiert, war Hauslehrer in Kurland, Stadtschulrektor in Mitau und schließlich Pastor in Alt-Rahden. Immanuel Kants Schulbesuch ist von dem Direktor des Collegium Fridericianum, Franz Albert Schultz, der auch Theologieprofessor an der Albertina war, fürsorglich gelenkt worden. Nach dem Studium erwarb sich Kant neun Jahre lang als Hauslehrer die Muße und die Mittel, um sich auf das schon früh angestrebte akademische Lehramt vorzubereiten. Er mußte sich dann nach seiner im Jahre 1755 erfolgten Habilitation fünfzehn Jahre lang als ohne Gehalt lesender Magister mit den Gebühren seiner Hörer, die er oft genug stundete oder erließ, begnügen (einige Jahre kam das kümmerliche Gehalt eines Subbibliothekars an der Schloßbibliothek hinzu), bis er 1770 mit sechsundvierzig Jahren das Amt eines ordentlichen Professors der Logik und Metaphysik an der Universität seiner Vaterstadt erhielt und endlich ein festes Gehalt bezog.

Diese bis weit in das reife Mannesalter hineinreichende karge und unsichere wirtschaftliche Lage Kants war der eine Nachteil seinerLebensumstände, der ihn zu Einschränkungen in seiner Lebensweise nötigte. Der andere Nachteil war die relative Schwäche seiner körperlichen Konstitution. In seiner Hauslehrerzeit hat er zeitweilig unter Kurzatmigkeit und Depressionen gelitten, und sein Briefwechsel mit Freunden ist voll von diätetischen Erwägungen - nicht zuletzt im Hinblick auf Unregelmäßigkeiten der Verdauung. Die Quintessenz seines Nachdenkens über die Gesundheit hat er in seiner Schrift »Von der Macht des Gemüths durch den bloßen Vorsatz seiner krankhaften Gefühle Meister zu sein« niedergelegt, die als 3. Abschnitt seines Streits der Fakultäten 1798 erschienen ist. Die Rücksicht auf seine Gesundheit war – 1778 bei seiner Berufung nach Halle ausgesprochenermaßen – ein Motiv für ihn, noch so verlockende Berufungen nach auswärts, die er mehrfach erhalten hat, abzulehnen.

Beide Tatsachen, die wirtschaftliche Lage und das Gefühl, eine gefährdete Gesundheit zu haben, sind wichtige Grundlagen für die Beurteilung von Kants allgemeiner Lebensführung. Aus ihnen erklärt sich sowohl der Umstand, daß er keine größeren Reisen unternommen hat, wie auch die ihm als Pedanterie ausgelegte Regelmäßigkeit des Tageslaufs, die er übrigens mit der bespöttelten Genauigkeit erst etwa von seinem dreiundsechzigsten Lebensjahr ab beobachtet hat, als er sich nach dem Tode der Gräfin Keyserling und seines Freundes Green eine eigene Hauswirtschaft mit Köchin und so weiter einrichtete.

Dagegen liegt die Weltoffenheit und Urbanität Kants am Tage. Kleine Reisen, die finanziell und gesundheitlich nicht über seine Verhältnisse gingen, hat er gern und oft unternommen. So war er nach seiner Hauslehrerzeit in Ostpreußen häufig in der Umgebung Königsbergs (zum Beispiel beim Oberförster in Moditten und in dem Landhaus seines Freundes Green in Juditten), nicht selten in Pillau (auf einer Schiffsreise über das Haff von Pillau nach Königsberg wurde er einmal seekrank), einmal in Braunsberg und einmal auf einem Gut bei Goldap, unweit der Grenze Preußens zum polnisch-litauischen Doppelreich. Diese Reisen, die er fast alle in Freundesgesellschaft unternahm, beweisen zur Genüge sein Interesse an unmittelbarer Weltkenntnis. Es bedarf wirklich nicht des neckischen Hinweises darauf, daß ihn die Reise nach Braunsberg (das nicht halb so weit von Königsberg entfernt ist wie Goldap) sogar über die Grenzen Ostpreußens hinausgeführt habe, da Braunsberg, im Ermland gelegen, bis 1772 Bestandteil des Königreichs Polen gewesen sei. Kant hat sich selbst damit beruhigt, daß Königsberg als Sitz einer Landesregierung, einer Universität und als Hafenstadt, die »mit angränzenden entlegenen Ländern von verschiedenen Sprachen und Sitten einen Verkehr begünstigt«, ein »schicklicher Platz« sei, »zu Erweiterung sowohl der Menschenkenntniß als auch der Weltkenntniß..., wo diese, auch ohne zu reisen, erworben werden kann.«

Das volle Ausmaß der Kleinkariertheit des bei Einfältigen aller Bildungsgrade immer wieder anzutreffenden abwertenden Hinweises auf die Eingeengtheit der Lebenserfahrung Kants auf den Umkreis seiner Heimatstadt Königsberg wird jedoch erst deutlich, wenn man sich die Begierde und die Gründlichkeit vergegenwärtigt, mit der Kant die zahlreichen Reisebeschreibungen aus aller Welt verschlungen und verarbeitet hat. Eines seiner liebsten und beliebtesten Kollegs, von dem sich der Minister von Zedlitz durch Kant selbst Nachschriften vermitteln ließ, war die Vorlesung über »Physische Geographie«. Kant hat wesentlich dazu beigetragen, dem Fach Geographie wissenschaftliche Geltung zu verschaffen.

Auch der Königsberger Freundeskreis Kants zeigt sein Bestreben, den Horizont zu erweitern. Die aus England eingewanderten Kaufleute Green und Motherby, der ungleiche Herzensfreund von Hippel, Kriminalrat und später Stadtpräsident von Königsberg, der Münzmeister Göschen, sein Gunstgefährte bei der schönen, später geschiedenen und mit Göschen verheirateten Gattin des mit Kant ebenfalls befreundeten Bankiers Jacobi, der skurrile Magus Johann Georg Hamann, durch Kants Vermittlung Packhofverwalter, der Graf Keyserling, bei dessen durch Bildung und

Charme gleichermaßen anziehender Gemahlin Kant ständiger Vorzugsgast an der geschätzten Tafel war, alle diese Freunde, unter denen sich kein einziger Kollege befand, spiegeln die führende Gesellschaftsschicht einer großen Stadt und die unterschiedlichsten Temperamente. Auffallend ist dabei Kants Beständigkeit und Liberalität in der Freundschaft. Selbst als es ihm im Verein mit dem Freunde Berens nicht gelang, Hamann von religiöser Schwärmerei abzubringen, erlitt die persönliche Freundschaft keinen Abbruch. Zu seinem Lieblingsschüler Markus Herz, der sich bald nach Kants Ernennung zum Professor als Arzt in Berlin niederließ, bestand noch nach Jahrzehnten eine innige Freundschaft.

Klar im Denken, reich an Interessen und Ideen, freundlich und heiter im Umgang, beständig, aufrichtig und liberal in der Freundschaft, das sind die Charaktereigenschaften Kants, die ich bis jetzt aufgewiesen oder wenigstens angedeutet habe. Was fehlt einem Manne noch, um als Muster der Liebenswürdigkeit gelten zu können? Uneigennütziges Wohlwollen, Hilfsbereitschaft! Daß Kant diese Tugend geübt hat, ist bekannt aus seiner vielfältigen Vermittlung von Hauslehrerstellen für Kandidaten, die auf ein Amt warten mußten, von Verlegern für Autoren, von Freitischen und anderen Vergünstigungen. Besonders hat er sich der Förderung seiner Schüler angenommen, von denen Kraus in Königsberg sein Kollege wurde.

Den tiefsten Blick aber in diese Seite von Kants Gemüt läßt uns der Briefwechsel mit dem aus Goethes »Kampagne in Frankreich« bekannten Plessing tun, den Kant in absentia zum Magister promoviert hat und der später in Duisburg Professor für Philosophie geworden ist. Plessing hatte zur Vermeidung einer Alimentenklage in Königsberg einen Vergleich geschlossen, der ihn gegenüber einer »gewissen Person« zu mehreren Zahlungen verpflichtete, und war abgereist. Nicht genug, daß Kant, dem er sich offenbart hatte, mehrfach Zahlungen Plessings an Mittelsmänner übernahm, er gab ihm auch noch ein Darlehen, dessen letzte Rate Plessing erst viele Jahre später aus Duisburg an Kant zurückgezahlt hat. Die ganze verständnisvolle Großzügigkeit Kants, der damals gerade Dekan war, wird deutlich in seinem Verhalten bei der Magisterpromotion Plessings, die er unter Verzicht auf seinen eigenen Gebührenanteil bei gleichzeitiger Übernahme der Sekretariatsgebühren und der Diplomkosten in beschleunigtem Umlaufverfahren durchführte, obwohl der Kandidat nicht einmal die vorgeschriebene lateinische Arbeit verfaßt, sondern lediglich eine bereits gedruckte Schrift in deutscher Sprache eingereicht hatte. Das Rundschreiben, das Kant in dieser Promotionsangelegenheit als Dekan an seine Fakultätskollegen gerichtet hat, ist das beredteste Zeugnis seiner großzügigen Hilfsbereitschaft. »Nun ist hier zwar einiges außer der Regel«, heißt es in dem Umlauf. Dann werden die drei Unregelmäßigkeiten des Falles angegeben und Punkt für Punkt als unwesentlich erkannt, letztlich aus dem schlichten, unter Männern von Welt und Humanität schlagenden Grunde, weil der Rektor und Kant dem Kandidaten das Zeugnis »eines wohlgesitteten, fleißigen und geschickten« (das ist fachlich qualifizierten) »Mannes geben, in Ansehung dessen keine Bedenklichkeit obwaltet«. Schließlich erbittet Kant unter zierlichen Wendungen die Zustimmung seiner Kollegen so rasch, »daß Übermorgen frühe dem Candidaten durch die Post Antwort geben und ... die Exemplare des Diploms nächsten Sonntag zur Austheilung fertig schaffen könnte«.

Es fehlt leider der Raum, der Beziehungen Kants zu auswärtigen Gelehrten zu gedenken, in denen sich die ausgewiesenen Merkmale der Liebenswürdigkeit leicht und vielfach nachweisen ließen. Man denke nur an sein durch Achtung, Bescheidenheit, tolerante Liberalität und feinen Takt geprägtes Verhältnis zu hervorragenden philosophierenden Zeitgenossen wie Moses Mendelssohn und Christian Garve.

Statt dessen ist jetzt der Blick auf das Werk Kants zu richten. Da es auch Kant bis heute nicht gelungen ist, das philosophische Denken auf den sicheren Boden exakter Wissenschaft zu stellen, lassen sich seine Entdeckungen und Entwürfe nicht als Marksteine eines heute erreichten Standes der Forschung darstellen. Aber gerade weil die Philosophie immer noch (oder noch mehr als damals) ein Kampfplatz widerstreitender Lehrmeinungen ist, muß die Konsequenz des kantischen Systems und die Apodiktizität seiner prinzipiellen Sachaussagen Bewunderung erregen. Unter diesem wissenschaftsästhetischen Gesichtspunkt kann man sagen: Mag sein, daß wir die Wahrheit den Lehren Kants nicht entnehmen können, aber so wie Kants Lehren muß die Wahrheit ihrer Form nach aussehen, wenn wir ihrer überhaupt fähig sind.

Wir werden diese Erhabenheit seiner Philosophie empfinden, wenn wir uns nun in drei Bereichen das aktuelle Gewicht kantischer Lehrpositionen vor Augen führen. Der einschneidendste Diskussionsbeitrag, den Kant geliefert hat, besteht in seiner kritischen Erkenntnistheorie. Die Lehre, daß wir in unserer Erkenntnis der Welt nicht nur von den Inhalten unserer Wahrnehmungen, sondern auch von Bedingungen abhängen, die erstens auf unserer Befähigung zur sinnlichen Wahrnehmung, also unserer Sinnlichkeit, und zweitens auf der Einrichtung unseres Verstandes beruhen, der auch seinen Begriffen nur durch die Beziehung auf das unter Bedingungen der Sinnlichkeit Gegebene Realität verschaffen kann - diese Lehre enthält unabhängig von der Frage, ob sie zureichend begründet ist, eine Struktur der Gewinnung gültiger Einsicht durch radikale Beschränkung des Untersuchungsgegenstandes, die jeden wissenschaftlichen Forscher faszinieren muß.

Diese Lehre hat auch etwas Copernicanisch-Modernes nicht nur in dem bekannten Sinne der Umkehrung des Verhältnisses zweier Gegebenheiten, sondern zugleich durch die Befreiung des Denkens von der naiven Unterwerfung unter den unmittelbaren Eindruck, den uns die Sinne vermitteln. Der Weg der modernen Naturwissenschaft seit der Aufstellung des heliozentrischen Weltsystems durch Kants preußischen Landsmann Copernicus ist bis heute als Geschichte dieser Befreiung von der Herrschaft der unmittelbaren Sinneseindrücke beschreibbar. Wie es falsch ist, daß Kant für seine kritische Erkenntnistheorie die moderne Naturwissenschaft etwa in Gestalt der Newtonschen Physik voraussetze, so ist es richtig, daß er sich mit einer besonders in der Naturwissenschaft erfolgreich angewandten Methode der Objekteingrenzung durch Variierung von Bezugssystemen mit den Schwierigkeiten der Metaphysik und den Gefahren der Skepsis auseinandersetzt. Wer sich klarmacht, daß etwa Karl Marx' Geschichtsphilosophie eine naive (materialistische) Metaphysik voraussetzt, der wird begreifen, daß man erst die kantische Frage gelöst haben muß, bevor man aus dem Gegensatz zu der unhaltbaren idealistischen Metaphysik Hegels die hinreichende Begründung für einen objektiven Triumph von Karl Marx ableiten kann.

Von bestechender Eleganz ist die Lösung, die Kant für das Problem der Bestimmung der Sittlichkeit gefunden hat. Dies ist klar: Macht man diese Bestimmung abhängig von den Zwecken, die die Menschen sich setzen, so ist der Verwirrung kein Ende. Setzt man mehrere Zwecke als Inhalt des höchsten Gutes, das wir verwirklichen sollen, so können sie untereinander kollidieren, so daß ein weiteres Prinzip zur Entscheidung dieser

Kollisionsfälle erforderlich wäre. Setzt man nur einen Zweck, so entfallen zwar die Kollisionen, aber die Verwirrung entsteht auf Grund zahlloser Möglichkeiten, diesen naturgemäß allgemeinen Zweck zu interpretieren .

Man denke sich etwa das Glück als obersten Zweck. Da jeder sein oder das von ihm für alle für gut gehaltene Glück anders bestimmt, ist die Sittlichkeit auf dieser Grundlage nichts anderes als das Ergebnis von Lust und subjektivem Dafürhalten. Kant vermeidet alle diese Schwierigkeiten, indem er die Form der möglichen Gesetzlichkeit aller Grundsätze unseres Handelns zum bestimmenden Merkmal der Sittlichkeit erklärt. Das ist der Inhalt des oft verdrehten und viel geschmähten kategorischen Imperativs. Was diesem Prinzip genügt, ist erlaubt. Und Sittlichkeit ist die Beschränkung des freien Gebrauchs unserer Willkür auf das gemäß der Vernunft Erlaubte. In dem Entschluß zu dieser Beschränkung als durchgängiger Haltung besteht die Freiheit des Willens, die unsere Würde ausmacht. Niemand kann bestreiten, daß die Not der Menschheit gemindert wäre, wenn diese Lehre von der Bestimmung der Sittlichkeit entweder als bewiesen oder als widerlegt eingesehen werden könnte.

Der Gedanke der möglichen Gesetzlichkeit, das ist des möglichen (nicht tatsächlichen!) gemeinsamen Willens aller, ist auch die Grundidee der Rechts- und Staatsphilosophie Kants. Die Demokratie, die er Republikanismus nennt, ist die Wahrung des Rechtes der Menschheit durch die Einschränkung der Gesetzgebung und Regierung auf das mit der Idee des gemeinsamen Willens aller Übereinstimmende. Da es keine Garantie dafür gibt, daß selbst eine frei gewählte Repräsentation eines Volkes nur solche Mehrheitsbeschlüsse faßt, die dem möglichen Willen aller entsprechen, ist die freie und öffentliche politische Diskussion aller Bürger, die sich dazu befähigt fühlen, ein notwendiges Mittel, Demokratie annähernd zu verwirklichen.

Ist durch die Bildung der Staaten der Frieden, also der Rechtszustand, im Innern prinzipiell gesichert, so kann der Frieden zwischen den Staaten nur stufenweise erreicht werden. Kants Schrift »Zum ewigen Frieden« hat zwar in einigen konkreten Überlegungen, nicht aber in ihrer Behandlung der Aufgabe des Friedens als eines Rechtsproblems an Aktualität eingebüßt. Ein besonderes Verdienst hat Kant sich um die Ausarbeitung des Weltbürgerrechts erworben. Es verbietet sowohl die feindselige Behandlung fremder Ankömmlinge seitens der Ansässigen wie auch jede Unterdrückung, Vertreibung oder Ausrottung Eingeborener durch solche Ankömmlinge unter allen staatlich nicht (noch nicht oder nicht mehr) geordneten Verhältnissen. Wenn er den Kolonialmächten seiner Zeit in gerechter Empörung vorgeworfen hat, daß sie »von der Frömmigkeit viel Werks machen und, indem sie Unrecht wie Wasser trinken, sich in der Rechtgläubigkeit für Auserwählte gehalten wissen wollen«, so wird es heute erlaubt sein, diesen Vorwurf unter Ersetzung der Frömmigkeit durch Friedensliebe und der Rechtgläubigkeit durch Demokratieverständnis zu erneuern.

Man sieht in allen drei Bereichen, die ich behandelt habe, in der Erkenntnistheorie, der Ethik und der Rechtsphilosophie: hier gibt es keine Halbheiten und keine Gefälligkeiten. Hier ist Dialektik eine Lehre des Scheins und nicht eine Verbrämung von Widersprüchen. Hier sind Fehler auch nicht als Modellvorstellungen zugelassen. Hier wird bestimmt, reflektiert und geschlossen. Das ist der Charakter der Philosophie Kants, den ich mir erlaube ihre Erhabenheit zu nennen. Wer vor diesem Gedankengebäude nicht einen Abglanz der Bewunderung fühlt, die Kant angesichts des bestirnten Himmels über sich und des moralischen Gesetzes in sich empfunden hat, dem ist unter Menschen nicht zu helfen.

Damit man mich nicht mißverstehe: Kant ist alles andere als ein Dogmatiker. Er hat jeden Einwand gegen seine Philosophie ernstgenommen und bis zur letzten Kraft seines Denkvermögens an der Verbesserung seiner Lehren gearbeitet. Das verleiht auch seiner Philosophie bei aller Erhabenheit einen Zug der Liebenswürdigkeit, die wir in seiner Persönlichkeit so ausgeprägt angetroffen haben. Wie Kants Philosophie das Ergebnis tatsächlicher und erdachter Diskussionen ist, so will sie auch selber nichts anderes sein als ein Beitrag zu der großen Diskussion über Fragen, mit denen die höchsten Zwecke der Menschheit verknüpft sind. Wir sind es, die diese Diskussion, in persönlicher Freiheit und sachlicher Strenge, weiterzuführen haben, solange es Menschen gibt.

Hans Boulboullé
Ferientage in Ostpreußen

Wer erinnert sich hier? Ein in Berlin Geborener, der über drei Jahrzehnte in seiner Heimatstadt gelebt hat, dann fast ein Jahrzehnt in Niedersachsen, und der nun schon wieder über ein Jahrzehnt im Rheinland lebt - der sich in seinen sechzig Lebensjahren zwei, höchstens drei Monate, wenn man alles zusammenzählt, in Ostpreußen aufgehalten hat, und davon wiederum nur etwa eine Woche als Erwachsener, nämlich im Jahr 1944, als er seine aus Berlin evakuierte Familie besuchte. Er kennt viele Gegenden Deutschlands, sogar Europas, viel besser als Ostpreußen, woran er sich zu erinnern vorgibt. Nur Herzogswalde, eine gute Fußstunde von Liebstadt entfernt, und Liebstadt selbst sind Ortsnamen, die er zu nennen wagt, weil er andere entweder vergessen hat oder weil er nicht mehr sicher weiß, ob und wann er dort war oder ob er die Namen nur aus Erzählungen seiner Mutter kennt. Sagen wir zum Beispiel Mohrungen oder Allenstein oder Guttstadt. Und dennoch hat er Erinnerungen, dennoch fühlt er sich Ostpreußen verbunden, und zwar so sehr, daß er kühn behauptet, er sei wohl Berliner, aber doch auch ein halber Ostpreuße.

Es muß die Mutter gewesen sein, die aus äußerlich so losen und dünnen Bindungen ein festes lebendiges, unzerreißbares Band gemacht hat. Sie hatte Ostpreußen noch als junges Mädchen verlassen, um in der aufblühenden lockenden Großstadt dem dunklen Dasein einer Landarbeiterin zu entgehen. Es gehört hier nicht zur Sache, wie es ihr erging. Zur Sache gehört, daß sie Großstädterin sein wollte und es auch wurde und dennoch Ostpreußin blieb. Sie gewöhnte sich zum Beispiel an, hochdeutsch zu sprechen, damit niemand merkte, daß sie aus der Provinz kam. Aber »berlinisch« lernte sie nie, und ostpreußisch reden konnte sie durchaus, wenn sie wollte.

Je älter die Mutter wurde, desto häufiger reiste sie in ihre Heimat. Manchmal blieb sie viele Wochen dort, nicht als Feriengast, sondern als Mitarbeiterin auf dem Hof ihres Neffen, eben in Herzogswalde - in »Herrzjewald«, wenn die Aussprache so richtig wiedergegeben ist. Die Melodie des Worts kann man ja leider nicht beschreiben.

Die Mutter erzählte, und das prägte sich ein. Aber davon später. Die erste Begegnung mit Ostpreußen war die Begegnung mit Schatten. Nicht Schatten am seelischen Horizont, keine Symbolschatten, sondern konkrete Schatten von Menschen in unserer Wohnung, mitten in Berlin. Es war irgendeines Abends, wir Kinder spielten in der Küche, wie wir es gewöhnt waren. Die Petroleumlampe brannte, gab nicht zuviel, aber doch genug Licht. Alles wie immer. Dann kamen Leute. Mutter ließ sie ein. Fünf oder zehn oder wieviel, damals schienen es viele zu sein. Einige waren bekannt, sie wohnten im Haus. Aber sie gingen heute schnell vorbei, begrüßten uns Kinder nur flüchtig. Dadurch eben wirkten sie, mit den Fremden zusammen, im schummrigen Licht der Petroleumlampe wie Schatten. Hinten, im Wohnzimmer, hörte man sie murmeln und reden. Fast wie eine Verschwörung. Die Kinderphantasie reichte noch nicht sehr weit, aber der gewöhnliche Abend wurde ungewöhnlich und prägte sich ein.

Daß dies die erste, gewissermaßen schattenhafte Begegnung mit Ostpreußen war, wurde mir erst später klar. Die Besucher an jenem Abend in unserer Wohnung bereiteten sich auf eine gemeinsame Reise in ihre gemeinsame Heimat Ostpreußen vor, um dort für den Verbleib des Landes beim Deutschen Reich zu stimmen. Die Abstimmung fand im Juni 1920 statt, der Besuch in der Wohnung also wohl im April.

Im selben Jahr ereignete sich dann die erste leibhaftige Begegnung, soweit ein Kind einem neuen Land begegnen kann. Was es auf dieser, was auf Reisen in den nächsten Jahren erfuhr, läßt sich nicht mehr genau auseinanderhalten. Alles zusammen macht das Bild aus, in dem und vor dem sich die Erzählungen der Mutter abspielten, bis letzte Erinnerungen es mit einem schwarzen Schleier überzogen, hinter dem aber immer noch die Sonne aus dem Kinderland zu sehen ist. Nur eines ist sicher: die erste Reise war gekrönt durch eine Dampferfahrt von Swinemünde nach Pillau (zwei merkwürdige und darum unvergeßliche Namen). Die Durchfahrt durch das polnische Westpreußen war damals gesperrt. Das Schiff war groß und weiß, die Ostsee lag ruhig im Sonnenschein da, ein ins Unendliche ausgedehnter Wannsee oder Müggelsee. In späteren Zeiten reiste man mit der Eisenbahn, in einem Abteil vierter Klasse. Abteile, die wohl eine halbe Wagenlänge einnahmen, mit je einer Sitzbank an den Schmalseiten, vollgestellt mit Gepäck, auf dem und neben dem die Leute saßen und lagen, die keinen Platz auf einer der Bänke fanden. Wir reisten mit einem großen Reisekorb, in dem viele Dinge und auf dem zwei Kinder Platz hatten. Seit es die Abteile vierter Klasse nicht mehr gibt, sind auch diese Reisekörbe verschwunden. Der unsre hatte der Mutter schon gedient, als das junge Mädchen nach Berlin umzog. Nachts fuhr der Zug durch den »Korridor«. Manche Erwachsenen sprachen davon, als könnte der Zug jeden Augenblick angehalten werden und polnische Soldaten hereinkommen. Wir konnten uns nicht vorstellen, was sie wollten, und fragten auch nicht weiter. Wir sahen nie einen solchen Soldaten. Andere redeten, als führe der Zug stundenlang durch einen tiefen Tunnel, der jederzeit einstürzen könnte. Das war noch geheimnisvoller. Wir Kinder schlossen uns denen an, die einfach schliefen.

Das erste wirklich »Ostpreußische«, ostpreußisch jedenfalls für ein Berliner Kind, das zum ersten Mal aus der Stadt herauskommt, war eine Fahrt in einem zweirädrigen Pferdewagen, im Trab, im Schritt auf Feldwegen, durch Baumalleen. Das Land lag breit und grün da—und so steht es dem sich Erinnernden heute noch vor Augen, wenn er versucht, es sich vorzustellen. Auch die frostigfeuchte, dunstige Luft unter eintönig grauem Himmel und über nasser farblos bräunlicher Erde, die er beim letzten Besuch auf der Wanderung von Herzogswalde nach Liebstadt erlebte, konnte das sonnenfreudige Bild nicht verändern.

Beinahe hätte mich das sonnige Ostpreußen damals bei sich behalten. Ich entdeckte einen Teich, in den ein Steg hinausführte. Dieser Steg, ein Brett, lag lose auf dem Teichrand und ragte, ebenso unbefestigt, über seine Stütze im Wasser ein Stück hinaus. Als ich dort, am Ende, anlangte, um den Teich einmal von oben und nicht von der Seite zu sehen, Fische zu beobachten, Unvermutetes zu entdecken, geschah denn auch Unvermutetes. Das Brett schlug über, und ich lag im Wasser. Es war nicht tief, glücklicherweise.

Dann erfuhr ich, was Champignons sind, und wo sie wachsen können. Bis dahin kannte ich als Pilze nur Pfifferlinge, die in Berlin auf der Straße verkauft wurden. Die Mutter nahm mich mit auf die Rinderweide. Ich lernte getrocknete Kuhfladen hochheben. Darunter wuchsen sie manchmal, diese Champignons, die dann an der Luft getrocknet und mit nach Berlin genommen wurden.

196

Lieber jedoch als die Fladen der Kühe, die das Wachsen von Champignons begünstigten, war mir die Milch der Kühe, warm aus dem Melkeimer geschöpft, in dem sie schäumte. Kuhwarme Milch, dick geschnittener Schinken auf dick mit Butter bestrichenem Brot, das sind unvergeßliche Genüsse und, wenn das Brot noch warm und frisch war, Hochgenüsse. Das Brot, groß und rund, wurde in einem Steinofen im Hof gebacken. »Einmal ums Haus« hieß es, wenn die langen, breiten Schnitten aus der Mitte des Laibes darankamen. Wer »zweimal ums Haus« konnte, mußte schon ein großer Esser oder ein Erwachsener sein.

Ein solches Brot schickte die Mutter viele Jahre später, mitten im Krieg, als sie wieder einmal in Ostpreußen war, ihrer von Zuteilungen lebenden Familie nach Berlin. Es kam als Postpaket an, einfach mit Packpapier umwickelt und mit Bindfaden verschnürt. Das Papier war beim langen Transport halb zerrissen, aber das Brot fest und standhaft, transportabel auch ohne Papier, seine vier oder fünf Pfund schwer, rund und mehlbestäubt. Seine Kruste hatte den Strapazen des Transports widerstanden und widerstand auch dem gewöhnlichen Küchenmesser, das an ihm versucht wurde.

Nach und nach bevölkerte sich diese Idylle Ostpreußens mit den Erzählungen der Mutter. Kinder, die in der Dorfschule Gedichte und Legenden preußischer und deutscher Geschichte im Takt und im Chor hersagen lernten, so daß noch die Kinder dieser Kinder nach Jahrzehnten, in einem neuen Jahrhundert, davon profitierten. Zum Beispiel »Als Kaiser Rotbart lobesam ins heil'ge Land gezogen kam ...« oder die ergreifende Szene vom Tode eines der preußische Könige, der im Kreise der Seinen so still starb, daß »der Leibarzt der Familie ein Zeichen geben mußte, daß ihr königlicher Vater heimgegangen sei«.

Oder junge Mädchen, die winters bei Petroleumlicht an den Spinnrädern saßen und sich Spukgeschichten erzählten: vom Schimmel, der nachts über die Felder jagte, oder von drei Fingern, die von außen am Fenster entlangstrichen, auch nachts. – Junge Mädchen, die sich, wenn sie zum Tanz gingen, die Frisuren mit Zuckerwasser befestigten. Und dazwischen die schweren Schatten des Landarbeiterdaseins. Viele Menschen gingen nach Westen, auf bessere Lebensbedingungen hoffend. Aber offensichtlich vergaßen sie ihre Heimat nicht.

Noch weiter zurück, fast in die Mitte des vorigen Jahrhunderts, reichte die Erinnerung an eine tragische Liebesgeschichte (nicht eine erdachte, sondern eine wahre, mittelbar erlebte): Ein Rittergutsbesitzer war als Leutnant aus der Armee ausgeschieden, um sich seinem Besitz zu widmen. Fünf Jahre lang hatte er ein Liebesverhältnis mit seiner Köchin, drei Kinder gingen daraus hervor. Eine Ehe allerdings war nicht möglich. Man handelte hinter dem Rücken der Gesellschaft, nicht gegen sie. Die Frau ging dann davon und heiratete einen Landarbeiter. Die Kinder nahm sie mit. Der Leutnant wollte diese »standesgemäß« erziehen lassen, aber die Mutter lehnte ab. Wollte sie verhindern, daß ihre Kinder, in die Umwelt der »höheren Stände« verpflanzt, als Uneheliche doch immer Außenseiter bleiben und unglücklich zwischen »Baum und Borke« leben müßten - oder hatte sie Angst, die Kinder würden sich ihr entfremden? Der Leutnant blieb unverheiratet.

Dieser Geschichte vom heimlichen, kurzen Glück, das mit langem Unglück bezahlt werden mußte, wurde oft, aber immer mit Nüchternheit gedacht. Fontane hat in seinen Romanen ähnliche Tragödien beschrieben.

Und so war das harte und nüchterne Leben der Bauern. Auf dem Hof des Neffen, den meine Mutter jährlich besuchte, lebte auch noch dessen Vater, schwerkrank und ohne Hoffnung. Der Arzt gab ihm noch einige Monate. Und nun stand man vor einem Problem. Starb der alte Mann gerade während der Ernte, gingen Arbeitstage verloren, und das Begräbnis konnte nicht in Ruhe vorbereitet und in Würde begangen werden. Man sprach darüber beim Mittagessen. Der Kranke sah das Problem genau wie seine Angehörigen. Er wollte die Ernte nicht stören, und er wollte würdig begraben sein, nicht in Eile und nicht mit einer Trauergemeinde, die nur auf das Ende der Feierlichkeit wartet, um wieder an die Erntearbeit zu kommen. Man beschwor ihn, doch auf jeden Fall bis nach der Erntezeit durchzuhalten. Er versprach es, er bemühte sich, und es gelang ihm.

Die nüchterne Zähigkeit vererbte sich. Der Enkel wurde, vierzehn- oder fünfzehnjährig, in den letzten Monaten des Krieges noch eingezogen und in ein Ausbildungslager in der Nähe Berlins gesteckt. Er begriff offensichtlich nicht recht, was man von ihm wollte, rückte aus und tauchte bei seiner Großtante in Berlin auf. Sie versteckte und verpflegte ihn, wie es sich unter Verwandten gehört. Als der Frühling kam, Ostpreußen war schon in russischer Hand, zog es ihn unwiderstehlich nach Hause. Es war Saatzeit, man mußte endlich an die Arbeit gehen. Er besorgte sich noch, wer weiß woher und wie, einige Sämereien, packte seinen Rucksack und verschwand. So zäh, wie sich sein Großvater am Leben festgehalten hatte, um die Ernte nicht zu stören, so zäh verfolgte der Enkel seinen Weg nach Herzogswalde, um zur Aussaat daheim zu sein. Er kam tatsächlich an. Aber eine Aussaat gab es nicht mehr. Seine Familie, die von den Russen nicht behelligt worden war, wurde ausgewiesen. Wenigstens blieben sie alle am Leben und fingen anderswo wieder an.

Die Frau des Küsters von Liebstadt dagegen, auch zur Verwandtschaft gehörend und von zahlreichen Kindern und Stiefkindern Muttchen genannt, erreichte gar kein Ziel. Sie wollte nicht nur würdig, sie wollte herrschaftlich begraben sein. Ihr Begräbnis sollte eine Demonstration gegen die »höheren Stände« werden. Einmal wenigstens wollte sie, die Frau des Küsters, nicht weniger sein als »die da oben«. Man sollte sie vierspännig zum Friedhof fahren wie »eine Vornehme«, mitten durch den Ort, alle sollten es sehen. Sie lebte und sparte nur für dieses Ziel, denn ein prunkvolles Begräbnis kostete viel Geld. - Auf der Flucht vor der russischen Armee starb Muttchen an Erschöpfung, Kälte und Hunger. Irgendwo in Norddeutschland wurde ihr Leichnam neben die Bahngleise gelegt, irgendwo ist er begraben worden.

Die Erinnerungen an Ostpreußen können sich nicht mehr vermehren, aber sie verblassen auch nicht. Und immer noch hält sich der Berliner, der nur wenige Monate seines Lebens dort verbracht hat, für einen halben Ostpreußen.

Otto Besch
Mars regiert die Stunde

Als wir im Juli 1939 von einer Reise aus Tirol zurückkehrten, munkelte man von einem bevorstehenden Krieg. Schon unterwegs im D-Zug prophezeite ein Inder großes Unheil. Das ersehe man klar aus der Konstellation der Sterne. In Königsberg fanden wir unseren lieben Garten im Schmuck der reichsten Obsternte. Alles lag im tiefsten Frieden. Es wurde einem schwer gemacht, die sich mehrenden Anzeichen kommenden Kriegsgeschehens ernst zu nehmen. Unheimlich rot stand Mars an jedem Abend am südwestlichen Himmel. Im Süden Ostpreußens rüstete man noch unbekümmert zur 25-Jahr-Feier der Schlacht von Tannenberg, die ein Volksfest ganz großen Stils werden sollte.

Am 26. August um 11 Uhr nachts - ich hatte mich schon zu Bett gelegt –, schrillte bei uns das Telefon. Meine Frau eilte die Treppe zum Schlafzimmer herauf und verkündete mir atemlos, ich müsse sofort zur Kaserne. Also wieder einmal zum Militärdienst eingezogen mit fast fünfundfünfzig Jahren, dazu niemals richtig Soldat gewesen. Ziemlich bedrückten Herzens packte ich mein Bündel, verabschiedete mich von meinen schlafenden Kindern und begab mich stadtwärts zur Börse, wo wir älteren Leute uns versammeln sollten. Am folgenden Tage wurden wir eingekleidet. Auf Wachtposten stehen, des Abends auf zwei Stunden nach Hause, dann wieder zur Kaserne, wo wir dem militärischen Drill unterzogen wurden. Am nächsten Tage wieder auf kurze Stunden nach Hause - es war der Geburtstag meiner Frau -, das weckte einen Zwiespalt der Gefühle, der nicht gerade gut einging.

Eine Woche hindurch lag man des Nachts im großen Saal der Börse auf Strohsäcken und dachte an Vergangenes und Zukünftiges. Das Vergangene meldete sich freilich stärker. Dieser altersgraue Saal, einst der bedeutendste Konzertsaal Königsbergs, hing voll Erinnerungen an musikalische Eindrücke erhabenster Art. Hier hatte ich einst, an eine der Säulen gelehnt, als Knabe mit klopfendem Herzen den Größten aus dem Reich der Tonkunst gelauscht. Nun schienen sich, während sich allgemach der Schlaf auf die vom ungewohnten Militärdienst müden Glieder senkte, Töne von der Geige Josef Joachims in die wachträumende Seele einzuschmeicheln. Und es kamen, ganz verklärt von der niemals wiederkehrenden Gesangskunst Raimund von Zurmühlens, die ersten Takte jener vom Licht der Sterne herabgeholten Melodie »Es war, als hätt' der Himmel die Erde still geküßt«. Immer wieder aber riß das harte Stoßen der elektrischen Straßenbahn auf der eisernen Decke der Grünen Brücke aus holdem Traum in rauhe Wirklichkeit.

Am 1. September begann dann der Krieg mit Polen. Am 2. fuhren wir in einem langen Proviantzug durch das noch ganz im tiefsten Frieden ruhende Ostpreußen. Zwei Stunden stand der Zug des Nachts auf dem Bahnhof Korschen, einem wichtigen Eisenbahnkreuzungspunkt. Leuchtkugeln stiegen auf. Wird ein feindlicher Luftangriff erwartet? Alles still, totenstill. Nur in der Ferne bellt ein Hund, Nun setzt sich auf einem anderen Gleis ein Zug langsam in Bewegung. Und endlich fahren auch wir wieder weiter. Am Sonntag, dem 3. September, ganz in der Frühe - alles ist noch naß vom Tau - sind wir an unserem Bestimmungsort. Windau heißt dieses verlassene Nest im südlichsten Ostpreußen. Nur ein paar Häuser sind es in einem halb gelichteten Wald. Hoch ragen die rötlichen Kiefernstämme. Da und dort ein paar Brombeersträucher, an denen noch schwarze Beeren hängen. Die Sonne fängt an zu wärmen und den Tau abzutrocknen. Tiefster Sonntagsfriede. Doch nein! Ganz aus der Ferne wie leise grollendes Gewitter der Donner von Geschützen. Es ist also wirklich und wahrhaftig wieder Krieg!

Die Sonne brannte glühend heiß; die Nächte waren kalt, und es war nicht schön, auf dem harten Boden eines Eisenbahnwagens Nachtschlaf zu suchen und nicht zu finden. Deutlich war der Kanonendonner zu hören. Nach einigen Tagen fuhren wir wieder nach Königsberg. Auf der Rückfahrt ist das Städtchen Neidenburg voll von Soldaten. Die Mädchen winken ihnen zu. Es ist das alte Bild und das alte Lied. Aber man ahnt noch nichts davon, daß diese verhältnismäßig harmlosen Anzeichen Vorboten der apokalyptischen Reiter sind, die nun bald wie noch nie zuvor mit Tod und Verderben über Europa dahinrasen werden.

Für uns »alte Kameraden« ist der Krieg bald ausgestanden. Der Kampf in Polen macht Fortschritte, so daß man uns als unnötigen Ballast nach

Hause schickt. Am 10. September Entlassung der alten Jahrgänge auf unbestimmte Zeit. Die neugeschenkte Freiheit schmeckt wie edler Wein. Soldatsein war meine Sache nicht.

Über Königsberg breitet sich ein herbstlicher Himmel von seltener Klarheit. Die Sonne wärmt wie im Juli. Die fieberhaft ängstlichen Luftschutzvorbereitungen der ersten Kriegstage haben sich als unnötig erwiesen. Der Nichtangriffspakt mit Rußland und der baldige Abschluß des Polenfeldzuges bringen eine solche Befriedung über Ostpreußen, daß sogar die Verdunkelungsbestimmungen aufgehoben werden.

Der Winter brachte eine durch den Krieg bedingte Umstellung meiner Zeitungsarbeit. Ich übernahm neben meiner musikkritischen Tätigkeit die Schriftleitung der kleinen Rundfunkzeitung »Ostfunk«. Daneben blieb mir immer noch Zeit, das Komponieren nicht zu vergessen. Ich schrieb ein kleines Orchester-Divertimento, das im März 1941 in den Berliner Konzerten der Preußischen Akademie der Künste seine erfolgreiche Uraufführung erlebte. Das einsätzige »Konzert für großes Orchester« – als Vorstudie zu einer Oper gedacht – schloß sich an. Die Oper selbst – ich suchte krampfhaft nach einem E. T. A. Hoffmann-Stoff – sollte noch einige Zeit auf sich warten lassen. Ein Libretto (»Sonate in C«), das ich damals zu vertonen begann, enttäuschte mich im Verlauf der Arbeit immer mehr, so daß ich auf der Hälfte abbrach. Bald darauf kam jedoch das rechte Buch in meine Hände. Nur kurz gesagt: die Jahre 1941 bis 1943 waren angefüllt mit der Arbeit an meiner ersten abendfüllenden Oper. Darüber schritt das Kriegsgeschehen immer weiter über die europäischen Gefilde.

Vor der Seele stehen die Tage und die Stunden, die man nie vergißt. Da ist jener Sonntagmorgen im Juni, den die Sonne besonders herrlich vergoldete und an dem eine frevelnde Hand den Kriegsbrand ins russische Gebiet schleuderte. Das brachte auch uns Königsbergern die ersten freilich harmlosen Fliegerangriffe. Gar oft tönte das unheimliche Heulen der Sirene durch Sommer- und Winternächte und trieb uns in den Luftschutzkeller. Diese Stunden des unheimlichen Wartens, das gespannte Abhören aller Geräusche, das allmähliche Gewißwerden: es kommt nichts - dann die Entspannung, das Wiedereinsetzen der Rundfunksendung.

Unangenehm waren die Nächte zum 30. August 1942 zum 13. April 1943 und vor allem die Schreckensnacht vom 29. zum 30. August 1944, in der die britische Luftwaffe es im Laufe einer Stunde fertigbrachte, meine liebe Heimatstadt Königsberg in Schutt und Asche zu legen. Der blutigrote Widerschein am Himmel, der in den fernsten Hufengärten Gras und Blume, Baum und Strauch gespenstisch verwandelte, dieser blutige Schein war die Begräbnisfackel einer städtebaulichen Kultur aus der Zeit vor 700 Jahren über Herzog Albrecht, den großen Kulturförderer, bis in unsere Tage hinein. Es war die schaurige Abendröte zu den Begriffen: Heimatstadt, Heimatland.—Als ich in dieser Nacht vom Standort des Selbstschutzes in mein Haus zurückkehrte, fand ich es unversehrt, aber meine beiden Söhne im Alter von 10 und 13 Jahren waren auf und davon. Die brennende Stadt hatte sie übermächtig angezogen. Wo waren sie? Die bange Frage quälte um so mehr, als ein neuer Anflug feindlicher Flugzeuge gemeldet wurde. Wie eine Henne ihre Küchlein sucht, so liefen wir durch die Straßen der Hufen, bis es uns gelang, die unnützen Schlingel wieder einzufangen.

Wenn man in den nächsten Tagen durch die Trümmer ging, in den ausgebrannten Kirchen Kruzifixe und Reste von vergoldetem Zierat schwelen sah, überkam einen zum ersten Mal das Gefühl: es ist aus, es geht zu Ende mit Deutschland. Noch einmal betrat ich das Opernhaus; im Zuschauerraum Schutt und Trümmer, darüber die Wolken des Himmels, auf der Bühne ein wüstes Durcheinander von Eisengestänge und Eisenträgern, doch oben im Wandelgang des ersten Ranges, stolz erhobenen Hauptes wie immer, die Büste Richard Wagners. Am nächsten Tage war auch sie herabgestürzt und untergetaucht in Staub und Asche. Nicht mehr Tristan, nicht mehr Figaro und Rosenkavalier: ab und zu lösten sich lockere Mörtelreste von geborstenen Wänden und rieselten leise kollernd zum anderen Schutt in die Tiefe.

Dieser furchtbare Angriff hatte auch unser Zeitungsgebäude völlig vernichtet. Der Betrieb wurde zunächst für mehrere Wochen nach Heiligenbeil verlegt. Ich selbst leitete das Königsberger Büro, konnte also in unserem schönen Heim bleiben und mich des septemberreifen Gartens erfreuen, während meine Familie nach Rauschen übersiedelte. Dort besuchte ich sie oft zur Nacht. Denn im öden Haus allein war's in den dunklen Stunden unheimlich, zumal man mit weiteren Angriffen rechnen mußte.

Königsberg schwelte unter Trümmern noch wochenlang. Ein übler Geruch von Tod und Verwesung zog in Schwaden bis in unsere hufenfernen Gärten. Die Sichel des Todes stand so erschreckend über Deutschland, daß in vielen Herzen schon die bange Frage auftauchte: kann der Krieg überhaupt noch gewonnen werden? Doch wehe dem, der eine solche Frage öffentlich wagte. Er wurde, wie es einem uns bekannten Arzt erging, sofort hingerichtet, seine »Sippe« in Acht und Bann getan.

Konnten die Anstrengungen, die nach dem Attentat auf Hitler gemacht wurden, noch Hoffnungen wecken? Waren sie nicht vielmehr auch Beweis dafür, daß Deutschland am Ende war? Sollten die Gräben, die vor der Ostgrenze in krampfhafter Eile gezogen wurden, die russische Dampfwalze, die sich in erschreckendem Maße näherte, noch aufhalten? Auch ich mußte im Juli dieses Jahres ins Litauische hinein - über Russisch-Crottingen hinaus –, um dort mit Tausenden von Leidensgenossen zu schanzen. Mein Herz machte mir bald einen Strich durch die Rechnung, so daß ich es vorzog, mich der Durchforschung der Wälder hinzugeben oder – mich im schönen Tal der Minge zu ergehen und in ihren kühlen Fluten zu baden. Ein Kollege von der Zeitung, Herr Griger, tat alles, um mich vor Überanstrengung zu schützen. Er hat mich in diesen Wochen in wahrhaft liebevoller Weise betreut.

Es war ein unerhört schöner August; die immer bedrohlicher werdenden Meldungen vom östlichen und leider auch vom westlichen Kriegsschauplatz brachten einen indessen stark aus dem Gleichgewicht. Einmal hieß es, wir seien von den Sowjets abgeschnitten. Ein unheimlich schwüles Gefühl voll quälender Bangigkeit griff Platz. Würden meine Angehörigen noch rechtzeitig fliehen können? Würden die zunehmenden Luftangriffe ihnen Schaden bringen? – Endlich war es soweit, daß wir älteren Jahrgänge nach Hause durften. Nie werde ich vergessen, wie ich an einem herrlichen Augustabend zerlumpt und zerrissen ganz überraschend dort ankam und Frau und Kinder gesund antraf.

Dann kamen die unglückseligen Aushebungen des »Volkssturms«, die mit einem Tamtam sondergleichen verkündet wurden und angeblich die Wende des Krieges bringen sollten. Auch ich mußte zunächst ran. Ärztliche Untersuchung befreite mich jedoch bald. Mitte Oktober brach der Russe in Ostpreußen ein und drang bis Goldap vor. Es waren für Königsberg furchtbare Tage. Stündlich wollte ich Frau und Kinder ins Reich fahren lassen, immer das Gefühl im Herzen, sie nie mehr wiederzusehen. Aber die Wolke hob sich noch einmal vom Horizont. Es trat eine Entspannung ein, so daß wir unter dem Weihnachtsbaum das Fest noch einmal wie im Frieden feiern konnten. Unseren ältesten Jungen hatten wir freilich schon Ende Oktober mit der »Kinderlandverschickung« nach Sachsen ziehen lassen, wo er am ersten Tage an Diphtherie erkrankte, die aber harmlos verlief.

Am 12. Januar 1945 begann die neue Groß-Offensive der Russen an der gesamten Ostfront. Vom 20. Januar ab fühlte man die Krise. Mit fieberhafter Erregung wartete man auf jeden Wehrmachtsbericht. Die Lage wurde täglich bedrohlicher. Vom 21. Januar ab fuhr kein Zug mehr ins Reich. Wir waren also auf dem Landweg abgeschnitten. Die Straßen Königsbergs füllten sich mit zahllosem Gefährt der zurückflutenden deutschen Heere. Unheimlich grollte der fast stündlich näherkommende Donner der Geschütze, der Bomben, der Stalinorgeln. Schon beginnen die Fensterscheiben zu zittern. An den Abenden sitzt man noch mit dem einen oder anderen seiner Freunde oder Anverwandten im altgewohnten Raum. An den Wänden hängen die Bilder, die man seit Jahrzehnten kennt, aus den Schränken grüßen die vertrauten Bücherrücken, alles ist, wie es immer war. Aber etwas Fremdes, Eiskaltes, Grausames greift einem ans Herz. Keiner sagt es dem anderen, aber jeder fühlt es insgeheim.

Am Montag, dem 22. Januar, ließ ich meine Familie rasch packen. Sie sollte mit einer sich uns zufällig bietenden Gelegenheit abreisen. Auch das klappte nicht mehr. Am Dienstagfrüh Anruf eines Kollegen: »Es stehen Minensuchboote im Hafen. Sofort zum Pregel!« Wir in größter Hetze alles auf den Schlitten geladen, die Wohnung im Zustand großer Unordnung zurücklassend, und fort zur Anlegestelle. Draußen deckte der Himmel die Welt mit immer tiefer werdendem Schnee ein. Es war unter den fallenden Flocken ein höchst wehmütiger Auszug.

Am Kai lagen nebeneinander drei Minensuchboote. Unser Junge schlüpfte geschickt auf das erste durch. Wir reichten das Gepäck nach. Als wir im Gedränge dicht vor der Falltreppe standen, hieß es plötzlich: »Alles zurück, das Boot ist voll!« So blieb mir nichts übrig, als meinen Jungen zurückzurufen. In diesem Moment konnten wir aber doch noch aufs Schiff. Als wir das Gepäck, das inzwischen wieder an Land gereicht worden war, zurücknehmen wollten, wurden wir barsch angefahren: »Das Schiff hat schon Überbelastung!« Also aussteigen! Welch merkwürdige Zufälle! Ich hatte das Gefühl, als wenn wir irgendwie bedeutungsvoll in der Hand des Schicksals seien. Unsere Hoffnung, mit dem nächsten Boot mitzukommen, wurde ebenfalls zunichte. Plötzlich trat die »Partei« in ihre Rechte. Einer der Braunen verkündete: »Nur Leute mit einem Schein der NSV dürfen mit und Frauen und Kinder.«

So ging's mit Sack und Pack wieder zum heimischen Herd. Unbeschreiblich das Gefühl, das Haus, das wir fast zehn Jahre bewohnt und in Gedanken schon für immer verloren glaubten, noch einmal zu betreten. Jeder Gegenstand begrüßte uns altvertraut.

Die Lage wird immer kritischer. Unheimlich der stündlich näherkommende Donner der Front. Am Donnerstag, dem 25. Januar, sitzen wir noch einmal in der Wohnung meines ältesten Bruders und lesen Briefe berühmter Leute, unter anderem den herrlichen Werbebrief Bismarcks an den Vater seiner zukünftigen Braut. Aber die Gedanken schweifen immer wieder ab. Noch einmal durchschlafen wir eine ruhige Nacht.

Die nächste Nacht wird schon böser. Um 9 Uhr Fliegeralarm. Doch bald wieder Entwarnung. Aber wenig später stehen die »Christbäume« der Sowjets unheilkündend über der Stadt. Nun fallen auch schon die Bomben. Wir müssen die Nacht - es sollte die letzte sein in unserem lieben Heim - im Luftschutzkeller verbringen. Immer wieder fallen Bomben. Endlich kommt der Morgen. Die Fenster klirren von den Artillerieeinschlägen. Wir rüsten alles zur Abfahrt nach Rauschen. Da kommt ein telefonischer Anruf, wir sollten versuchen, mit einem für das Zeitungspersonal gestellten Schiff mitzukommen. Also schnell das Gepäck auf den Schlitten verstaut und verschnürt. Bei schneidend kaltem Frostwind verlassen wir unser Haus. Noch einmal grüßt uns sein freundlicher Giebel hinter verschneiten Tannen. Mit kleinen Handwagen und Schlitten sieht man Menschen in langen Zügen die Stadt verlassen, meist in der Richtung auf Pillau zu. Immer wieder fällt das Gepäck herunter. Aber wir müssen diesen Versuch wagen. Da kommt schließlich der Bescheid: Männer dürfen nicht mit, nur Frauen und Kinder! Meine tapfere Frau will mich unter keinen Umständen im Stich lassen.

Um der immer näher rückenden Beschießung Königsbergs durch die Sowjets zu entgehen, fuhr ich mit meiner Frau und unserem zehnjährigen Jungen am 27. Januar 1945 vom Nordbahnhof nach Rauschen, und zwar mit dem letzten Zug auf dieser Strecke. Die Wagen waren ungeheizt, die Stimmung unter null. Dumpf und beklommen saß man da. Die verschnei-

ten Felder draußen, die Stationen mit ihren altvertrauten Namen Tannen-
walde, Mednicken, Watzum-Pobethen, alles wie im Traum. Ein alter Herr,
des Endsieges anscheinend noch immer bewußt, erhob sich und rief mit
lauter Stimme wie ein Pfarrer, der seine Gemeinde trösten will: »Ein Offizier hat mir heute noch versichert, eine neue Wunderwaffe ist zum Einsatz bereit, die große Wende steht bevor.« Man saß weiter, dumpf und
beklommen.

Endlich nach langer Fahrt Rauschen-Düne. Draußen gegen 20 Grad
Kälte und eisiger Wind von der See. Wir gehen zum Haus von Ilse Zan-
der-Lubinski, der Konigsberger Malerin, Tochter des berühmten Königsberger Anatomen und Enkelin Louis Köhlers, des einst bedeutenden Königsberger Musikpädagogen und Schriftstellers, eines Freundes von Wagner und Liszt, deren mit handschriftlichen Widmungen versehene Bilder
an den Wänden ihrer Wohnung hängen. Auch ein schönes Porträt Goethes mit langer eigenhändiger Widmung an einen Verwandten des Hauses ist da. Wir finden in dem gastfreien Hause freundliche Aufnahme.
Wie wohltuend ist es, im warm geheizten Zimmer die Erregungen der
letzten Tage etwas zu vergessen. Der Blick schweift durch die Fenster
über den Rauschener Dorfteich, der mir von Kindheitstagen an mit seinen bewaldeten Ufern aufs innigste vertraut ist.

Rauschen war überfüllt mit Flüchtlingen. Der Hauptstrom kam aus dem
östlichen Samland. Auf dem Platz vor Liedkes Hotel stauten sich die mit
Hausrat beladenen Wagen. Im Saal des Hotels sah es trostlos aus. Durch
die Straßen hasteten Menschen mit verstörten Gesichtern. Der Ort des
Friedens und der Erholung war zum Vorhof der Hölle geworden. Nur
eins blieb unverändert und wirkte im Kontrast erschütternd als Symbol
ewigen Seins in seiner Ruhe und Erhabenheit: Wenn man zur Spitze der
Venus-Schlucht ging, lag sie da wie eh und je, die liebe alte Ostsee. Aber
vergessen und verlassen schien sie, die einst heißgeliebte. Der Strand war
leer, so weit man das Auge schweifen ließ.

In einer Nacht schrecken irgendwo aus der Ferne schwere, anscheinend durch Sprengungen verursachte Explosionen, die das ganze Haus
erzittern lassen. Eine alte Wanduhr, die seit Jahren stand, wird wie durch
ein Wunder in Gang gebracht und schlägt wenige Sekunden später, wie in
einem Kitschroman, die zwölfte Stunde. Plötzlich ein Pfeifen und Heulen – die ersten Granaten fliegen über das Haus und zerplatzen in der
Nähe mit scharfem Knall.

Am 7. oder 8. Februar kam vom Ortskommandanten der Befehl, Rauschen sofort zu räumen. So stand am 9. im Morgengrauen auf dem Bahnhof Rauschen-Düne eine kleine Lokomotive unter Dampf. Drei oder vier Personenwagen wurden angehängt. Bald war man in Neukuhren. Hier hieß es, im Hafen lägen hin und wieder kleine Marine-Einheiten bereit, auf denen Flüchtlinge bis Pillau weiterkommen könnten.

Zunächst aber heißt es warten. Vielleicht tagelang. Wo unterkommen im halb zerschossenen Ort, in dem Tausende von Flüchtlingen hin und her fluten? Endlich finden wir ein verlassenes Häuschen in der Fischersiedlung. Notdürftig richten wir uns ein. Bald brennt ein Feuer im Herd und durchwärmt angenehm die steifen Glieder. Ein Bohnenkaffee wirkt Wunder. Todmüde von den Anstrengungen des Vormittags legt man sich zum Schlafen nieder. Aber die Gedanken wollen einen nicht zur Ruhe kommen lassen. Im Hindämmern scheinen Gegenwärtiges und Vergangenes sich die Hand zu reichen, bis sie sich wieder voneinander lösen und nur das Vergangene übrigbleibt.

Neukuhren, du liebes Nest in der Bucht zwischen Wanger- und Alknikkerspitze, durchzogen vom Lachsbachtal mit dem von der Sage umwobenen Borstenstein, lieblicher Tummelplatz für feriendurstige Kinder, kleines bescheidenes, freundliches Eldorado für gebrechliche Menschen und junge Liebesleute! Heute abend Tanz unterm Birnbaum! Die Journalieren haben viele Menschen aus der Stadt gebracht, denn morgen ist Sonntag. Im dunklen Grün der Bäume leuchten rote Lampions. Kellner eilen geschäftig hin und her: Hier ein Tulpchen Grog, dort ein großes Helles vom Ponarther oder Schönbuscher Bier, hier Erdbeeren mit Schlagsahne, dort Schmand mit Glumse. Das Geschäft blüht, und im Pavillon stimmen Musiker schon die Instrumente. Bumm! - Die Pauke setzt ein, die Musik beginnt. Das Wiegen im Tanze hebt an. Aber nun plötzlich! – Ist der Pauker wahnsinnig geworden? Das ganze Haus zittert von seinen Schlägen. Ich springe auf. Die Luft dröhnt, die Fenster klirren, die Erde bebt. Zerrissen der Traum! Dicht hinterm Lachsbachtal ist die deutsche Artillerie aufgefahren und funkt mit schwerem Geschütz in den Feind. Entsetzliche Wandlung! Mit brutaler Härte tritt das Jahr 1945 in sein Recht. Fort, fort, nur fort, je schneller um so besser!

Nach dieser Nacht des Schreckens geht es schon früh mit allem Gepäck zum Hafen. Hier warten wir stundenlang in einer Menschenmenge, bis es heißt, das Schiff sei überbesetzt. Wieder zurück, mit allen Sachen den Berg hinauf? Es wird beschlossen, alles in einem kleinen Schuppen der Neukuhrener Fischer am Strand zu verstauen. Einige Heroische bleiben zum Schutz die ganze Nacht am Strand. Hier liegt in dieser Nacht auch die Partitur meiner E. T. A. Hoffmann-Oper. Ich selbst fühle ein Frösteln in den Gliedern. Meine Frau verstaut mich liebevoll in einem Bett des Fischerhauses. Ein heißer Tee erwärmt, und es gibt noch einmal das Wohlgefühl eines gesundmachenden Schlafes, so sehr der Kanonendonner nun schon ganz in der Nähe dröhnt und die Erde erzittern läßt.

Am nächsten Morgen kommen wir endlich auf einem Torpedoboot unter. Bei Schneegestöber, das uns den Blick auf die Küste entzieht, geht es los. Doch vor Brüsterort reißt die Wolkendecke auf. Da liegt Rauschen, überragt vom Turm des Warmbades. Der Strand ist weiß und menschenleer. Doch wie ich genauer hinschaue, ist mir, als ob jemand dort stände und mir zuwinkte, ein Einsamer, Verlassener. Ferner weißer Strand! Einen Altar möchte ich dort errichtet wissen, auf dem meine Seele Dankopfer darbringen könnte für alles, was du mir schenktest, liebe Heimat, freundliches Samland im Kranz deiner wogenden Ährenfelder und harzduftenden Wälder.–

Unser Schifflein fährt weiter. Bald geht es um die Ecke von Brüsterort südwärts, und es dauert nicht lange, da sind wir in Pillau. Das Schiff legt an. Wir stehen mit unserem Gepäck da und blicken im Grau des kalten Nachmittags auf den Landeplatz. Abgeschlossen von ein paar geduckten Häusern, liegt er vor uns. Niemand kümmert sich um uns. Niemand hält es für nötig, den vielen in Wind und Nässe Wartenden auch nur den geringsten Fingerzeig zu geben. Wo sollen wir unterkommen? Der Anblick des Städtchens ist trostlos. Ein schwerer Luftangriff hat es vor wenigen Tagen arg mitgenommen. Hier hätte Dantes Wort gepaßt: »Laßt alle Hoffnung fahren!«

Zunächst also wieder die zermürbende Suche nach dem Dach überm Kopf. Nach stundenlangen Abweisungen finden wir auf dem Dachboden eines dreistöckigen Hauses endlich eine Bleibe, eiskalt natürlich und als einziges Mobiliar ein mit Sackleinen bespanntes, defektes Bettgestell und ein ebenso schadhafter Liegestuhl. Wir sind aber froh, der Nacht unter freiem Himmel entronnen zu sein. Man ist todmüde, und selbst eine noch so harte Lagerstatt scheint verlockend. Am nächsten Tag untertauchen als

Fremder unter Fremden in pausenlos auf- und abwogenden Menschen-
massen. Ein Gefühl griff nach der Kehle, als ginge es nicht weiter, als
wäre das Ende da.

Es war wohl nicht bloß ein Zufall, daß ich im Anblick einer ausweglos
erscheinenden Zukunft der Worte gedachte, mit denen die Märchenoper
»Hänsel und Gretel« meines geliebten Lehrers Engelbert Humperdinck
abschließt: »Wenn die Not aufs Höchste steigt, Gott sich gnädig zu uns
neigt.« – Nun, Gott war es nicht, aber ein freundlicher Mann trat auf mich
zu. »Sind Sie nicht Herr Besch aus Königsberg?« Der diese Frage stellte,
war Wilhelm Matull, augenblicklich Flüchtlingsbetreuer in Pillau, einst
Schriftleiter und Musikkritiker der »Königsberger Volkszeitung«, mit dem
ich bei Erstaufführungen im Königsberger Opernhaus jahrelang fast Seite an Seite gesessen hatte. Rührend um uns besorgt, verschaffte er uns
Lebensmittel und stand uns mit Rat und Tat zur Seite.

In diese Tage fiel mein sechzigster Geburtstag. Wir hausten noch auf
dem Dachboden. In der Frühe des 14. Februar erklang aus der unteren
Etage bei geöffneten Türen in vollen Akkorden der Choral »Ein feste
Burg ist unser Gott«, von Frau Ilse Zander auf einem Klavier gespielt.
Am Abend zuvor hatte sie mit Hilfe unter uns wohnender Menschen einen großen Blechkuchen gebacken, der unserem Morgenfrühstück unter
der Dachluke nun doch einen etwas festlichen Anstrich gab. Meine Frau,
die alle Mühsal der Flucht tapfer und gelassen über sich ergehen ließ,
hatte mir ein Lebenslicht angezündet und sogar noch ein paar kleine Geschenke hervorgezaubert.

Etwas später kam ein Paket mit einem Brief. Es war der einzige, den
ich an diesem Geburtstag empfing. Leider ist mir das sehr liebe Schreiben auf unserem weiteren Fluchtweg abhanden gekommen. Wilhelm
Matull war der Verfasser. Er hatte zu einer kleinen Geburtstagsfeier eingeladen. Wir fanden eine festlich gedeckte Tafel mit verlockendem Im-
biß, den wir uns alle, besonders aber mein zehnjähriger Sohn, mit großem Appetit schmecken ließen. Es wurden auch gute Worte gesprochen,
die mir den etwas schwankenden Boden hilfreich untermauern halfen.
Das größte Geschenk aber war die Zusicherung, daß wir am nächsten
Morgen in eine von ihren Bewohnern bereits verlassene, vollständig mö-
blierte kleine Wohnung einziehen könnten. So geschah es. Hier fand sich

sogar ein Klavier, an dem ich an meinem im Dezember in Königsberg begonnenen Streichquartett weiterarbeiten konnte. So ließ es sich im Kreise lieber Menschen eine Weile aushalten.

Der angenehme Aufenthalt in unserer stillen Wohnung verleitete uns, den Aufbruch zur weiteren Flucht ins Ungewisse einen Tag um den anderen hinauszuzögern. Aber einmal mußte es sein, zumal die Partei mehrfach zur Eile aufrief. Jeder Tag brachte von der Nehrung und später auch von Königsberg Tausende von neuen Flüchtlingen. Alle wollten fort. Endlich, am Dienstag, dem 6. März, lag auch für uns ein kleines Schiff der Kriegsmarine bereit. Beim Abschied war uns Wilhelm Matull mit seinen Mitarbeitern wieder der treue Helfer. Unser Gepäck kam auf einen Handwagen, so zogen wir zum Hafen.

Kaum hatten wir uns verabschiedet und uns im Innern des Schiffes eingerichtet, als ganz plötzlich ein sowjetischer Luftangriff erfolgte. Eine der Bomben explodierte auf dem Kai dicht neben unserem Schiff. Drei Matrosen wurden getötet, siebenundzwanzig andere mehr oder weniger schwer verletzt. Uns war nichts passiert. Aber meine Frau und andere Frauen bekamen auf lange Stunden Arbeit mit Verbinden und Betreuen der Verwundeten und mit Schreiben von Briefen an Mütter und Bräute, die ihnen diktiert wurden. Als die Dämmerung zu sinken begann, setzte sich unser Schiff in Bewegung. In langsamer Fahrt ging es an der sterbenden Stadt vorbei, durch das Pillauer Tief der Ostsee zu. Noch einmal ein Blick zurück über das weite Wasser, das unsere Heimat, unser geliebtes Samland, mit seinem Arm umschließt und das nun für immer für uns verschwand. Bei bewegter See landeten wir schließlich wohlbehalten in Gotenhafen bei Danzig.

Hier fanden wir zunächst in einem Massenlager in der Stadthalle Unterkunft. Auf Stroh lagen Hunderte von Menschen dicht beieinander. Fast jeden Tag starben einige. Unheimlich ergreifend klang in der Nacht das Wimmern eines sterbenden alten Mannes durch die weite Halle: »Jesus, laß mich nicht allein, lieber Herr Jesus, verlaß mich nicht!« – Ein glücklicher Zufall gab uns schon am folgenden Tag die Möglichkeit zur Weiterfahrt. Wir fanden auf einem Torpedoboot Aufnahme und Verpflegung durch unsere Marine. Das Schifflein kam aber nur bis zur Spitze der Landzunge Hela. Die stark bewegte See hinderte es an der Weiterfahrt. So ging es nach Gotenhafen zurück. Hier lagen wir den ganzen nächsten Tag. Am Abend kam dann die Botschaft: »Alles aussteigen, das Boot nimmt Ostkurs.«

Es war inzwischen undurchdringlich schwarze Nacht geworden. Doch da, welch entsetzlicher Anblick: über Danzig stehen in Menge »Christbäume«. Jeden Augenblick müssen wir auch in Gotenhafen einen Luftangriff erwarten. In dieser Verfassung das Gepäck aus den unteren Räumen des Schiffes im Gedränge der geängstigten Menschen heraufholen, über alle Hindernisse an Bord hinweg an Land bringen und dabei noch den Ruhigen spielen, ging an die Nerven. Was weiter?

Am Sonntag, dem 11. März, nimmt uns das Minensuchboot »M 17« auf, das an der Spitze eines ganzen Geleits fährt. Als wir an Bord gehen wollen, feuern 100 Meter von uns unvermutet und mit erschreckendem Krach die großen Schiffsgeschütze. Der Luftdruck fegt uns fast von der kleinen Landungsbrücke. Endlich sind wir unten in einer der kleinen Kajüten in fürchterlicher Enge und drückender Hitze. Hier die Nächte im Sitzen zu verbringen, ist eine Qual, die sich stündlich zu vergrößern und ins Unerträgliche zu steigern scheint. Nach zweitägiger Fahrt kommen wir nach - Kopenhagen. Dänemark? Wir hatten auf Kiel oder Hamburg gehofft. Wer hätte das gedacht?

Günter Granicky
Abschied von Ostpreußen

Am 12. Januar 1945 hatte vom Weichselbrückenkopf bei Baranow aus der entscheidende Großangriff der sowjetischen Armeen begonnen, der in weniger als vier Monaten zur Kapitulation des Deutschen Reiches führen sollte. Am 13. Januar waren aus dem Raum Schloßberg – Ebenrode sowjetische Truppen gegen das nördliche Ostpreußen in Richtung Königsberg vorgestoßen. Am 15. Januar setzte aus dem Narewbrückenkopf bei Pultusk der sowjetische Angriff nach Norden ein, der auf Elbing zielte, um so Ostpreußen vom Reich abzuschneiden.

Im südlichen Ostpreußen erlebte ich diesen Angriff, der in wenigen Tagen über Ciechanów und Mlawa die alte Reichsgrenze bei Neidenburg erreichte und schon am 26. Januar bis an das Frische Haff vorgedrungen war. Obschon seit langem, seit den schweren Kämpfen und dem Eindringen russischer Truppen in das nordöstliche Ostpreußen im Oktober 1944, befürchtet, trafen nach der trügerischen Ruhe des Stillstandes der Front vom Oktober bis in diese Januartage hinein der sowjetische Angriff und das schnelle Vordringen der Russen die Bevölkerung Ostpreußens nahezu unvorbereitet. Die Schuld daran trug nicht zuletzt die nationalsozialistische Parteiführung, insbesondere der Gauleiter und Reichsverteidigungskommissar von Ostpreußen, Erich Koch, der mit verantwortungslosen Durchhalte- und Siegesparolen trotz der hoffnungslosen militärischen Lage jegliche vorsorglichen Evakuierungsmaßnahmen oder auch nur deren Vorbereitung verboten hatte. Das Vordringen der sowjetischen Truppen, das in dieser unheimlichen Schnelligkeit überdies kaum jemand erwartet hatte, führte nun zu einer regellosen, oft binnen weniger Stunden angetretenen und zumeist unvorbereiteten Flucht, die noch erschwert wurde durch die bittere Kälte dieser Januartage, durch die Verstopfung der Straßen mit den Trecks der fliehenden Bevölkerung und den Fahrzeugkolonnen der zurückweichenden deutschen Truppen, durch die überraschenden Vorstöße sowjetischer Panzerspitzen mitten hinein in diese von panischer Angst getriebenen Menschenmengen.

Ich sollte versuchen, vor den sowjetischen Truppen meine Dienststelle in Königsberg zu erreichen. Noch einmal fuhr ich von Süden nach Norden durch Ostpreußen, durch das Land, aus dem meine väterliche Familie stammte und in dem meine Vorfahren seit Jahrhunderten gelebt hatten; durch Städte und Dörfer, in denen die Bevölkerung hastig zur Flucht rüstete, über Straßen, auf denen schon die Trecks zogen. Nur langsam kamen sie in Eis und Schnee voran – die mit Planen, oft nur mit Säcken gegen die beißende Kälte geschützten, von Pferdegespannen gezogenen Wagen oder Schlitten, beladen mit Kisten und Säcken, auf ihnen gedrängt Frauen, Kinder und alte Männer, oft hinten an die Fahrzeuge angebunden ein paar Kühe, die Gespanne häufig geführt von polnischen Arbeitern oder französischen Kriegsgefangenen. Nach Norden und Nordwesten bewegte sich dieser Zug des Elends, genau in der Richtung, in die die sowjetischen Truppen vorstießen. Viele dieser Trecks wurden von ihren schnellen Panzerspitzen überrollt. Wer von diesen von der Angst getriebenen Menschen mochte ahnen, daß sie nicht nur vor den Schrecken der Kämpfe, vor den Soldaten der Roten Armee flohen, sondern daß sie auch, wenn sie diese Flucht überstehen sollten, ihre Heimat für immer verlassen hatten? Immer wieder mußte ich in diesen Tagen, in denen sich die endgültige Niederlage des Deutschen Reiches auch für jene überdeutlich abzeichnete, die bisher noch an die Parolen der nationalsozialistischen Führung vom Endsieg geglaubt, auf ein vermeintliches Wunder gehofft hatten, an die alten polnischen Forderungen auf Ostpreußen, auf eine Grenze an der Oder denken. War das, was ich hier nahe der Vorkriegsgrenze zu Polen erlebte, der Beginn einer Verwirklichung der polnischen Hoffnungen nach Jahren unsäglicher Leiden des polnischen Volkes?

Auf der Straße zwischen Neidenburg und Hohenstein wurde die Zahl der Trecks immer größer, stauten sich die Kolonnen der Wehrmacht. In wenigen Tagen würde hier wieder gekämpft werden - auf einem Boden, auf dem nicht nur einmal das Schicksal Ostpreußens entschieden worden war. Hier unterlag im Jahre 1410 in der Schlacht von Tannenberg - der Schlacht von Grunwald, wie sie in der polnischen Geschichtsschreibung genannt wird – der Deutsche Orden den Ritterheeren des polnischen Königs; und mit dieser Niederlage begann der Niedergang der Ordensherrschaft. Hier wurden fünf Jahrhunderte später in tagelangen schweren Kämpfen der Schlacht von Tannenberg des Jahres 1914 die nach Ostpreußen vorgedrungenen russischen Truppen vernichtend geschlagen und zurückgeworfen. Bei Hohenstein nahe der Straße nach Osterode erhob sich die zur Erinnerung an diese Schlacht und die Toten des Ersten Weltkrieges errichtete burgartige Anlage des Ehrenmals von Tannenberg, in der Reichspräsident von Hindenburg 1934 seine letzte Ruhestätte gefunden hatte. Ich wußte nicht, als ich diese Straße entlang fuhr, daß zu dieser Stunde schon deutsche Pioniere die Sprengung des Denkmals vorbereiteten und die Särge Hindenburgs und seiner Frau abtransportierten.

Auf Umwegen, um Truppenbewegungen und Trecks möglichst auszuweichen, führte diese letzte Fahrt durch das winterliche Ostpreußen weiter in Richtung Königsberg. Durch die großen Forsten von Jablonken, vorbei an den Seen zwischen Osterode und Allenstein ging es, ein Blick fiel noch auf die die Stadt überragenden Backsteinbauten des Schlosses und der Jakobikirche. Noch lag eine trügerische Ruhe über den Dörfern und Städten des Ermlandes, über Guttstadt, über der alten Bischofsstadt Heilsberg mit dem hochragenden Schloß und dem wuchtigen Backsteinbau des Hohen Tores, über Mehlsack. Aber schon machte sich auch hier unter der Bevölkerung Unruhe vor dem drohenden Unheil des auch von Osten her erschreckend schnell voranschreitenden russischen Angriffs bemerkbar – bei jenen vor allem, die bei dem sowjetischen Vorstoß im Oktober 1944 aus den östlichen Kreisen Ostpreußens hierher evakuiert worden waren. Man sprach schon offen von der vielleicht notwendig werdenden Flucht, bereitete sie im geheimen häufig auch vor und hoffte doch immer noch im stillen, von den Schrecken dieses Krieges verschont zu bleiben. Doch nur zwei, drei Tage noch sollte diese Illusion dauern, dann würde auch hier überstürzt und viel zu spät die Flucht nach dem Westen einsetzen, die Zehntausende nicht überstehen sollten.

Nach zwei Tagen abenteuerlicher Fahrt durch das winterliche Land, vorbei an Panik, Grauen und Elend, später durch trügerische Ruhe, kam ich schließlich nach Königsberg. Ein Alpdruck schien über der ostpreußische Hauptstadt zu liegen. Gerüchte über das Herannahen der sowjetischen Truppen, über ihre angebliche Zurückwerfung schwirrten durch die Stadt. Mit Durchhalteparolen versuchte die nationalsozialistische Führung die Bevölkerung zu beruhigen, während bereits die ersten Fluchttrecks aus den bedrohten Kreisen des Landes durch die Straßen zogen, Behörden, Partei- und Wehrmachtdienststellen die Stadt verließen und

Zehntausende von Menschen sich vor den Bahnhöfen drängten in der Hoffnung, noch einen Platz in den wenigen Königsberg verlassenden Zügen zu erhalten. Doch auch dieser Fluchtweg war ab 22. Januar verschlossen, als alle aus Königsberg in das Reich führenden Eisenbahnstrecken durch das Vordringen der sowjetischen Armeen unterbrochen waren. Panik erfaßte die Stadt, über der die in jenen Tagen immer eisiger werdende Kälte des letzten Kriegswinters lag.

Am 23. Januar erhielt ich zusammen mit einigen Kollegen den Auftrag, in Köslin in Pommern eine Ausweichstelle für meine Dienststelle einzurichten, für eine Dienststelle, die es im Grunde schon nicht mehr gab, in einem Ort, auf den früher oder später ebenfalls die russischen Angriffe zielen mußten. Daß das Vordringen der sowjetischen Truppen in das Reich nicht mehr aufzuhalten war, daß der militärische und damit auch der politische Zusammenbruch Deutschlands nur noch eine Frage von Wochen oder wenigen Monaten sein konnte, das mußten in jenen Tagen des Januar 1945 schließlich auch jene erkennen, die in einem unverbesserlichen Optimismus auf ein Wunder hofften oder der verbrecherischen Hybris nationalsozialistischer Führungsparolen vom Endsieg glaubten.

Ich war froh, Königsberg trotz der Sinnlosigkeit dieses Auftrages verlassen zu können, war doch abzusehen, welches das Schicksal dieser alten preußischen Stadt sein mußte – der Stadt, die wie ganz Ostpreußen erst jahrelang am Rande des Krieges gelebt hatte und die jetzt, schon gezeichnet von den schweren Luftangriffen im August 1944, der drohenden Vernichtung entgegensah, denn es konnte nur noch wenige Tage dauern, bis sich um sie der Ring der russischen Armeen schließen würde.

Auf der Autobahn nach Elbing stauten sich die Fahrzeuge. Überladene Personenwagen, hochbeladene Lastwagen, vollgepfercht mit Frauen, Kindern und Gepäck, Wehrmachtsfahrzeuge der verschiedensten Art schoben sich, immer wieder stockend, nur langsam voran. Auf der Gegenfahrbahn rollten Fahrzeuge der Wehrmacht in Richtung Königsberg. Es dauerte Stunden, bis wir uns dem Ende der Autobahn, der Höhe von Elbing, näherten. Plötzlich am späten Nachmittag ein erneuter Stau. In der Ferne war das Rattern von Maschinengewehrfeuer zu hören. Es dauerte nicht lange, und wir sahen, wie vor uns Fahrzeuge zu wenden, die Autobahn zu verlassen suchten. Eine Panik drohte auszubrechen. Wie ein Lauffeuer ging es an den Fahrzeugkolonnen entlang: russische Panzer sind in Elbing eingedrungen, stoßen weiter in Richtung Haff vor. Nur mit Mühe gelang es, aus dem Wirrwarr herauszukommen, die Autobahn zu verlassen. Auf Nebenwegen erreichten wir die Straße nach Frauenburg, zurück in Richtung Königsberg. Im aufkommenden Mondlicht lag der Dom von Frauenburg über dem Haff. Nur ein flüchtiger Gedanke erinnerte daran, daß hier einst vor Jahrhunderten Nicolaus Copernicus gelebt hatte. Am Straßenrand, in den Dörfern und Städten, in Frauenburg, Braunsberg und Heiligenbeil, immer wieder Flüchtlingstrecks, die das Ende der Nacht erwarteten. Wie würden sie weiterkommen, wenn Ostpreußen durch den Vorstoß der russischen Truppen über Elbing hinaus endgültig abgeschnitten war? Blieb ihnen nur der gefahrvolle Weg über das Eis des Haffs auf die Nehrung?

In den frühen Morgenstunden waren wir wieder in Königsberg. Obschon sich bald herausgestellt hatte, daß es sich bei dem Einbruch russischer Panzer in Elbing nur um den Vorstoß einer Panzerspitze gehandelt hatte, die zunächst wieder abdrehte, sollten wir nun Königsberg über See verlassen. Noch schlimmer als zwei Tage zuvor auf der Autobahn sah es auf der Straße nach Pillau aus. Ein nicht endender Zug von Fahrzeugen, von PKW und Lastwagen, Pferdewagen und Schlitten, dazwischen Gruppen von Fußgängern, die auf Handwagen oder Schlitten ihre Habe hinter sich her zogen, erstreckte sich von Juditten und Metgethen über Heydekrug, Fischhausen und Lochstädt bis nach Pillau hinein. Die Verzweiflung trieb die Menschen voran, die Hoffnung, über See oder über die Nehrung dem drohenden Unheil zu entkommen. Ein eisiger Schneesturm peitschte über das Land, machte das Elend und das Grauen dieser Massenflucht noch größer.

Viele Stunden dauerte es, bis wir am Abend den Hafen von Pillau erreichten. Das Schiff, das uns mitnehmen sollte, war längst ausgelaufen. So entschlossen wir uns zum Weg über die Frische Nehrung. Ein Boot des Hafenkommandanten setzte uns über das Pillauer Tief. Nie werde ich die schaurige Schönheit dieser Nacht auf der Nehrung vergessen, die der Abschied von Ostpreußen war. Der Sturm hatte aufgehört. Bei klirrendem Frost leuchtete ein klarer Vollmond. Hoch verschneit zog sich der Wald neben der schmalen Nehrungsstraße hin, die zu dieser Zeit fast verlassen war. Tiefer Frieden schien über der Landschaft zu liegen, nur das

Rauschen der See war zuweilen zu hören. Ab und an erinnerte ein einzelnes Fahrzeug, ein Pferdewagen oder ein Schlitten, das, schwerbeladen mit Gepäck und gegen die beißende Kälte dicht vermummten Menschen, sich mühsam die verschneite Straße entlang quälte, an die Schrecken der Gegenwart.

Es mag auf der Höhe von Heiligenbeil oder Braunsberg gewesen sein, als plötzlich Geräusche vom Haff her die nächtliche Stille zerrissen. Schreie von Menschen, Flugzeugmotoren, das Rattern von Maschinengewehrfeuer waren zu hören - erst in der Ferne und dann immer näher kommend. Ein Stück weiter mühten sich einzelne Fahrzeuge, Gruppen von Menschen zu Fuß vom Haff her auf die Straße. In ihren Gesichtern stand noch der Schrecken des Erlebten. Sie hatten, um über die Nehrung die Weichsel zu erreichen und so dem Vordringen der Roten Armee zu entfliehen, das zugefrorene Haff überquert. Einzelne russische Flugzeuge nahmen in der mondhellen Nacht die über das Eis ziehenden Fahrzeugkolonnen mit Maschinengewehren unter Feuer. Es hatte Tote und Verwundete gegeben, durchgehende Gespanne waren im Eis eingebrochen, in Eisspalten versunken. Immer mehr Fahrzeuge, die über das Eis des Haffs geflohen waren, zogen jetzt die schmale Nehrungsstraße entlang. In Kahlberg standen die Straßenränder voller Pferdewagen. Nach der gefahrvollen Überquerung des Haffs hielten die Flüchtlinge hier eine erste Rast in der Hoffnung, nun dem Schlimmsten entronnen zu sein.

In meiner Erinnerung wurden die Tage lebendig, die ich wenige Jahre zuvor in diesem kleinen Ostseebad zwischen See und Haff verbracht hatte – an das Baden in der Ostsee, an das Sonnen in den Dünen. Welten lagen zwischen jenen friedlichen Sommertagen, die aber doch schon überschattet waren von der Ahnung des Drohenden, und dieser ausgehenden Nacht des Januar 1945, deren Schrecklichkeit sich vorzustellen auch der größte Pessimismus nicht gereicht hätte.

In den frühen Morgenstunden fuhren wir durch Stutthof. Männer in SS-Uniformen standen an der Straße. Im Wald waren Baracken sichtbar. Wie viele von denen, die jetzt und zu vielen Tausenden noch in den kommenden Tagen hier vorbeizogen, getrieben von der Furcht vor der immer weiter vordringenden Roten Armee, in Not und Elend geraten durch die Schrecken dieses Krieges, der Ostpreußen verheerte und sie um ihre Heimat brachte, mochten wissen, daß in diesem Wald das Konzentrationslager Stutthof lag? Jenes Konzentrationslager, das gleich zu Beginn dieses Krieges, in den ersten Septembertagen des Jahres 1939, nach der Eingliederung der Freien Stadt Danzig in das Deutsche Reich eingerichtet worden war und in dem seitdem Zehntausende gelitten hatten, Ausländer und Deutsche, auch viele Ostpreußen darunter. Rächte sich jetzt, was hier geschehen war?

Je näher die Weichsel kam, desto voller wurde die enge Straße. Fahrzeug drängte sich an Fahrzeug; dazwischen schleppten sich viele zu Fuß, Frauen und Kinder zumeist, die auf Handwagen oder Rodelschlitten kleine Kinder oder die Reste ihrer Habe hinter sich her zogen. Kilometerlang staute sich der Elendszug, rückte nur noch schrittweise voran. Stunden dauerte es, bis die Fähre zwischen Nickelswalde und Schiewenhorst erreicht war, die uns zwischen treibenden Eisschollen über die Weichsel brachte. Es war Abend, als wir durch Danzig fuhren, die Stadt, in der vor mehr als fünf Jahren, am 1. September 1939, mit den Schüssen des Kreuzers Schleswig-Holstein auf die Westerplatte dieser Krieg seinen Anfang genommen hatte, der jetzt dem schrecklichen Ende entgegenging.

Die Fahrt über die Nehrung, von Pillau bis Stutthof und an die Weichsel, die Schönheit dieser mondüberschienenen, schneidend kalten Winternacht und der tief verschneiten Wälder, und nur zu bald wieder das Erleben der Schrecken dieses Krieges auf dem Eis des Haffs, das war mein Abschied von Ostpreußen. Würde es ein Abschied für immer sein? Würde ich dieses Land nach dem Inferno, das es jetzt erleben mußte, jemals wiedersehen? Dieses Land, in dem meine Vorfahren Jahrhinderte lang gelebt hatten, das immer ein Land des Überganges vom Westen zum Osten gewesen war – in seiner Landschaft, seinen Menschen, seiner staatlichen Zugehörigkeit. Eines wußte ich: sollte ich Ostpreußen jemals wiedersehen, es würde ein anderes Land sein.

Biographische Notizen

In der Au, Annemarie - * 1924, in Tilsit - Studium der Theater-, Literatur- und Kunstgeschichte - 1948 Schauspielprüfung - verheiratet mit Ottomar in der Au - freie Mitarbeiterin bei Presse und Rundfunk - Publikationen: u. a. »Das Glaskugelopfer«, »Alles dreht sich um Es« (Romane), »Die Schatten weilen länger«, »Kein Mondsilber mehr als Währung« (Lyrik) - 1970 Hörspielpreis - lebt in Krefeld.

Besch, Otto - * 1885 in Neuhausen-Tiergarten bei Königsberg (Pr.) - Wilhelmsgymnasium in Königsberg - Studium der Theologie, ab 1909 der Musik in Königsberg und Berlin - Schüler des Komponisten Engelbert Humperdinck - 1922 bis 1944 Musikkritiker der »Königsberger Allgemeinen Zeitung« - Lehrer für Komposition am Kühn'schen Konservatorium - Kompositionen: E.T.A. Hoffmann-Ouvertüre (1920), in Weimar uraufgeführt, Klavier- und Orchestermusik, Chorwerke, Lieder, Streich- und Bläsermusik, Kurzoper »Arme Ninetta«, in Königsberg uraufgeführt - † 1966 in Kassel.

Borrmann, Martin A. - * 1895 in Rößel (Ostpreußen) - Friedrichskollegium in Königsberg - Studium in Königsberg, Berlin, München und Bonn - seit 1920 literarische Veröffentlichungen bei S. Fischer und Rowohlt Reiseschriftsteller für die »Frankfurter Zeitung« (das Buch »Sunda«) - 1929 bis 1933 Dramaturg am Königsberger Neuen Schauspielhaus - Herausgeber zahlreicher ostpreußischer Anthologien bei Gräfe und Unzer - 1960 Veröffentlichung des Romans »Trampedank« - Kulturpreisträger.

Boulboullé, Hans - * 1912 in Berlin - Buchhändler - Studium der Geschichte, Kunstgeschichte und Germanistik - Promotion - seit 1948 in der politischen Erwachsenenbildung tätig, u. a. Direktor der Heimvolkshochschule Bergneustadt.

Braun, Martin - * 1904 in Ragnit - Stadtgymnasium Altstad-Kneiphof in Königsberg - Studium der Theologie und Philologie in Königsberg - Pfarrer in Ostpreußen - Kriegsteilnahme und Gefangenschaft - Pfarrer in Westfalen, zuletzt Superintendent in Münster - Herausgeber der Zeitschrift »Helfende Hände«.

Brost, Erich - * 1903 in Elbing - Mittel- und Oberrealschule in Elbing, Memel und Danzig - bis 1936 Redakteur an der »Danziger Volksstimme« - Abgeordneter des Danziger Volkstags - 1936 emigriert - seit 1948 Zeitungsverleger in Essen.

Forstreuter, Kurt - * 1897 in Weedern, Krs. Tilsit-Ragnit - Realgymnasium in Tilsit - Studium von Germanistik, Literaturwissenschaft, Geschichte und slawischen Sprachen in Königsberg und Berlin - 1923 Promotion - seit 1925 im Archivdienst in Berlin, 1927 bis 1944 in Königsberg, 1947 bis 1952 wieder in Berlin - 1953 Staatsarchivdirektor in Göttingen (früheres Königsberger Staatsarchiv) - Bundesverdienstkreuz I. Klasse - zahlreiche Publikationen: »Die Memel als Handelsstraße Preußens nach Osten« (1931), »Gräfe und Unzer, zwei Jahrhunderte Königsberger Buchhandel« (1932), »Preußen und Rußland von den Anfängen des Deutschen Ordens bis zu Peter dem Großen« (1955), »Der Deutsche Orden am Mittelmeer« (1967), »Die Berichte der Generalprokuratorien des Deutschen Ordens an die Kurie« (1973) - Herausgeber von »Altpreußische Biographie«, »Preußenland« u. a.

Goldstein, Ludwig - * 1867 in Königsberg (Pr.) - Studium der Literatur- und Kunstgeschichte in Königsberg - 1897 Promotion - 1897 bis 1933 Redakteur an der »Königsberger Hartungschen Zeitung« - 1901 Gründer und 1. Vorsitzender des Goethebundes - zahlreiche Aufsätze zur Königsberger Stadtgeschichte, speziell über die Hufen - nach 1933 aus rassischen Gründen von journalistischer Arbeit ausgeschlossen - hinterließ zwei Bände Königsberger Lebenserinnerungen (ungedruckt) im Besitz des Herausgebers - † 1943 in Königsberg.

Granicky, Günter - * 1914 in Rheinbach (Rheinland) - 1932 Abitur in Wohlau (Schlesien) - 1932 bis 1938 Studium der Geographie, Geschichte, Volkswirtschaft und Anglistik in Breslau und Innsbruck - 1938 Promotion und Staatsexamen - 1936 bis 1938 Assistent am Geographischen Institut der Universität Breslau - 1938 bis 1945 Bezirksplaner in Schlesien und Ostpreußen - seit 1946 in der Landesflüchtlingsverwaltung Westfalen in Münster, dann im Ministerium für Arbeit, Gesundheit und Soziales in Düsseldorf tätig, zuletzt als Ministerialrat.

Kreutzenstein, Dorothea - * 1914 in Königsberg (Pr.) - 1930 mittlere Reife - Hausfrauenklasse und landwirtschaftliche Hauswerkprüfung - 1938 bis 1944 in der Verwaltung tätig - seit 1947 bei der Stadtverwaltung in Düsseldorf.

Lihs, Helmut - * 1928 in Schmidtsdorf, Krs. Sensburg - Schulbesuch - Handwerkslehre - in der Landwirtschaft tätig - seit 1946 Versicherungskaufmann, dann bei der Landesversicherungsanstalt der Rheinprovinz.

Lorck, Carl von - * 1892 in Schleswig - Studium in München, London (Kings College, Univ. College), Berlin' Straßburg und Marburg - Dr. jur. utr. - 1914 bis 1918 Kriegsteilnehmer, schwerstverwundet - berufliche Tätigkeiten u. a. in Ostpreußen. Senatspräsident, Bundesrichter am Internationalen Obersten Rückerstattungsgericht - Großkreuz des Verdienstordens der Bundesrepublik Deutschland u. a. Auszeichnungen - 1963 Dehio-Preis - zahlreiche Publikationen: u. a. »Dome, Kirchen und Klöster in Ost- und

Westpreußen« (1963), »Europa privat« (1967), Landschlösser und Gutshäuser in Ost- und Westpreußen« (1972).

Losch, Otto - * 1907 in Pillupönen/Schloßbach (Ostpreußen) - Stadtgymnasium Altstadt-Kneiphof in Königsberg - Studium von Geographie, Germanistik, Geschichte, Pädagogik und Sport in Königsberg, Wien und Berlin - Promotion und Staatsexamen - Schuldienst in Königsberg - bis 1972 Realschuldirektor in Delmenhorst - geographische Studienreisen in alle Erdteile - diverse Publikationen.

Matull, Wilhelm - * 1903 in Königsberg (Pr.) - Stadtgymnasium Altstadt-Kneiphof in Königsberg- Studium der Geschichte, Germanistik, Musikwissenschaft und Pädagogik in Königsberg und München - 1928 bis 1933 Kunstkritiker und Redakteur an der »Königsberger Volkszeitung« - ab 1945 Volkshochschuldirektor in Hannover - 1954 bis 1968 staatliche Einrichtungen für politische Bildung in Hannover, Bonn und Düsseldorf, zuletzt als Ministerialrat-Bundesverdienstkreuz I. Klasse, Mercator-Plakette der Stadt Duisburg- Ehrenvorsitzender des Ost- und Mitteleuropäischen Arbeitskreises im Lande Nordrhein-Westfalen, Herausgeber des »Ausgleich« - zahlreiche Publikationen: u. a. »Liebes altes Königsberg«, »Große Deutsche aus Ostpreußen«, »Von Grafen, Pastoren und Marjellchen«, »Ostpreußens Arbeiterbewegung«, »Ostdeutschlands Arbeiterbewegung«.

Mittelstädt, Johannes - * 1884 in Berlin - Luisen- und Lessinggymnasium in Berlin - Buchhändler 1903 in Berlin, 1906 bei Gräfe und Unzer in Königsberg - Redakteur in Stuttgart, von 1909 bis 1944 an der »Königsberger Hartungschen Zeitung« (Handelsteil), dann stellvertretender Chefredakteur des »Königsberger Tageblatt« - Mitbegründer und Pressechef der Deutschen Ostmesse - nach 1945 in Sachsenhausen, seit 1956 in Berlin - zuletzt erblindet - † 1972 in Berlin.

Mühlpfordt, Herbert Meinhard - * 1893 in Königsberg (Pr.) - Fridericianer - Studium der Medizin in Freiburg, München und Königsberg, daneben Literatur- und Kunstwissenschaft - Dr. med., Fachdermatologe - Arzt in Allenstein, dann in Königsberg - Heimatforscher - Publikationen: u. a. »Welche Mitbürger hat Königsberg öffentlich geehrt?« (1963), »Vererbungs- und Umwelteinflüsse auf die Brüder Hoffmann« (1969), »Figürliche Skulpturen Königsbergs von 1255–1945« (19703, »Königsberger Lexikon von A-Z« (1972), Aufsätze und Belletristik.

Piorreck, Anni - * 1907 in Goldap - Studium der Germanistik in Königsberg, Heidelberg, Marburg und Wien - Promotion - freie Journalistin bei Presse und Rundfunk - tätig beim Volksbund Deutsche Kriegsgräberfürsorge - Agnes Miegel-Biographie (1967).

Poschmann, Adolf - * 1885 in Neuendorf/Guttstadt - 1905 Abitur - Studium der Geschichte, Geographie und Germanistik in Königsberg, Innsbruck, Berlin und München - 1910 Promotion und Staatsprüfung - 1911 Oberlehrer an der Deutschen Realschule in Madrid, seit 1914 Direktor - 1922 Direktor des Staatlichen Gymnasiums in Rößel (Ostpreußen) 1947 Direktor des Staatlichen Aufbaugymnasiums in Rüthen (Westfalen) - Publikationen zur Geschichte Spaniens und des Ermlandes.

Rodin, Woldemar - * 1895 in St. Petersburg (Leningrad) - Deutsches Humanistisches Gymnasium St. Petersburg - 1913 Abitur - Schiffbaustudium - Reisen zwischen Odessa und Alexandrien - 1918 Rückkehr der Familie nach Deutschland - Studium an der Technischen Hochschule Berlin-Charlottenburg - 1920 Dipl.-Ing. - Konstrukteur und Montageleiter in Deutschland und Frankreich - 1936 bis 1945 Direktor der Schichau-Werft in Königsberg - seither Ingenieurbüro und Unternehmensberatung.

Rosenberg, Bernhard-Maria - * 1903 in Rheydt-Odenkirchen (Rheinland) - lebte von 1913 bis 1945 im Ermland - Gymnasialbesuch und Studium in Braunsberg und Königsberg- Dipl. oec. et pol. - 1926 bis 1934 und 1945 bis 1969 im berufsbildenden Schuldienst, zuletzt als Oberstudiendirektor - zahlreiche Publikationen und Rundfunkvorträge - Aufsätze zur ermländischen und ostpreußischen Geschichte, u. a. »Die ostpreußischen Abgeordneten in Frankfurt 1848/49« (1970) und »Nicolaus Copernicus, Domherr, Arzt und Astronom« (1973) - Ritter des päpstlichen Sylvesterordens, Bundesverdienstkreuz, Familiare des Deutschen Ordens.

Schulz, Eberhard Günter - * 1929 in Neusalz/Oder - Studium - Dr. phil., MA. - Dozent für Philosophie an der Gesamthochschule Duisburg - Publikationen:»Leistung und Schicksal« (Herausgeber, 1967),»Rehbergs Opposition gegen Kants Ethik« (1974) - 1. Vorsitzender des Kulturwerkes Schlesien, Präsident des Kirchentages der evangelischen Schlesier.

Simon, Friedrich - * 1902 in Königsberg (Pr.) - 1920 Abitur am Wilhelmsgymnasium in Königsberg kaufmännische Lehre - Studium der Volks- und Betriebswirtschaft in Königsberg, ab 1922 in Köln - 1928 bis 1945 Wirtschaftsprüfer in Leipzig - 1945 Übersiedlung nach Garmisch-Partenkirchen - bis 1949 Wirtschaftsprüfer in München ab 1950 Sprecher des Vorstandes der Bank für Gemeinwirtschaft Nordrhein-Westfalen in Düsseldorf - seit 1959 Inhaber des Bankhauses Friedrich Simon in Düsseldorf - Träger des Großen Bundesverdienstkreuzes.